价值投资 3.0

数字经济时代
如何寻找百倍成长股

WHERE THE MONEY IS
Value Investing in the Digital Age

[美]亚当·西塞尔（Adam Seessel）著　刘建位 译

中信出版集团 | 北京

图书在版编目（CIP）数据

价值投资 3.0：数字经济时代如何寻找百倍成长股 / （美）亚当·西塞尔著；刘建位译. -- 北京：中信出版社，2024.1
书名原文：Where the Money Is: Value Investing in the Digital Age
ISBN 978-7-5217-5424-7

Ⅰ.①价… Ⅱ.①亚… ②刘… Ⅲ.①股票投资 Ⅳ.① F830.91

中国国家版本馆 CIP 数据核字（2023）第 164325 号

WHERE THE MONEY IS: Value Investing in the Digital Age by Adam Seessel
Copyright © 2022 by Adam Seessel
All rights reserved
Simplified Chinese Translation copyright © 2024 by CITIC PRESS CORPORATION
本书仅限中国大陆地区发行销售

价值投资 3.0：数字经济时代如何寻找百倍成长股
著者：　　［美］亚当·西塞尔（Adam Seessel）
译者：　　刘建位
出版发行：中信出版集团股份有限公司
　　　　　（北京市朝阳区东三环北路 27 号嘉铭中心　邮编　100020）
承印者：　三河市中晟雅豪印务有限公司

开本：787mm×1092mm　1/16　　印张：24　　　　字数：391 千字
版次：2024 年 1 月第 1 版　　　　印次：2024 年 1 月第 1 次印刷
京权图字：01-2023-4992　　　　　书号：ISBN 978-7-5217-5424-7
定价：88.00 元

版权所有·侵权必究
如有印刷、装订问题，本公司负责调换。
服务热线：400-600-8099
投稿邮箱：author@citicpub.com

献给我的父亲汤姆和母亲黛安，
是父母教我热爱写作，是父母教我严谨探究。

作为一个新人，我根本不知道那些旧体制下受到歪曲而失真的旧传统，也就根本不会受到那些旧传统的束缚。新人很容易接受新事物，能看到有些新力量正在进入金融投资这个大赛场。我这个投资新手学会的重要一点就是，对待问题不能一概而论，而要一分为二，区别看待，分清什么重要而什么不重要，分清什么可靠而什么不可靠，甚至要分清什么如实而什么不如实。结果，我这个投资新手能比那些投资老手看得更清楚，判断得更准确。结果，我这个投资新手能胜过很多比我年纪大得多又资格老得多的投资老手，因为那些老手过于迷信老经验而昏了头。

——本杰明·格雷厄姆，《格雷厄姆：华尔街教父回忆录》

投资的关键，并不是评估一个行业对社会发展的影响会有多大，也不是评估一个行业将会增长多少，而是具体研究一家公司，确定这家公司的竞争优势是什么，在行业里相对同行而言有多么强大，而且最重要的是，这种竞争优势能持续多久。

——沃伦·巴菲特，《财富》杂志，1999年

目 录

推 荐 序 　　　　　　　　　　　　　　　　　　　　　　　　　3
导　　读　　数字时代价值投资势道术　　　　　　　　　　　　5
关于本书专业术语的说明　　　　　　　　　　　　　　　　　23
引　　言　　数字科技企业发展得那么大又那么快　　　　　　27

第一部分 | 价值投资发展三阶段

第 1 章　　数字时代，世界变了　　　　　　　　　　　　　003
第 2 章　　价值投资 1.0：工业时代格雷厄姆寻找资产估值便宜股　022
第 3 章　　价值投资 2.0：消费时代巴菲特寻找护城河明星品牌股　046
第 4 章　　价值投资 3.0：数字时代 BMP 框架寻找高质量低估值
　　　　　　数字股　　　　　　　　　　　　　　　　　　　075

第二部分 | 价值投资 3.0 三要素

第 5 章　　业务质量（B）：竞争优势的过去和现在　　　　　105
第 6 章　　管理质量（M）：有些事情永远不会改变　　　　　129
第 7 章　　股价估值（P）：价值投资 3.0 估值工具箱　　　　150
第 8 章　　从财务报表盈利到潜在盈利能力　　　　　　　　168
第 9 章　　BMP 选股分析框架应用案例　　　　　　　　　　190
第 10 章　　非数字科技企业投资　　　　　　　　　　　　　224

第三部分 | 价值投资 3.0 应用三重点

第 11 章　　关注自己：只投资你真正理解的好企业　　　　　241

第 12 章	关注流程：投资流程和优先考虑事项	258
第 13 章	关注企业：数字平台企业发展危与机	282
致　谢		301
分类术语表		307
免责声明		321

推荐序

汇添富基金管理股份有限公司总经理　张　晖

过去数十年间，技术变革乘风而起，数字赋能千行百业，为世界经济发展注入强大动能。在此期间，数字科技企业带来了一种全新的价值创造型的商业模式，向传统价值投资的拥趸们发出了挑战。

价值投资的理论珠玉在前，格雷厄姆在工业时代提出了价值投资 1.0 基本原则，巴菲特在消费时代完善了价值投资 2.0 选股分析基本框架。

本书的闪光点在于与时俱进地探索价值投资在数字时代的 3.0 版本，挖掘数字科技企业与传统经济企业迥异的竞争优势特点，通过深入细致的基本面分析和创新性的估值方法，将成长投资与价值投资两种风格深度融合，以精选定价相对便宜的低估值高质量数字科技股。

我相信这本书中关于数字时代价值投资的系统论述以及开创性思考将对中国投资人大有裨益。

导 读
数字时代价值投资势道术

译者 刘建位

每年都有大量股票投资书上市，这本《价值投资3.0》是讲什么的？有什么用？有什么特色？

一句话概括：世界变了，时代变了，市场变了，这本书告诉你价值投资该如何应对变化、更新升级，如何集中投资高质量数字科技企业，精选股价估值合理的数字科技股，买入并长期持有。

最近十来年，世界加速进入数字经济时代，但是，价值投资者依然停留在传统经济时代，主要投资传统企业，结果一再错过数字科技企业大牛股，业绩明显落后于市场。落后就要挨打，挨打就很痛苦，痛苦就想改进。

其实一百多年来，价值投资一直在与时俱进。

20世纪20年代，工业时代，格雷厄姆提出价值投资1.0版本。

20世纪80年代，消费时代，巴菲特将其升级到价值投资2.0版本。

21世纪以来，世界进入数字时代，价值投资需要升级到3.0版本，以适合数字科技企业的股票投资。

为什么要升级，如何升级，升级后如何用？这正是《价值投资3.0》这本书要回答的问题。

为什么价值投资要升级到3.0版本?

因为数字经济飞速发展,价值投资已严重落后。

2008年全球金融危机之后,尤其是2010年至今,数字科技发展得太快了,数字化服务迅速改变了我们的生活方式和工作方式。可以说,一场数字革命开启了数字时代。一切都数字化了,没有数字化服务,我们寸步难行,甚至几乎什么事都做不了。不信,你出门不带手机试试。时代变了,现在我们生活在数字世界。

时代变了,经济就变了。想想看,你现在出行、购物、社交、收发快递、与人联络、搜索信息,几乎都会用到手机App提供的数字化服务,而提供这些数字化服务的就是数字科技企业。这些线上数字化服务比线下传统服务"更快更好更便宜",你当然会选择数字化服务。这样一来,数字科技企业就抢走了传统企业的大量业务和大量客户,也抢走了传统企业的大量收入。数字科技推动经济转型,从传统经济转向数字经济。

经济变了,股市就变了。数字科技企业的客户数量迅猛增长,客户数量增长推动收入增长,收入增长推动盈利增长,盈利增长推动股价上涨。与此相反,传统企业的收入持续下滑,股价持续大幅大跌。结果,数字科技股主导了整个股市。这种主导地位主要体现在三个方面:涨幅最大的股票往往是数字科技股;市值排名最靠前的企业多数是数字科技企业;市值占比最大的行业板块是数字科技板块。

中国投资者喜欢把数字科技企业的股票称为"互联网股"。然而事实上,现在的数字科技股和1999年流行的互联网股差别很大。我认为,本书作者亚当·西塞尔强调的几个概念是数字技术、数字时代、数字经济，他在书中讨论的主体是数字科技企业，这些企业基于数字技术提供产品和服务，其股票是数字科技股。

可以说，最近十来年，大牛股几乎都是数字科技股，股市上的大部分财富增长都是由少数数字大牛股创造的。这些少数数字大牛股十来年创造的财富比得上传统企业股票几十年甚至上百年创造的财富总额。

事实的确如此吗？

证券投资行业最早拥抱数字化，也最讲究用数字说话。所以，我给你几个数字看看。

先看美国股市最近十来年的数字革命大变局。

6年多之前，巴菲特在伯克希尔-哈撒韦公司2017年的股东大会上感叹：世界变了，股市变了。巴菲特用数字说话：

"你根本不需要任何资金就能运营美国股市市值排名前五的科技企业。（苹果、微软、Alphabet公司、亚马逊和脸书）这五大科技企业的市值合计超过2.5万亿美元，其股票市值增长速度超过了你熟悉的任何一家老牌传统经济企业。看看三四十年前的美国《财富》500强企业榜单，你就知道了，无论是埃克森美孚公司，还是通用汽车公司，或者你能想起名字的任何一家传统经济龙头企业，现在都被这些科技企业远远地甩在了后面。"

巴菲特关注到的正是数字时代股市百年未有之大变局。从2011年到2021年，美国股市的市值增长总额有一半左右来自信息技术及相关行业板块；从2016年到2021年，美国股市的市值增长总额有2/3左右来自信息技术及相关行业板块。十年前，全球非国有控股上市公司股票市值排名前十的企业中，只有两家是数字科技企业，而现在，有8家都是数字科技企业。

再看中国股市最近十来年的数字革命大变局。

2020年底，中国上市公司市值排名前十的企业有：腾讯（4.4万亿元）、阿里巴巴（4.1万亿元）、茅台（1.8万亿元）、工商银行（1.7万亿元）、建设银行（1.4万亿元）、农业银行（1.2万亿元）、中国银行（1万亿元）、招商银行（0.8万亿元）。简单地说，茅台加上中国五大银行的市值之和比不上腾讯和阿里巴巴这两家数字科技企业的市值之和。

我们经常说寻找十年十倍股，然而，数字科技股中甚至有好多是十年百倍股。提到中国最牛的大牛股，几乎人人都会说是茅台。然而，腾讯控股从2004年6月16日在港股上市，到2021年2月18日，最大涨幅为969倍。贵州茅台A股从2001年8月27日上市，到2021年2月18日，最大涨幅为529倍。只比较此前最大涨幅，腾讯比茅台多涨了440倍。可能你也注意到了，从2018年1月到2021年2月，美团在两年间股价最大涨幅超过10倍。拼多多从2018年7月上市到2021年2月，在两年半的时间内，股价最大涨幅超过7倍。

如果以企业上市前第一轮融资时的股票价格为基数，很多数字科技企业的十年涨幅都超过百倍。怪不得徐新高喊"长期投资"，张磊高喊"长期主义"。这些做一级市场股权投资的人个个高喊"长期长期再长期"，是因为买入之后多拿几年，股价的确会涨好多倍，可能是十倍，甚至可能是一百倍。

这是传统行业不可想象的财富增长速度。

最擅长抓住长期大牛股的是价值投资者，特别是巴菲特这样的长期价值投资者。遗憾的是，价值投资者绝大多数错过了数字科技股大牛市，也错过了一只又一只数字大牛股。

起初，这种情况可以理解。价值投资者往往都是在传统时代、传统经济环境中长大的老一辈投资者，不懂数字技术，也看不懂数字经济和提供数字化产品与服务的数字科技企业。然而，几年之后，当老一辈价值投资者终于看明白数字经济和数字科技企业时，数字科技股的股价估值又变得太高。一算市盈率，传统股十几倍，数字科技股几十倍，甚至上百倍。这种估值水平的股票根本没法买。

看不懂数字技术、看不懂数字经济和数字科技企业、看不懂数字科技股估值，这导致价值投资者错过了一波又一波数字科技股的上涨浪潮。

别再抱怨这世界变化太快，该反思自己了。

带头反思的，竟然是价值投资者中最杰出的代表——巴菲特。

2016年，巴菲特投资70亿美元买入苹果公司的股票。

2017年，巴菲特继续大量买入。

后来，巴菲特累计投资超过350亿美元买入苹果股票。

在2017年5月的股东大会上，巴菲特说自己的价值投资策略没有变，但是世界变了，选股分析方法要跟着变。

"现在的新经济世界和传统经济世界有非常大的不同。……我认为大众并没有深刻地认识到，新经济世界与传统经济世界有巨大的差异。……安德鲁·梅隆完全搞不懂新经济世界的企业发展新模式，企业可以几乎不用投入资产，就能创造出几千亿美元的价值……""快速。"芒格插了一句。"快速，是的，而且是快速创造出来。"

这段对话的潜台词是：只有变化选股分析方法，才能适应新一代高成长企业。

江山代有企业出，各领风骚数百年。

有些新兴的数字科技企业在几年内就击垮了传统的百年老店。

巴菲特的选股分析方法变了，投资组合也大幅改变。苹果这一只数字科技股就占了巴菲特投资组合一半的仓位，而且巴菲特还说，要和自己控股 BNSF 铁路公司、BHE 能源公司、BH 保险集团一样，长期持有苹果股票，将其列为自己旗下的"四大金刚"之一。

芒格公开表扬巴菲特在 80 多岁时依然选择主动进化。

"我认为，你买入苹果公司是一个非常好的信号，这表明两种情况你必居其一，要么你疯掉了，要么你在学习进步。"

受到巴菲特的启发和鼓励，西塞尔进一步研究数字时代的股票投资，反思和改进传统的价值投资选股分析框架，并将其应用于数字科技股的选股实践，取得了良好业绩。

疫情期间，西塞尔写作这本书，总结自己的研究和实践经验，提出价值投资 3.0 版本——BMP 选股分析框架。

中国人喜欢的一个逻辑思维框架是"势•道•术"，李嘉诚基金会捐资创办的长江商学院校训就是"取势、明道、优术"。我发现这本书的三大部分内容正好与势道术一一对应，我简单概括总结如下。

势：进入数字时代，价值投资必须与时俱进、更新升级

工业时代，格雷厄姆创新提出价值投资 1.0 版本，确立了价值投资三要素：资产清算净值、市场先生、安全边际。其选股分析框架以资产清算净值为基础，主要用于选择工业生产企业。

消费时代，巴菲特将价值投资升级为 2.0 版本，其选股分析框架以超级明星品牌为企业创造的超额盈利能力为基础。巴菲特主要选择的是有强大品牌力的消费企业、金融服务企业，以及报纸和电视台等

传媒企业。其实，这一时期，巴菲特在选股上已经强调企业应具备一流的业务质量和一流的管理质量，而且，投资者必须以合理的价格买入。

1992年，巴菲特在伯克希尔-哈撒韦公司的年报中再次阐述了他的投资策略："我们的股票投资策略与我们在1977年的年报中谈到的没有什么变化。我们挑选可流通证券与评估一家要整体收购的公司的方法极为相似。我们要求这家企业符合以下三个标准：(1) 业务是我们能够了解的；(2) 业务有长期良好的发展前景；(3) 由诚实、正直的经理人管理；(4) 能以非常具有吸引力的股价估值水平买入。"

西塞尔继承发扬了巴菲特的股票投资策略，针对数字科技企业在业务（Business）、管理（Management）、价格（Price）三个方面的特点，有所侧重，有所创新，提出了更加适合数字科技股的BMP选股分析框架。

从格雷厄姆的价值投资1.0，到巴菲特的价值投资2.0，再到以BMP选股分析框架为核心的数字时代价值投资3.0，这正符合价值投资一百年来适应时代大变化、股市大变局而不断进化的大趋势。

《价值投资3.0》是数字经济时代价值投资第三次升级浪潮中的一朵浪花。我个人认为这是第一本深入探讨这个主题的公开出版图书，值得重视，值得学习，值得借鉴。

桥水基金创始人瑞·达利欧说过：进化是宇宙中最强大的力量，是唯一永恒的东西，是一切的驱动力。

不进化就死亡，价值投资也是如此。大趋势变了，你得不断进化，才能适应市场大变局。那么，本书提出的价值投资3.0选股分析框架有哪些更新升级之处呢？

道：价值投资3.0——BMP选股分析框架

《价值投资 3.0》介绍的 BMP 选股分析框架继承了格雷厄姆提出的价值投资基本原则（价值投资 1.0），但抛弃了其中主要基于资产价值的估值指标。总的来看，BMP 选股分析框架和巴菲特的投资策略（价值投资 2.0）大体上一致，但是在业务质量和股价估值两个方面，BMP 选股分析框架针对数字经济时代数字科技企业的新特点进行了大幅更新升级。

巴菲特重仓投资的苹果公司以生产和销售手机、平板电脑等硬件设备为主要业务，具备数字科技企业和消费品企业的双重特征，从某种程度上来说，更像是传统消费品企业在新经济时代的变体。而大多数数字科技企业相较于苹果公司来说，规模小得多，业务纯粹得多，通常只通过软件程序提供数字化在线服务。本书提出的 BMP 选股分析框架专门针对这样的数字科技企业，从业务质量、管理质量、股价估值三个方面进行了深度分析。

B：业务质量上更强调高成长

业务质量是 BMP 选股分析框架的核心。西塞尔主张从三个方面判断企业的业务是否具备高质量。

第一是大市场，即公司业务处于一个规模巨大且持续增长的市场；第二是小份额，即公司业务只占有很小的市场份额；第三是长优势，即公司业务具有长期可持续的竞争优势，从而能让公司的营业收入和营业利润在未来多年持续高增长。

除此之外，与传统经济企业相比，数字科技企业的竞争优势（护城河）也具备独特的特征。对传统经济企业来说，成本优势、品牌优势尤为重要。对数字科技企业来说，平台和转换成本、先发优势，以及网络效应是成功企业最鲜明的特征。

这五大竞争优势结合起来，让线上数字化服务比线下传统服务"更快更好更便宜"，服务质量远超用户预期，人们自然而然地就会转而更多使用数字平台提供的服务，提供这些服务的数字科技企业自然而然地也会具备更好的市场前景。想想看，我们现在使用手机购物软件，只要轻触屏幕，就能非常方便地比较各个店铺的商品，从质量、价格、网友评价等多个角度进行评估，综合选择我们心仪的商品。很多时候，我们在线选购的商品第二天就能快递到家，甚至可以实现当天购买当天送达。这样的服务是不是"更快更好更便宜"？在数字平台的冲击下，难怪过去生意火爆的线下大型超市很多都关门停业了。

M：管理质量上更强调财务管理和资本配置能力

企业的事都是人做的。尽管数字科技企业的主要资产是软件程序，但是软件的维护和升级全靠优秀的软件工程师，研发、营销、销售等各个环节也离不开优秀的人员。和传统经济企业一样，数字科技企业管理者的管理能力对企业发展来说至关重要。

没有哪个投资人比巴菲特更擅长评估企业管理者。"德才兼备"，简单明了的四个字让巴菲特找到了众多像大都会公司的汤姆·墨菲一样杰出的企业经理人。在管理质量方面，BMP选股分析框架几乎完全延续了巴菲特的两大衡量标准。

一是"大德忠诚可靠"。企业管理者要像企业所有者一样思考和行动，忠诚可靠，忠于股东利益，全心全意为股东服务。

二是"大才很懂增值"。数字科技企业的管理者既要懂数字技术，又要全面、深入地理解驱动企业价值增长的关键因素，懂如何给股东赚钱，懂企业并购。

对数字科技企业的管理者来说，财务管理和资本配置能力尤为重要。在这个竞争激烈、需要不断创新的行业中，并购是保持企业领导地位的重要手段。直接地说，并购可以帮助企业快速获取暂时无法自主研发的新技术和新产品。

这就是我的理解。在管理质量方面，BMP选股分析框架和巴菲特对企业管理者的要求本质上相同，但是更加强调财务管理和资本配置能力。

P：股价估值上，衡量指标更简单易用

这是BMP选股分析框架相较于巴菲特价值投资2.0版本升级改进最大的地方，主要体现为三个调整。

第一个调整是，放弃巴菲特使用的现金流量折现模型，而用更简单易用的市盈率估值模型。

在股价估值方面，巴菲特强调现金流量折现。然而，现金流量折现模型理论上非常完备，具体操作却很难。没有人能准确预测一家企业未来十年甚至更久以后的现金流量，对数字科技企业来说更是如此。和巴菲特投资的那些高度成熟、稳定增长的消费品企业相比，数字科技企业的业务发展速度太快，别说未来十年，想要预测其未来五年的业务发展

情况都难，预测未来十年的现金流量根本不现实。

所以，亚当·西塞尔在这个方面大胆改变，选择采用传统的市盈率估值模型对数字科技企业进行股价估值。

第二个调整是，计算市盈率时不用企业财务报表披露的每股收益，而用企业潜在盈利能力。

计算传统的市盈率指标，用的是企业财务报表披露的上一年每股收益，或者是在此基础上投资者对下一年每股收益的预测。无论用哪个，无论怎么算，这些数字科技企业的市盈率水平都太高了，往往有几十倍，而市场上那些成熟的传统行业龙头企业一般只有十几倍。

亚当·西塞尔选择不用财务报表披露的每股收益，而参照同业务领域成熟型传统企业的研发、营销、销售费用水平调整数字科技企业的财务报表，估算其可释放出的潜在盈利能力。

这种做法的原因是，数字科技企业仍处于成长期，本质上与成熟型传统企业不同。数字科技企业就像十几岁的青少年，需要在研发、营销、销售领域持续不断地投入资金，以支持企业业务的快速发展。而成熟型传统企业像几十岁的成年人，主要目标是稳定增长、实现盈利最大化。你不能用苹果跟橘子比。要么用苹果跟苹果比，要么用橘子跟橘子比。

公平的方法是先调整再比较。我们可以自己动手调整数字科技企业的财务报表数据，合理评估其在研发、营销、销售领域的投入产出比，使其与成熟型传统企业公平竞争。这样一来，我们用可释放出的企业潜在盈利能力代替每股收益，重新计算市盈率，就会发现数字科技企业的市盈率倍数低得令人惊喜。

对企业潜在盈利能力的评估由来已久。在《证券分析》一书中，格雷厄姆在探讨市盈率时就不迷信财务报表披露的每股收益,而是自己动手调整财务报表,以推算企业的实际盈利能力。巴菲特分析超级明星企业,也提出用所有者收益替代财务报表披露的每股收益,从中扣除企业维护竞争优势的必须支出,推算其实际盈利能力。亚当·西塞尔的创新是扣除数字科技企业为追求高成长而在研发、营销和销售领域额外支出的费用,更符合数字科技企业的特点,更有针对性。

第三个调整是,用未来3年的预测潜在盈利能力代替当前的企业潜在盈利能力。

只看企业当前的盈利能力,容易忽视数字科技企业的高成长性。但是,技术发展迅速,数字科技企业未来5年、10年的盈利情况又难以预测。亚当·西塞尔认为,对具有明显竞争优势的数字科技企业,可以推断其未来3年能够继续保持增长。我们可以参照这家企业过去3年或5年的营业收入增长率,预测其未来3年的营业收入增长率,以此推算这家企业未来3年的销售收入。再按照前面分析的企业潜在盈利能力可以达到的营业利润率,推算出未来3年的企业每股潜在盈利能力。以此为基准,计算现在企业每股股价对应的市盈率。如果计算得出的数字科技股市盈率水平和整个市场的市盈率水平相当,你就捡到大便宜了。这相当于你可以用市场的平均价格水平买到高于市场平均质量水平的高质量数字科技股。

对于业务丰富、板块复杂的大型数字科技企业,你在分析时还要注意细分,将各个业务板块逐一与主要竞争对手进行比较。这本书以谷歌母公司Alphabet和小企业会计软件公司Intuit为例进行了详细讲解。

术：如何实践应用BMP选股分析框架

看清了价值投资与时俱进、不断升级的大趋势，也理解了专门用于数字科技企业股票的 BMP 选股分析框架，那么接下来，在具体操作中，我们应该注意哪些事项呢？

亚当·西塞尔在这本书中也进行了详细分析，主要有以下三点。

一要坚定信心，相信数字化发展大趋势不可逆转。

对投资者来说，投资数字科技股最容易让人焦虑的问题是，政府是否会推行反垄断措施，加强对大型数字平台企业的监管，甚至对其进行强制拆分。然而，亿万用户在日常生活中使用数字产品和服务的习惯已经形成，这种习惯让用户和数字科技企业的联系越来越紧密，不可逆转。因此，你的投资大局观要坚定不动摇。即使政府强制拆分数字平台企业，这对于股票投资者来说也可能反而是好事。拆分之后，企业会释放出更多竞争活力，产生更多盈利。

二要培养良好的投资习惯，将 BMP 选股分析框架全面融入投资流程。

作为长期投资者，我们要始终把寻找高质量企业放在第一位。为此，我们要从几个方面培养良好的行为习惯：

1.行动要快，但不要急；2.多请教，多交流，多探讨，多总结；3.多阅读，而且是大量阅读；4.利用市场先生的愚蠢，逆向投资买入；5.不要分散投资，而要高度集中投资；6.找到你对投资组合中股票数量的最低接受程度，以达到你的最高集中投资程度；7.长期持有股票，并随着时间的推移定期追加资金。

与此同时，面对加密货币、模因股票、ESG 投资等市场上流行的投机浪潮,我们要理性分析,防止受到潮流的误导。越是想快速发大财,结果越有可能快速亏大钱。很多看似流行的新型投资产品其实并不符合价值投资的选择标准,也不符合只有为社会创造真正价值才能长期可持续发展的常识。

三要主动学习提升,拓展能力圈。

年纪大的投资者很懂价值投资策略和估值分析技术,但是不懂数字技术和数字科技企业,所以要多找机会,主动向年轻人学习。而年轻的投资者在成长阶段先后经历了三次股市大崩盘的严重打击,从网络股大崩盘到全球金融危机,再到新冠病毒感染疫情导致的市场震荡,一而再,再而三,连续几次大亏之后,往往会对股市完全失去信心,从此远离股市。因此,很多年轻投资者的投资经验较少,不懂价值投资策略和估值分析技术,尽管对数字技术非常了解,但是要投资数字科技股,还得注重学习价值投资策略和相关的知识技能,掌握估值分析技术和操作流程。

中国数字科技股价值投资之势道术

一看投资之势。

2023年2月27日,中共中央、国务院印发《数字中国建设整体布局规划》。《规划》指出,建设数字中国是数字时代推进中国式现代化的重要引擎,是构筑国家竞争新优势的有力支撑。要全面赋能经济社会发展,做强做优做大数字经济。

2023年10月30日至31日,中央金融工作会议在北京举行,会议首次提出"加快建设金融强国"。会议指出,金融要为经济社会发展提供高质量服务。要着力营造良好的货币金融环境,切实加强对重大战略、重点领域和薄弱环节的优质金融服务。

我们可以理解,数字中国建设是国家重要战略,数字经济是重点领域。数字技术发展与科技创新、先进制造、绿色发展和中小微企业高度紧密联系,一定会优先得到国家更多的金融资源支持。

中国的数字技术发展非常快,线上购物、线上点餐、线上打车、用小程序寄快递、扫码骑共享单车……从数字技术应用的普遍性和便捷性来说,中国已领先世界。中国的数字科技企业也发展迅猛,多家数字科技企业在海外上市,腾讯、阿里巴巴、美团、拼多多成为中国市值排名前十的上市公司。

中国人在数字技术和数字经济领域大胆试、大胆闯,敢于走出一条又一条新路,让全世界的人都感到惊奇。同样,我们中国投资人在数字科技企业的股票投资上也要大胆试、大胆闯,敢于走出一条又一条新路。不能怕出错,边试验,边改进。实践摸索是学习成长的唯一路径,实践也是检验我们投资策略的唯一标准。

二看投资之道。

经过30多年的发展,中国投资机构和个人投资者在投资策略上更加理性,更加成熟。最近10年盛行的投资策略是精选少数业务一流且管理一流的高质量企业,价值投资,集中投资,长期投资。我个人研究了20多年巴菲特,写过8本有关巴菲特投资策略的书,在央视主讲过10集《学习巴菲特》节目。我个人觉得,巴菲特集中投资超级明星龙头企业的长期价值投资策略在中国股市从来没有像现在这样普及,受到市场如此普遍的认同。而巴菲特过去50多年对超级明星龙头企业的投资策略和分析方法正是价值投资 3.0 的根基。

三看投资之术。

但是，正如本书作者亚当·西塞尔观察美国股市所看到的那样，尽管数字经济大发展，数字科技股主导股市，价值投资者多数还是主要选择传统经济企业进行投资。面对数字经济大发展的大势，中国价值投资者必须与时俱进，深入了解数字科技企业，掌握适合数字科技股的选股分析框架，提升自己的投资之术。

而这正是本书最大的特点。本书在巴菲特投资策略的基础上，针对数字科技企业的具体特点，分别从业务质量、管理质量、股价估值三方面进行了更深入具体的分析。看了这本书，你就能够把巴菲特的成功之道应用到新时代数字科技股的投资上。而且，这本书提供的 BMP 选股分析框架清晰易懂，便于操作，对三家著名数字科技企业亚马逊、Alphabet 公司、Intuit 公司的具体分析也很细致。仔细阅读这本书，你会在数字科技股投资之术上有很大收获。

结语：数字时代变化快，价值投资不进化就会大失败

作为价值投资者，我们必须与时俱进，不断进化，适应时代发展变化大趋势（势），更新升级选股分析框架（道），优化估值指标等技术分析工具（术）。

工业时代，学习格雷厄姆价值投资 1.0，主要读《聪明的投资者》和《证券分析》。

消费时代，学习巴菲特价值投资 2.0，主要读《巴菲特致股东的信》

和《穷查理宝典》。

数字时代，学习价值投资3.0，从读这本《价值投资3.0》开始，从研究分析我们熟悉了解的数字平台企业开始。

巴菲特说：向高手学习一小时，胜过自己苦苦摸索十年。希望我和中信出版社合作翻译出版的这本书能够帮助更多中国投资者，抓住数字经济大发展之势，掌握数字科技股选股之道，精进数字科技企业估值之术，提升数字科技股的长期价值投资能力，从而进一步提高长期投资业绩。

关于本书
专业术语的说明

本书包含相当多的专业术语，比如企业经营管理术语、金融投资术语、财务会计术语。这在所难免，毕竟这是一本讲股票投资的书。不过，有些投资者即使不熟悉、不了解这些专业术语，也不要因此吓得不敢翻开这本书来读。其实，就像大多数从事报酬优厚行业的专业人士一样，那些管理投资的基金经理也是用一些深奥难懂的行话来让自己的工作看起来很难很难，然而事实上并没有那么难。放出这种烟幕弹，是投资管理人故意的，希望这样能让他们收取的管理费看起来合情合理。

我认为，就像美国最传奇的基金经理彼得·林奇 30 多年前在他的书里说的那样，投资这件事实在太重要了，所以不能把一切都留给那些专家去做。我也像林奇那样，相信人人都能做好投资，只要有正常的智力水平，有一般的常识，有自己日常生活和工作的经验，就能成长为一个相当不错的投资者。你要大胆试、大胆闯，不要怕。其实，正是因为业余投资人不用每个季度公告投资业绩，不像专业投资人那样经常暴露在短期业绩的巨大压力之下，所以业余投资人经常处在更有利的位置，能够更充分地利用市场机会。那些基金经理天天苦恼的是他们下个季度的基金业绩表现如何，担心害怕短期业绩一落后，基金投资人就跑路了，而业余投资人管理的是自己的钱，想投资多久自己说了算，可以把眼光放得更加长远，关注未来 10 年、20 年的长期业绩，这样的长期投资才能真正赚大钱。

大家都说，财务会计是商业界通行的语言。你去外国旅游，要是懂当地的语言就方便多了，同样地，你来到了商业投资领域，要是懂财务会计这个商业语言就方便多了。不过，这里也是一样，大胆试、大胆闯，不要怕。你作为一个投资人，不需要成为精通很多财务会计知识的专家，只需要搞明白一些基本的重要财务会计知识就行了，这些东西既不神秘难懂，也不复杂可怕。从本质上讲，财务会计就是记账：记录一家企业有多少资产、分别值多少钱、欠别人多少钱，并帮助企业持续追踪记录资金的流入和流出，进来多少钱、出去多少钱。财务会计不过是一套会计核算的准则，企业里的人用这些会计准则来把账记清楚，这样才能说清楚。你读了我在本书后面写的内容就会明白，这些财务会计准则也要与时俱进，因时而变，随着经济现实情况的变化而变化。这样一想，你可能会说，现在都进入数字时代了，商业世界出现了巨大的变化，现行的财务会计准则体系也应该相应地做出大幅修改了。

在本书后面的章节里，我会尽量讲得浅显易懂，只使用简单的金融投资术语和财务会计术语，也会解释一下这些术语的意思。

不过，可能还是会有一些人不是一看就懂。没关系，你要是在这些术语上卡住了，就翻到本书的末尾，我专门列出了一个术语表，书中出现的每一个主要企业经营管理术语和金融投资术语，那里都给出了具体的定义。

要是你看了本书术语表中的解释，还是有些迷迷糊糊，搞不清楚，你就去 Investopedia.com 网站上查查这个术语的详细解读。这个网站对投资相关专业术语的解读很清楚明白，用的都是大白话，而且完全免费。

如果你想进一步深入学习一些股票投资的基础知识，我推荐一本书：《解读华尔街》。《解读华尔街》是杰弗里·B.利特尔和卢西恩·罗兹两个人合写的一本证券投资启蒙读本，篇幅短小，却很实用。我当年离开新闻记者行业，进入金融投资这一行，读的第一批投资入门书中，就有这本小书，它对我帮助很大。

引 言
数字科技企业发展得那么大又那么快

我大学同学阿里股票投资大赚50倍的秘诀很简单

我上大学时有个好朋友，我叫他阿里。阿里过去这15年买股票发了大财。阿里的投资策略很简单，就是一直持有这只股票：苹果。阿里在2007年买了苹果公司的股票，那一年苹果公司首次推出苹果手机。阿里当时买入苹果公司股票，是基于下面的逻辑：

1. 我刚入手一部苹果手机，这是第一代苹果手机，真是一个非常具有革命性的产品，肯定会有很多人也想要得到一部这么酷的手机。现在有很多人想用苹果手机，未来很多年还是会有很多人想用苹果手机，所以，苹果手机会卖得越来越多。
2. 所以，苹果公司的股票价格也会跟着越涨越高。

看看下面这张苹果公司的股价历史走势图（见图0-1），你会发现，阿里这位老兄的投资想法可以说是太太太对了，对到简直离谱。美国股市的整体平均涨幅，用标准普尔500指数来衡量，过去15年也只上涨了3倍左右，而苹果上涨了45倍。

不过，尽管过去 15 年整体来看，苹果股票大涨 45 倍，长期走势像是一条直线，但是细细来看，中间也有不少波折。过去 15 年间，苹果股票有 4 次股价下跌 30%。大致上，每过三四年，阿里就会看到他这一辈子积累的财富缩水接近 1/3。只要在股票市场投资过的人都知道，那种滋味可真不好受，真是跌得肉痛，心如刀割。

图 0-1 从 2007 年第一代苹果手机发布至 2022 年，苹果公司股票与标准普尔 500 指数的涨幅对比
资料来源：FactSet。

但是，阿里并没有吓得惊慌失措，吃不下饭，睡不着觉，并没有吓得失去信心和信仰，不再坚信他自己决定长期持有苹果公司股票的基本逻辑。阿里还是一直坚定地持有持有再持有，不动不动再不动，就这样一直坚持持有了 15 年。股价累计上涨 50 倍，他现在变得非常非常富有。如此泼天的富贵，只是因为他做对了一件事：慧眼识珠，发掘出来一家超级优秀的企业，不但看得准，而且还能一直拿得住，3 年、5 年、

10年、15年。在第一代苹果手机发布的2007年,你要是拿出1万美元买入苹果公司的股票,一直拿到2022年,经过这15年,你的1万美元就会升值到50万美元,而同期标准普尔500指数代表的美国股市平均涨幅只有3倍,你买苹果的投资盈利水平相当于市场平均水平的15倍以上。

你可别误会了我的意思,我并不是说美国股市表现不好。美国股市的整体平均涨幅能够达到15年3倍,这已经是相当出色的收益率水平了。尽管过去100年来,美国股市出现过多次大起大落,偶尔还会出现股市大崩盘,但是这100年整体来看,美国股市可以说是积累财富的风水宝地,其他国家和地区的股市可都比不上。很多人把股市想象成一个魔幻的地方,如同法国凡尔赛宫里最奢华的宫殿——镜厅,无数面巨大的铜镜反射着从后花园映进的光芒,真假难辨。或者就像《绿野仙踪》中奥兹国金碧辉煌的翡翠城,魔法师奥兹坐在宫殿中用神奇的魔法操纵着一切。与其完全不同,股票市场其实相当实在,就是汇集了一批企业,其股票在此上市,流通交易。我们称这些企业为上市公司,这些上市公司的盈利整体来看随着时间的推移持续增长,而随着这些上市公司的盈利持续增长,其股票市场价值也持续上涨,这不是由什么虚幻的魔法力量推动的,而是由实际的企业盈利增长推动的。如果你相信所有上市企业的整体盈利将来会继续增长,整个国家会继续发展,繁荣富强,你就应该投资并持有股票,从中分享一部分经济增长的巨大红利。

下面你会看到,根据你选用的不同指数和你选择衡量的不同期限计算,美国股票市场总体历史平均年化收益率水平一般为8%~10%。而美国房地产,另外一个积累长期财富的主要渠道,其年化收益率相比之下就低了许多，每年平均只有5%。按照2022年美国的利率环境来看，三年期定期存款的年利率只有1%左右，只有1%。一般商业有息支票账户的利率水平只有0.04%，真是低得可怜。

这些年化收益率数字听起来相当抽象，你得先搞明白复利的神奇力量，才能搞明白为什么年化收益率相差一点儿，长期复利积累下来的总收益率会相差很多倍。通俗地说，复利就是利滚利，如同滚雪球，计算复利就是乘方再乘方，就是指数级增长。比如计算机的计算能力、企业的利润、股票的市场价值，这些增长可以创造出更大的增长，动能越积越大，规模越积越大，就像沿着山坡向下滚雪球，越滚越快，越滚越大。举个例子，美国房地产市场平均年化收益率5%的升值幅度已经相当不错了，你要是将1万美元的资本投入美国房地产市场，过上50年，净赚到手的钱有10万美元还多一点儿。但是你要是将1万美元投资到美国股市，按照美国股市平均年化收益率9%的升值速度，你就能赚到70万美元，每年收益率相差4个百分点，50年的总收益率就相差6倍。

一图胜千言，看看图0-2，你就能看出来复利的神奇力量，你就能知道为什么爱因斯坦会称复利为世界第八大奇迹。这也可以说明为什么你应该进入股票市场长期投资。你越年轻，长期投资股市对你来说就越有利，因为你有更多的时间等待市场走过春夏，走过秋冬，历经一番起起伏伏之后，回归正常，回归均值，让你赚到平均收益率。即使你年纪不小，比如说40多岁，人到中年，我相信你也不应该在债券上投资10%~20%的资金，因为债券的年化收益率太低了，只不过比三年期定期存款的利率高那么一丁点儿而已。那种目标日期基金（比如目标退休日期是20多年后的2045年）会把高达15%的资金配置在债券上，对于我这个40来岁的中年男人来说，债券仓位配置15%实在是太高了，因为后面还有20来年。60岁退休之前，还有20来年的漫长投资期限，这足以让股市平滑掉大起大落的短期收益率，回归到历史长期收益率均值。所以，你应该把更多资金投资到美国上市企业的股票上，让企业盈利高成长推动你的股票投资高增长，为你长期积累更多养老金。

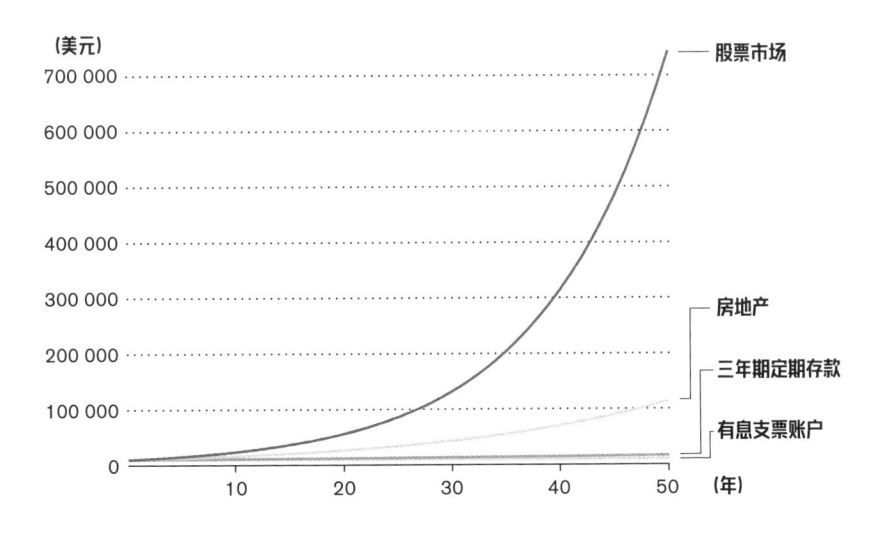

图0-2　股票如何长期跑赢其他大类资产（1万美元投资的价值变化，按平均年化收益率计算）

各大类资产基于以下年化收益率计算：有息支票账户0.04%；三年期定期存款1%；房地产5%；股票市场9%。

在股票市场上投资有两种方式，要么通过投资指数基金买入整个股市，要么选择个股，买入个别股票。那些不熟悉市场的人，或者让市场吓坏的人，青睐被动投资方式，就是不选个股，整体买入，也就是我们经常说的买指数基金。指数基金复制反映股票市场平均涨幅的指数，只追求和市场指数完全相同的涨幅。略微进取一些的投资方式是，买进追踪个别行业板块的交易所交易基金（ETF），基于相信这些行业板块会跑赢大盘，即股市整体涨幅。而我选择投资个股。就像我的那位大学同学阿里选择投资苹果股票一样，我也想找到少数高质量企业，未来涨幅能跑赢市场整体年化收益率9%的平均水平。我建议你也来试试精选高质量低估值潜力大牛股，我会在本书中教你一些精选个股的分析技巧。

找到一个能战胜市场的投资主意可真不容易，因为很多其他人也在这样想、这样做呢！投资就像是一场几百万、几千万人同时参加的竞赛，无论是复杂的谜题解答类智力竞赛，还是高难度的寻宝竞赛，一般人都不会轻易接受挑战，除非已经决定要严肃认真地看待这场竞赛。你可以去参加智力竞赛，解开谜题，也可以去参加寻宝竞赛，觅得宝藏，但是这些竞赛的输赢与你的人生关系不大，并不会大大影响到你这一生积累的财富是多是少。不过，你要是致力于识别、买入、持有少数高质量企业大牛股，其涨幅大幅超越市场平均水平，就像我的那位老同学阿里持有苹果股票15年赚到50倍一样，你就能积累一大笔财富。这是复利发挥的巨大作用：投资1万美元买入指数基金，获得年化收益率9%的市场长期平均业绩，持有50年，1万美元能够升值到70万美元。同样投资1万美元，选到并买入高质量企业大牛股，获得年化12%的高收益率，持有50年，1万美元能够升值到超过300万美元。

还是一样，一图胜千言。关于这个话题，我就是说得再多，也比不上图表直观。只要看看图0-3中高质量企业大牛股和股票市场两条收益线的强烈对比，你就能理解了。

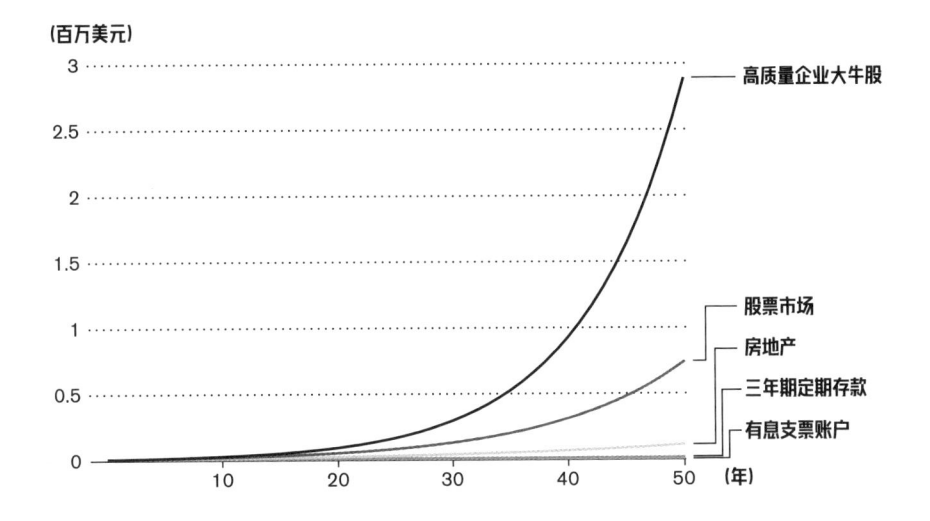

图 0-3 高质量企业大牛股如何跑赢市场（1万美元投资的价值变化，按照平均年化收益率计算）

各大类资产基于以下年化收益率计算：有息支票账户 0.04%；三年期定期存款 1%；房地产 5%；股票市场 9%；高质量企业大牛股 12%。

数字时代股市大变局，彼得·林奇的成长股投资策略不灵了

30 多年前，可以说是在上一代人的时候，彼得·林奇就提出了投资高质量企业成长股的建议。林奇先后写了三本投资畅销书，其中最出名的是第一本，1989 年 2 月出版，英文书名是 *One Up on Wall Street*，中译本书名是《彼得·林奇的成功投资》。

彼得·林奇 1977 年开始担任富达公司麦哲伦基金的基金经理，到 1990 年退休，在 13 年间实现了 28 倍的投资业绩，大幅战胜市场，成了一个股票投资神话。彼得·林奇提出了一个"股票投资三步走"策略，他认为业余投资人也能够而且应该通过选择个股来积累更多财富。

> 第一步，识别：运用你自己的日常经验和常识，来识别业绩表现超出平均水平的高质量企业。
>
> 第二步，买入：投资买入这些高质量企业的股票。
>
> 第三步，持有：老老实实地持有这些高质量企业的股票，一动不动，放手让复利发挥神奇的魔力。越涨越快，越涨越多。

林奇在《彼得·林奇的成功投资》这本书中写道："最终，质量优异的企业在长期竞争中会胜出，质量平庸的企业在长期竞争中会落败，与此相应，投资质量优异的企业会得到优异的长期回报，投资质量平庸的企业只会得到平庸的长期回报。"

林奇的这句话确实是投资至理名言，如今依然真实可靠。道理还是原来那个道理，企业却不再是原来那些企业了，在当前这个数字新时代，再运用林奇的"三步走"策略做股票投资就会出现大问题。因为最近30来年的数字新技术革命让美国经济出现大变局，现在高质量企业的本质和特点与以往相比已经大大不同了。互联网、移动电话、社交媒体，在30多年前的1989年，在彼得·林奇写第一本书的时候，还根本不存在呢。

林奇的股票投资策略是，从日常生活中寻找高质量企业大牛股。他列举的股票投资典型案例有：玩具反斗城、斯巴鲁汽车，以及 L'eggs 连裤袜的生产商 Hanes。现在这些公司的产品早就过时了，你要是还在用这些过气产品，说不定会遭人嘲笑。这里并不是批评指责彼得·林奇，"不是我不明白，这世界变化快"。但是，我们现在必须明白一点，同样的投资常识，在30多年前能让林奇找到当年那些高质量企业大牛股，在现在却根本无法让我们找到当代高质量企业大牛股。那些用内燃机作为发动机的汽车，现在面临着无人驾驶和电动车的双重威胁；大部分女士早就不穿那些塑形内衣了；而玩具反斗城，这个30多年前的玩具零售行业霸主，在沃尔玛等大型超市和电商平台的双重钳制之下难以为继，在2017年申请了破产保护。

在算力不断提高及相关技术不断改进的推动之下，数字科技企业已经大大改变了我们的日常生活，大大改变了世界经济，也大大改变了股票市场。从本书的研究目的来说，我们最关注的就是数字时代股市大变局。从2011年到2021年，美国股市的市值增长总额有一半左右来自信息技术及相关行业板块；从2016年到2021年，美国股市的市值增长总额有2/3左右来自信息技术及相关行业板块。10年之前，在全球非国有控股上市公司股票市值排名前十的企业中，只有两家是数字科技企业，而现在，全球股票市值排名前十的企业中，有8家是数字科技企业。

正如图0-4表明的那样，数字时代已经呼啸而来，快到我们根本来不及后退一步好好想想数字时代意味着什么。每个人都能很明显地感受到，世界发生了巨大的变化，而且是长期持续的巨大变化，然而又说不清究竟是什么样的巨大变化，这让大多数投资者陷入了迷茫。结果是，大多数股票投资者并没有学会听懂数字科技企业板块的独特语言，也没有学会看懂数字科技企业板块的发展动态，因为数字科技企业板块生产出来的主要产品看不见也摸不着，只不过是由很多0和很多1组合而成的代码。如果只是说这样太不利于投资数字科技企业的股票，这种说法就太轻描淡写了。其实这对于投资者来说后果很严重，极其严重。投资行业简称这些企业的股票为科技股，现在主要指基于数字技术来运营的数字科技企业的股票。这些股票正在创造当今世界的大部分财富增量。[1]

世界上最大的价值变化

	1990年	2000年	2010年	2021年
1	通用电气	通用电气	埃克森美孚	苹果
2	日本电话电报（NTT）	英特尔	中国石油	微软
3	荷兰皇家壳牌	思科	苹果	Alphabet（谷歌母公司）
4	奥驰亚集团*	微软	中国工商银行	沙特阿拉伯国家石油
5	国际商业机器（IBM）	荷兰皇家壳牌	中国移动	亚马逊
6	埃克森	辉瑞	微软	特斯拉
7	宝洁	埃克森美孚	伯克希尔-哈撒韦	Meta（脸书）
8	丰田汽车	沃尔玛	中国建设银行	英伟达
9	日本电气（NEC）	沃达丰	沃尔玛	伯克希尔-哈撒韦
10	沃尔玛	诺基亚	宝洁	台积电

*奥驰亚集团是菲利普·莫里斯集团的母公司。

图 0-4　全球股票市值排名前十的企业

资料来源：FactSet。

这些数字科技企业现在已经全面主导了我们的日常生活，全面到很多人会自然而然地认为数字革命大体上完成了，快要结束了，然而这

---

[1] tech 一词通常的译法是科技、高科技、高新技术，在投资中指代我们中国股票投资者通常说的科技企业和科技股，范围相当广泛。但是从本书讨论的科技企业和科技股案例来看，tech 主要是指基于数字技术、以互联网应用程序开展业务和提供服务的企业。所以，为了突出作者强调的数字技术，本书将相关表述统一译为数字科技企业和数字科技股。中国国内也经常将数字科技企业称为互联网企业或者互联网平台企业。——译者注

种看法大错特错，在很多方面，数字革命才刚刚开始。即使在30来年，即相当于一代人的时间内高速增长，数字科技巨头亚马逊的年销售额也只是刚刚赶上传统零售巨头沃尔玛。云计算支出如今在信息技术行业总支出中的占比不过10%~15%，但将来会有一天占比超过2/3。Intuit这家全世界规模最大的小企业财务会计软件供应商，在其最终目标市场上的占有率只有1%~2%。市场规模不断增长且潜力巨大的企业名单还在延长，随着算力的复合增长，这个名单上的企业每年都会变得更多。

数字科技企业创造出新的行业和新的财富，与此同时也在大块大块地挖空我们的传统经济。数字科技企业股票市值令人震惊的巨幅上涨，伴随着的是传统经济企业股票市值令人震惊的巨幅下跌。最近10年，美国股市行业结构发生巨大变化，石油化工行业市值占比从13%缩水到不到3%。与此同时，金融服务行业市值占比从15%缩水到10%。在不久前的2015年，埃克森美孚石油和富国银行这两只几代人都非常信赖的蓝筹股，市值都是亚马逊的两到三倍。而在2021年，你一看图0-5就能看出来，亚马逊这家数字科技企业的股票市值，是美孚石油和富国银行两大传统经济龙头企业股票市值之和的4倍。

亚马逊等少数数字科技企业巨头占据了大部分头条新闻，导致很少有人注意到，很多规模更小、知名度更低的数字科技企业的股票也在持续大幅升值，比如致力于提升企业文件制作效率和数字化营销能力的Adobe公司、工程设计仿真软件龙头企业Ansys、数字化工程建设工具软件企业Autodesk等。这只是少数几家英文名称开头字母是A的公司，我现在只是想要列出英文名称开头字母是A的那些高成长数字科技企业，就快要精疲力竭了。大多数人知道Adobe公司，只是因为这家公司的PDF软件做得太好用了，却很少有人知道，在2020年，Adobe公司的盈利就有 35 亿美元，和卡夫亨氏公司的盈利一样高，而卡夫亨氏这家食品行业龙头企业旗下有好多著名食品品牌，比如 Oscar Mayer 热狗、Philadelphia 奶油干酪，从 19 世纪设立以来一直存在。

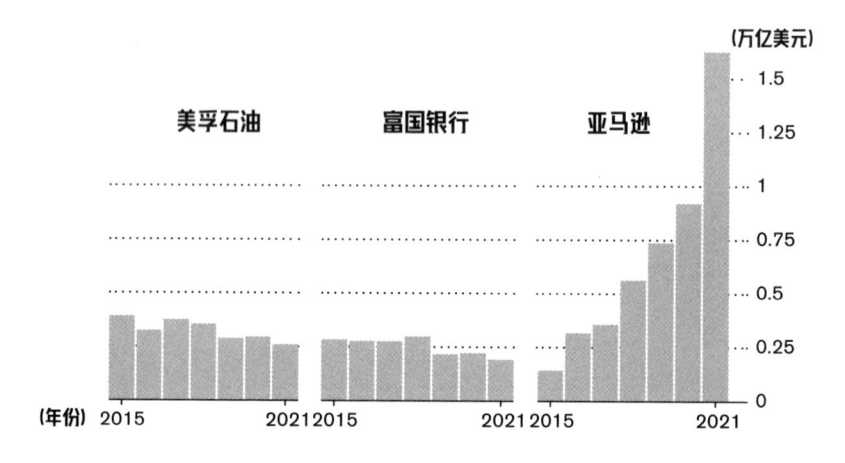

图 0-5　两大传统行业巨头美孚石油和富国银行与亚马逊的股票市值规模变化对比

资料来源：FactSet。

尽管数字科技革命从美国开始，而且现在仍然以美国为中心，但是这场革命之火越烧越旺，已经从美国燃遍全球，成了一种全球化现象。在中国，阿里巴巴和腾讯是数字化市场的两大巨头。在日本，软银是日本股票市值排名前十的企业之一。在德国，股票市值最高的企业是数据库供应商 SAP。还有好多国家的创业文化生机勃勃，有些新兴数字科技企业发展迅猛，比如印度的电子商务公司 Flipkart 和电信运营商 Reliance Jio、以色列的网站构建平台 Wix 和国防技术企业 Elbit Systems，还有澳大利亚的财务软件公司 Xero 和计算机软件公司 Altium。

既然数字时代已经来临，数字革命正在改变全球，数字科技企业主导着经济发展和股市增长，我们要是严肃认真地想在数字时代通过投资积累财富，就必须深入、理性地探求一番，了解我们应该如何投资数字科技企业股票。我们必须明白数字科技企业作为企业是如何运营的，也必须明白数字科技企业的竞争优势源自哪里，其中有些竞争优势是老的，有些是新的。我们还需要学会如何为数字科技企业估值，因为数字科技企业的利润表看起来跟传统经济企业有很大不同。也许最重要的一点是，我们必须知道，现在股票投资者面临的这种说不出来却又至关重要的紧张局面是：数字经济崛起，导致股市出现大变局，过去好几代投资者依赖的很多估值工具和分析框架失灵了。

像亚马逊和谷歌母公司 Alphabet 这样的公司，自上市以来股价看起来就很昂贵，因此用传统的估值指标来衡量，这些公司的股票不够便宜，缺乏吸引力。然而，亚马逊自 1997 年上市以来已经升值了 2 300 多倍，大约相当于市场整体同期涨幅的 300 倍。谷歌母公司 Alphabet 自 2004 年上市以来市值上涨了近 70 倍，是市场同期涨幅的 15 倍。这样的事实只有两种解释：要么是市场错了，导致我们正面临着与上一次互联网泡沫破裂类似的科技股大崩盘，要么是许多衡量股票价值的传统估值指标崩溃了，因而需要大幅更新升级。

有些人说，前者是真的。他们认为，数字科技公司的崛起只不过是互联网泡沫的再次来临。20 世纪 90 年代末，在线商务即将成为现实，投资者纷纷将资金投入几十家与数字技术相关的公司。众多名称后缀是"dot-com"的公司一窝蜂地上市，从热情的公众那里大量筹集资金。纳斯达克指数在不到 5 年的时间里涨了 5 倍。这是一场美好而欢乐的大聚会，人们越喝越高兴，越高兴越喝。但在这场聚会结束之后，随之而来的是严重的宿醉。从 2000 年的泡沫顶峰到 18 个月后的谷底，网络股损失了 80% 的市场价值。

不过，太悲观地认为我们现在面临的是另一次网络股大崩盘，就大错特错了。如今的数字科技企业，已经强有力地扎下了两大根基，一是竞争优势很强大，二是盈利水平非常高。20世纪90年代的第一拨网络股可从没有做到过。20多年前，Pets.com这个宠物用品线上销售平台企业上市的时候，估值高达几亿美元，其前提假设是这家线上销售平台相当有价值，因为它很会吸引"眼球"。这种看法令人怀疑。即使在发展达到顶峰的时候，Pets.com也从来没有盈利过，年营业收入从未超过5 000万美元，尽管市场营销推广费用比营业收入还要高出两倍。然而，现在的网络企业看起来完全不像20多年前徒有虚名的Pets.com，这些企业的实际营业收入很高，盈利也很高。Adobe公司年营业收入近160亿美元，从中产生的利润有50亿美元。脸书有35亿用户，每年盈利超过400亿美元，相当于迪士尼公司的4倍。

有些人认为，考虑到这些数字科技巨头猛然对大众形成巨大的影响力，政府会很快出台干预措施，压制这些企业的巨大力量，这样自然也会压制这些企业为股东创造财富的能力。政府也许会压制这些数字科技巨头的巨大影响力，甚至可能会成功地拆分这些数字科技巨头，化大为小。但是，政府无论出台什么样的法律法规，都无法消除大众使用这些全球最普遍的数字化应用程序的习惯。这一代人30年来每日每夜使用，已经形成了习惯。无论哪国政府，无论如何严格监管，都无法管得住这么多人这么多年的行为习惯：每一天，全世界的人使用谷歌在网上搜索合计多达55亿次。每个月，脸书固定服务全球几十亿注册用户，那些政客如何能通过判定这些公司违规而禁止其为所有用户提供服务呢？谷歌和脸书等这些公司的软件程序如同一条条丝线，已经编织进了全球几十亿人的生活之网，随着时间的推移和大众的日常生活联系得越来越紧密、越来越牢固。因此，像谷歌和脸书这样的数字科技企业，理所当然地可以算得上是我们这一代人的可口可乐和通用汽车。

数字科技企业为何发展得这么大又这么快？

数字科技企业为何发展得这么大又这么快？作为投资者，我们应该如何应对？

第二个问题是本书的主题，理解第一个问题是回答第二个问题的前提。

所以，我们先来解答第一个问题：数字科技企业为何发展得这么大又这么快？

我认为主要有三大原因：一是算力，二是App（应用程序），三是商业模式。

第一大原因：摩尔定律让算力"更快更好更便宜"

第一大原因和算力以及技术变革的复利效应有关。计算机的计算能力，简称算力，大约每隔20个月就会翻一番，自从工程师在20世纪50年代后期第一次把硅半导体商用化之后一直如此。而每单位算力的成本每隔20个月却会降低一半。用更少的钱就能得到更强的算力，这意味着计算机及其相关功能，比如宽带接入等，以指数级增长的速度变得更加便宜却更加强大。1959年初，技术专家首次制造出实用的场效应晶体管，这个基础的晶体管后来发展成了人类历史上最大规模生产的产品。最初，一颗芯片只能容纳一个场效应管，生产成本超过 1 美元。但是现在，一颗芯片可容纳好几百万个场效应管，生产成本却只有 0.000 000 001 美元，也就是 1 美元的十亿分之一。

晶体管性价比的这种激增模式，后来逐步演变成了广为人知的摩尔定律[1]。

摩尔定律一直有效，今天也是如此。工程师在将近十年前就曾预测摩尔定律会失效，年年有人预测摩尔定律会失效，但摩尔定律至今仍未失效。与此同时，计算机在用更少成本达成更高算力方面不断创造新的历史纪录，令人惊叹。1959 年到 2000 年间，用硅制造的芯片算力提升了 3 000 万倍，而成本与以往大致相同。这是个巨大的进步，但是还没有大到足够驱动今天出现在我们周围的这样强大的技术变革的产生。2000 年是人类进入新世纪的转折之年，当时，世界上只有 1% 的人能够接入宽带。风险投资家马克·安德森在 2011 年发表的一篇很有开创性的文章中指出了这个重要事实。2000 年，移动电话太贵了，世界上只有 15% 的人能够买得起。这些重要的事实证据有助于解释为什么 20 世纪 90 年代的互联网泡沫会破裂，因为数字技术的骨架即硬件设备的算力还不够强大，还不足以支撑当年的互联网发展大热潮。[2]

---

1 > 摩尔定律大致有三个流行"版本"。一看芯片：芯片集成电路上可容纳的晶体管数量，大约每 18 到 24 个月便会增加 1 倍；二看微处理器：微处理器的性能大约每两年增加 1 倍，同时成本下降为之前的一半；三看算力：计算机算力大约每隔 20 个月就会翻一番，而每单位算力的成本每隔 20 个月却会降低一半。第一个看芯片版本最流行，第三个看算力版本最实用，本书作者明显用的是第三个版本。——译者注
2 > 凡是对这个主题感兴趣的人，都会喜欢读安德森的《为什么软件正在吃掉全世界》(Why Software Is Eating the World)。这篇文章最初在 2011 年发表于《华尔街日报》。同样，你还应该读读戈登·摩尔（Gordon Moore）的那篇标题不是那么优雅的著名文章《把更多的组件塞进集成电路》(Cramming More Components onto Integrated Circuits)，这篇 1965 年发表的文章提出了算力的价格与性能之比的动态变化机制，后人将其总结为广为人知的摩尔定律。前一篇文章只有 5 页，后一篇只有 4 页。为什么所有最重要的文章篇幅都很短？

2010年以来，算力及相关应用功能的发展达到临界点，也是引爆点，引爆了数字革命，让我们开始进入数字时代。我们现在都看到了数字革命有多么迅猛。如今，全世界有一半的人都能够接入宽带，都能用得上功能强大的智能手机。结果是，世界上大多数人都在线上搜索、购物、聊天、办理银行业务，以及进行大多数日常行为。

第二大原因：数字科技企业提供的服务"更快更好更便宜"

为什么我们会选择在线上而不是线下进行这些日常活动呢？因为在线上做这些事比用传统的线下方式好得多。奥林匹克运动会的口号是：更快、更高、更强。数字技术，如果有一个统一的口号，就应该是：更快、更好、更便宜。那些数字应用节省了我们的时间，节省了我们的金钱，而且让我们的生活更轻松、更美好，在很多大大小小的方面都是如此。在谷歌搜索推出之前，你要搜索信息，要么必须去图书馆查资料，要么必须花好多钱买一套百科全书，纸质资料又重又笨，而且有些内容很快就会过时，也没法和你交流互动。在网络数字地图出现之前，你需要用纸质地图，经常将纸质地图折得乱七八糟不好打开，或者破破烂烂内容缺失。纸质地图不会告诉你有哪些路线可选，当你沿着选定的路线开车时，也不会及时向你报告这条路线上最新出现的交通事故。脸书和Pinterest等社交媒体推出之前，各个群体要发布公告，必须用实物做的公告牌，而不是像现在这样用数字化公告牌在群里发个通知就行了。

这类改善就是数字科技企业发展得这么大又这么快的第二大原因：数字科技企业提供了更好的产品和服务，让你能够在线上办理绝大多数传统业务，更快、更好、更便宜。火箭贷款（Rocket Mortgage）让你能够在线上办理住房抵押贷款，和到银行的线下网点办理相比，线上贷款的成本明显更低，办理时间能少一半。Intuit 财务软件给小企业客户的现金账户存款日利率为 1%，比一般的传统商业银行高出 25 倍。

亚马逊最近估算出，网上购物能够给 Prime 会员每年省下 75 个小时去实体店购物的交通时间。你算算，亚马逊有 200 万名 Prime 会员，时间就是金钱，按照每小时平均价值 10 美元，即使扣除年费，每年还能够为个人会员省下价值 1 250 亿美元的时间成本。这种更快、更好、更便宜的动态机制，对于企业客户来说好处也是实打实的。企业客户在谷歌和脸书投放数字广告，不但会比在黄金时段投放电视广告便宜得多，而且更加精准，更加有效，因为广告投放的效果可以追踪。

现在，整个社会关注的是大型数字平台企业在一系列问题上构成的威胁，这样做是正确的。重要的是，我们要在隐私和信息流动之间维持适当的平衡，在言论自由和不适当的政治影响之间维持适当的平衡。然而，作为投资者，我们不应该忘记为什么人们最初会采用这些数字技术。这些数字技术帮助人们要么改善了生活，要么降低了成本，或者两者兼而有之。最近麻省理工大学的埃里克·布莱恩约弗森领导了一项研究，量化分析了消费者对他们日常使用的 App 的价值估计。埃里克·布莱恩约弗森及其团队询问消费者，他们需要得到多少钱，才会愿意放弃自己每天使用的脸书、谷歌和其他 App 的账户。这项研究发现，平均而言，每年需要得到 550 美元补偿，才会让一个脸书用户愿意退出。让社交通信软件 WhatsApp 用户退出的补偿金额则要高得多，比脸书高近 10 倍。几乎令人难以置信的是，这项研究发现，谷歌用户平均每年要求得到 17 500 美元补偿才愿意放弃使用谷歌搜索。这几乎相当于美国人均年收入的 1/3。

第三大原因：算力与App结合让数字科技企业的商业模式"更快更好更便宜"

数字应用给用户带来如此高的效用价值，再加上具备前面说的也许可以称为"数字化经济学"的更快、更好、更便宜三大特点，组成了第三块拼图，也是最后一块拼图，以解释为什么数字科技企业会在市场上快速兴起。世界上从未出现过如此强大的商业模式。一家成熟的软件企业在业务经营上具备了规模效应，其营业收入创造的利润率能比一般的美国上市公司高三四倍。即使是雄心勃勃的科技企业，激进地扩大投资支出以扩张业务，也会比拥有高利润率的传统经济企业更赚钱。小企业财务软件供应商Intuit公司的利润率比金宝汤公司这家速食汤罐头生产商高两倍，尽管Intuit公司在研发、营销、销售三个方面的费用支出比金宝汤高近4倍。

怎么会这样呢？金宝汤生产速食汤用的原材料是西红柿、鸡肉、面条，成本很高，而Intuit公司财务软件的原材料根本不是实物，因此几乎不需要成本。此外，像Intuit这种产品服务基于软件的企业不需要投入很多资本，也不需要很多生产设备。金宝汤公司想要生产出更多的速食汤，就必须建设一条新的生产线，或建设一家新工厂。即使是可口可乐，想要销售更多饮品，也必须让各地子公司建设装瓶厂以提高生产量，投资添置更多卡车以提高运量，投资添置自动售货机以提高销量。软件企业不需要工厂，也不需要生产线，只需要由才华出众的工程师在笔记本电脑上联网操作就行了。一家软件企业想要进入新的国家和地区开拓市场，只要由工程师编写新的代码，点击"部署"（Deploy），用户就可以在全球范围内使用这个软件，即时生效，没有一点儿延迟，而且几乎没有增量成本。即使是软件企业的主要支出需求，即那些用来处理和存储数据的巨型服务器，现在也可以租用，而不用购买。这正是云计算的本质所在。

更高的盈利能力 + 更低的资本投入密集度 = 有史以来最高的企业资本收益率（ROC）。福特汽车想要扩张业务，需要投资 10 美元的资本才能产生 1 美元的利润。可口可乐需要投资 6 美元的资本才能产生 1 美元的利润。脸书只需要投资 2 美元的资本就能产生 1 美元的利润。

股票投资者应该如何应对数字时代股市大变局？

和大多数革命一样，数字革命并不是一直有序进行的。技术不仅为我们提供了无处不在的消费购物类 App，还为我们提供了全新的资产类别以及现有资产的全新交易方式。人类花了几千年才达成共识，把黄金作为通行的交换媒介。而比特币作为交换媒介受到广泛认可，只用了不到 10 年的时间。股票市场一直存在投机者，现在投机者更自由了，他们可以在任何地方下赌注，只要有手机信号就行。最近，一些投资者在社交媒体上联合起来，利用新型交易平台集中购买一只机构做空的股票，让那些专业的做空机构出现了巨大的亏损。

面对数字革命带来的如此剧烈的动荡和混乱，没有经验的年轻投资者可能会有理由问：我们到底为什么还要投资股市？

答案并不复杂。我们用自己的钱去做股票投资，原因是，虽然今天花光所有的钱会一时感觉很爽，但我们知道，以后的日子还长。人生道路漫长，一路上需要有些钱才能顺利前行。我们需要有钱去供孩子上大学，我们需要有钱去让年老的父母得到长期看护，我们需要有钱以确保我们自己的退休生活过得舒舒服服。我们放弃现在消费1美元的乐趣，把这1美元用来投资，让本金升值到5美元，再升值到10美元，然后在将来某个时候，我们能用的钱就多得多了。正如我之前说的那样，过去100年来，美国股市一直是投资最好的风水宝地。

然而，随着数字经济的兴起，我们需要修正我们的观念和分析工具，这样才能在当下做好股票投资。彼得·林奇告诉我们"投资你懂的企业"，这一般来说是一个很好的投资建议。就像猎人熟悉地形打猎会更加顺利一样，投资者要把股票投资做到最好，必须搞懂自己投资的企业才行。然而，许多年纪比较大的投资者如今发现自己身处在一个自己根本不了解的投资环境。那些名字听起来很奇怪的公司，比如Chegg、Splunk、拼多多，究竟是做什么业务的呢？我们怎么能信任那些穿着连帽衫的年轻人作为"高管"来掌管公司运营？那些成熟的投资者已经学会了通过投资传统经济中的一些行业来积累财富，比如银行、能源、线下零售，但是数字科技企业正在收编所有这些传统行业的业务。结果可想而知，很多经验丰富的投资人过去多年来熟悉、了解的那些投资老经验，从投资实务的角度来看，现在都完全没用了。

年纪轻又经验少的投资者遇到的问题正好相反。一方面，这些年轻投资者是在数字生态系统下长大的，他们熟悉、了解数字科技企业这个投资板块。由于从小一直使用相关产品，他们凭直觉就懂，这让他们处于有利位置，便于追踪和捕猎如今的数字科技企业股票投资机会。但是另一方面，很多年轻投资者不再相信股票市场，不再相信整个"体制"。也难怪，这些年轻投资者有相当合理的理由，他们已经遭受过三次股市大崩盘的严重打击，第一次是2000年到2001年的网络股大崩盘，第二次是 2008 年到 2009 年的全球金融危机，第三次是 2020 年开始的新冠病毒感染疫情。在这三次股市大崩盘中长大的青少年现在都已经是成年人了，他们和父母一代相比，收入更低，负债更高。所以也难怪，这一代年轻投资者不再像他们的长辈所做的那样，靠投资股票积累财富，而是转向投资刚刚出现不久的新型资产，更多是实验性质的资产类型，比如加密货币、社会责任股票、红迪网股票论坛上宣传推广的投机股等。

不要误解我的意思，我不喜欢把加密货币看作一种投资，并不是因为加密货币太年轻，而我并不年轻。我不喜欢加密货币的原因和我不喜欢黄金的原因一模一样。加密货币和黄金这两种资产不像代表企业的股票那样有生命力，能动态发展，且能够随着时间的推移不断壮大。比特币可能会是一个新的价值储存仓库，但比特币最终也不过是一种货币而已。比特币不是企业，一没有客户，二没有收入，三没有利润增长。

我们发现自己站在一个奇怪的历史节点上，年纪大的投资者懂股市，但是不懂数字科技，年纪轻的投资者懂数字科技，却不懂股市。不管是年纪大的投资者，还是年纪轻的投资者，想要成功地投资，利用复利的力量把 1 美元升值为 5 美元，再升值为 10 美元，这种动态机制就必须改变。

在很多方面，改变是相当容易的，就像当前我们可以将彼得·林奇的投资策略理解为如下三步：

> 第一步，我们必须提醒自己，股票市场其实不过是众多企业的集

> 合体而已，投资股市就是投资这些企业，从历史长期业绩来看，股票投资可以说是积累财富的最佳途径。
>
> 第二步，我们必须承认，世界经济正在变得越来越数字化，所以我们必须了解数字科技企业是如何创造财富的。
>
> 第三步，我们应该投资最优质的数字科技企业股票，然后长期持有，让复利发挥神奇的魔力。

按照这样的三步走投资策略，对数字科技企业的快速兴起以及与此相关的动荡和混乱，股票投资者不应该感到恐惧害怕、迷失方向，相反，股票投资者应该为此感到兴奋和激动。的确，数字科技企业看起来与30年前上一代人熟悉的主流企业完全不同，但另一个事实是，和所有行业的发展都遵循某些规律一样，数字科技行业的发展也遵循某些规律。我们可以研究数字科技企业发展的规律，理解和掌握这些规律，并依据这些规律去投资数字科技企业的股票。世界在变化，越来越数字化，我们的生活和工作能从数字革命中受益，我们的股票投资也能从数字革命中获利。

价值投资忠实门徒遇到数字科技股投资新难题

每一种类型的投资者都得适应数字时代股票市场大变局，其中，价值投资者这个群体适应起来最困难。我很自豪我自己是价值投资者中的一员。价值投资这个术语虽然很常用，但几乎没有清楚、统一的定义。正如佛教内部有很多教派一样，价值投资也有很多门派。一些门派重点关注企业的资产，而另一些门派重点关注公司的盈利，甚至即使是在这些门派的内部，人们分析资产和盈利的方式也各有不同。因此，价值投资者并非用相同的方式践行价值投资。由于大多数价值投资者性格独立又固执，因而价值投资的具体实践操作方式差异很大，可谓百花齐放。

然而，价值投资门徒确实是以一些基本原则为中心的。其中最主要的是三个基本原则：坚定信仰、热爱学习、严谨分析。第一是坚定信仰，不做投机做投资。价值投资者不是把股市当作赌场，也不是把股市当作彩票站，而是把股市当作一个可以有计划、有步骤地稳步积累财富的宝地。我们不是交易者，也不是投机者，我们是价值投资者。第二是热爱学习，不靠直觉靠知识。价值投资者有一种学者风范，善于分析，喜欢衡量指标、估值标准、财务比率，只要是有助于理解股票市场的知识，我们都喜欢学习研究。第三是严谨分析，不靠运气靠实力。最重要的是，我们致力于把我们的价值投资方法归纳总结成一套投资法则，有条有理，有理有据，成系统、可执行。我们将分析框架应用于股市投资操作，在我们战胜市场之时，我们知道胜利不是因为好运气，而是因为我们有一套相当好的投资操作体系。

价值投资者也是出了名的吝啬鬼，非常痛恨支付过高的价格去做一项投资。正是由于这个原因，市场才会称其为"价值"投资者，也正是由于这个原因，价值投资者根本看不上其他那些在投资决策过程中并不重视价格的投资方法。价值投资者看不上所谓的成长投资者，他们感兴趣的主要是销售和盈利直线上涨的高成长企业。价值投资者更是特别厌恶那些动量投资者，他们实际上把市场当作赌场，想要跟随市场短期趋势来撞大运。一项又一项的学术研究表明，基于价值的投资信条能够带来长期跑赢市场的投资业绩。[1]然而，面对数字技术革命带来的全新又陌生的商业模式，价值投资的框架已经失灵。价值投资者使用的是基于内在价值的估值指标，比如用市净率来衡量一家公司的股价相对于其资产价值来说是贵还是便宜，用市盈率来衡量一家公司的股价相对于企业创造的每股盈余来说是贵还是便宜。过去，这些估值指标一直相当可靠，但是进入数字时代之后，它们已无法衡量出数字科技企业巨大的价值创造能力。因此，一些学术研究也开始表明，传统价值投资工具已经不再像以前那样有用了。[2]

即使是沃伦·巴菲特，这位价值投资领域地位最高的投资大师，可以说是全球公认的有史以来最成功的投资人，也在数字新经济带来的股市投资大变局中努力摸索前行。虽然巴菲特过去50年的长期业绩仍然"令人敬畏"，但是从这个词的本义来看，这种令人敬畏的程度一直在缩小。如图0-6所示，巴菲特跑赢市场的领先幅度在20世纪80年代达到顶峰，在20世纪90年代开始缩小。2017年到2021年间，巴菲特跑输市场。

---

[1] See Eugene F. Fama and Kenneth R. French. Value Versus Growth: The International Evidence. *Journal of Finance* 53, No. 6 (1998): 1975-99, http://www.jstor.org/stable/117458. 这里的"长期"指的是十年期限或更长期限。

[2] Baruch Lev and Anup Srivastava. Explaining the Recent Failure of Value Investing. New York University, Stern School of Business, October 2019, https://papers.ssrn.com/sol3/papers.cfm?abstract_id=3442539.

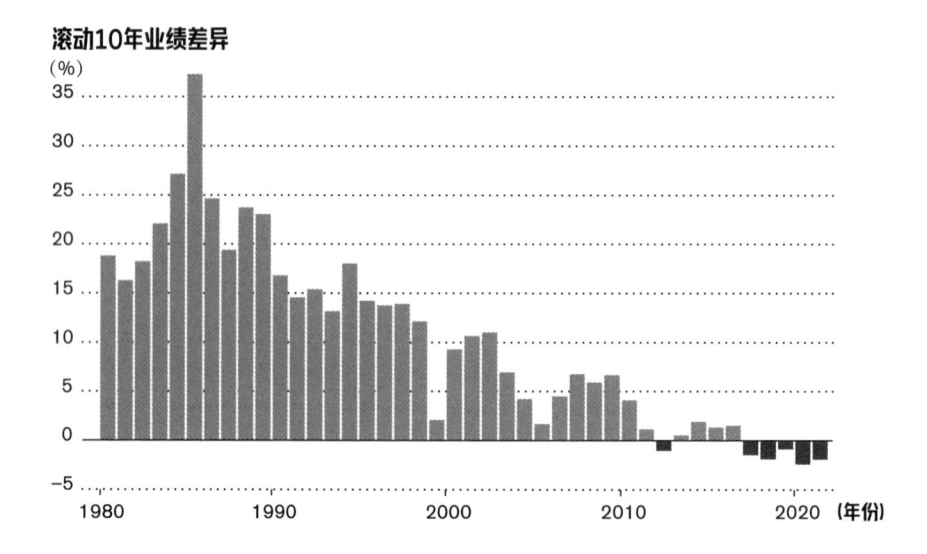

图 0-6　伯克希尔 - 哈撒韦公司股价增长 vs. 标准普尔 500 指数增长

注：年化收益率数据截至 2021 年 12 月 31 日。
资料来源：标准普尔道琼斯指数。

价值投资需要第三次进化升级，以适应数字时代股票市场大变局

价值投资者应该如何应对数字时代股票市场大变局？我们是不是应该像电视投资节目里许多只看动量指标的市场趋势分析专家所建议的那样"闭着眼睛只买 FAANG 五大龙头数字科技股"？或者选择与时俱进，不断创新求变，看看我们能不能找到一种新的方法，让价值投资改进升级为某种新版本，帮助我们理解是什么原因让数字科技企业发展得这么大又这么快？我们能不能设计出一套新的估值体系来评估和分析数字时代的这些科技股，从而抓住那些具有巨大财富创造能力的数字科技企业大牛股？价值投资是一个灵活而实用的概念。价值投资策略是格雷厄

姆在近 100 年前创立的，后来至少可以说由巴菲特进行了第二次进化升级。现在，价值投资能不能第三次进化升级以适应数字时代的股票市场大变局？

我相信价值投资能够进化升级，我在本书中就提出了一条进化升级之路。自 1995 年进入华尔街工作，成为一名证券投资分析师以来，我亲眼见证了数字科技企业股票的成长，从笨拙鲁莽的小毛孩，成长为世界上有史以来最强大的经济巨人。过去几年里，我一直在不断地全力应对这些问题，既作为一名全职基金经理在市场上努力应对数字时代如何进行价值投资的问题，也作为《巴伦周刊》和《财富》的撰稿人在文章中努力回答数字时代如何进行价值投资的问题。我写这本书，就是想尽我所能去解决这个问题。

实话实说，我宁愿根本不用去研究数字时代的"科技股"。在不久前的 2015 年，我还是一个很古板的价值投资者，坚持价值投资那一套老传统，日子过得挺舒服。从我入行做投资到现在，25 年好像一晃就过去了。要是我未来 25 年的投资生涯也能够像过去 25 年的投资生涯一样，我该是多么幸福啊！我天生对那些技术方面的东西没有兴趣，根本不喜欢电器类的小玩意儿，我甚至几乎搞不懂电流是怎么一回事。如果不是因为这样做在财务回报方面非常危险，我会继续使用我那套老的价值投资方法。但是不行啊！老的行业正在快速消亡，而新的行业正在快速诞生，100 多年来从未发生过如此之快的大变化。进入数字时代，如果我还是沿用老一套的价值投资方法，那就等于完全忽视正在发生的快速变化，忽视数字经济百年未有之大变局，等于置自己和客户未来投资业绩的惨淡结局于不顾，那怎么能行。

经过几年的努力摸索、研究分析、沉思感悟，我才最后得出了这个结论。我内心很不情愿，就像一个真诚的信徒要放弃自己多年的信仰一样不情愿。但是，作为一名商业界的学生，作为一个愿意献身于可以冠冕堂皇地称为"真理"的那些东西的人，我不得不承认，一些重大的变化发生了。因此，我重新校准了我的投资工具，把注意力集中在数字经济上。我这么做，并不是因为数字科技企业很有吸引力、很有趣、对社会很有益。我投资数字科技企业的原因很简单，和威利·萨顿去抢银行的原因完全一样，因为大钱就在那里。

第一部分

价值投资发展三阶段

第1章
数字时代，世界变了

初学价值投资，遇到坚信均值回归的"大神"

我开始进入证券投资行业工作，是在大约25年前，当时我和大多数人一样，其实并不了解华尔街。这里说的华尔街不是指纽约的那条街道，而是泛指美国证券市场。关于早期美国证券市场的小说和电影看得多了，我认为自己将进入一个充满雄性激素的交易员世界，那些交易员有的是骗子，有的是莽汉，整天对着电话大喊大叫，在证券交易大厅比画着手势，用只有他们这些内行才能听懂的语言相互交流，达成交易。然而，我的理解错得一塌糊涂。在进入证券投资行业不久后，我很快就认识到，真正推动市场运转的是一种亚文化，情况完全不同于我和其他许多投资外行的想象。

我的第一份工作是在桑福德-伯恩斯坦公司，这家公司以其全面深入的投资研究而闻名，公司的大堂安静得像一所修道院。伯恩斯坦公司有一个研究团队，专门研究全球股市的主要行业板块，如银行、汽车、制药，等等，这些行业分析师都关起门安安静静地做自己的研究分析工作。很多分析师都让我觉得很像大学里的教授。这些分析师和大学教授一样，大部分时间都待在自己的办公室里，你根本看不到他们。偶尔从办公室出来，他们也只是为了出去吃饭，或去上个洗手间。肯尼·阿布拉莫维茨是一位医药保健行业分析师，他去洗手间时走路速度非常快，来也匆匆，去也匆匆，回来的路上经常连衬衫都没掖好，衬衫下摆垂在身后，边走边在风中飘。

我很快学习到，优秀投资者的四句箴言和修道士的四句箴言完全一样：研究信条，学习信条，忠于信条，实践信条。优秀的投资者不依赖雄性激素或肾上腺素引发的冲动，优秀的投资者忽略自己肉体的冲动和内心的激情。彼得·林奇说，他在大学里学过最有价值的课程与金融投资无关，是一门讲逻辑学的课程。为了放松，沃伦·巴菲特会去阅读哲学家伯特兰·罗素的著作，或者打打桥牌。巴菲特非常认真地守护自己的思考时间，据他60多年的老搭档查理·芒格说，巴菲特的每周日程表上通常只列一项活动：理发。

我原来是做新闻记者的，工作节奏非常快。进入投资管理行业后，我看到证券分析师每天的工作非常有规律，又非常安静，简直像静坐禅修一样，这可把我给惊到了。在新闻行业，我们每天都要准时发布新闻报道，新闻的生产周期非常短，短的有日报，长的有周报、周刊，最长的不过是月刊、双月刊，所以，新闻记者经常遇到在截稿期限之前难以交稿的危机，有时会出现无法准时交稿的悲剧，有时也会出现化险为夷，奇迹般地及时交稿的喜剧。但是，投资没有最后期限。大家都知道，在日常生活中，忙中易出错。我逐渐了解到，在投资管理中，急急忙忙也容易导致投资决策出错。优秀的投资者每天早上准时上班，坐到办公桌前，开始研究分析工作，目的是让自己对目标企业的研究分析慢慢地更进一步。研究分析完成后，投资者可在以下三个选项中选择其一作为决策：一是投资买入，二是拒绝投资，三是最常见的，等等，看看再说。研究分析完成之后，环境会变化，你的看法也会变化，与此同时，你又研究分析了其他企业，并形成对比分析结论。再之后，与这些企业相关的事实情况变化了，所以你的分析结论也会随之变化。不久之后，你就会变得既不像粗野的牛仔，也不像暴躁的鲨鱼，而更像一位潮汐测绘师，或马克·吐温的小说《密西西比河上》中的船只领航员。

这种缓慢、渐进的方式特别符合长期投资者的特征，他们不会将股票交易所视为"炒炒股票"的赌场大厅。相反，长期投资者将股市看作为股票定价的地方，天长日久，市场会发现股票的价值，市场价格的长期涨幅会体现出企业价值的长期增幅。我在早期做报社记者时有个师傅，他是个经常嚼烟草的调查记者，名叫帕特·斯蒂斯，他经常说："迟早大家会知道你究竟是个什么样的人。"路遥知马力，日久见人心，股票也是如此，路遥方知企业的持续竞争力，日久方见企业股票的真价值。寻求动量的短期投机者像骑着马的牛仔一样猛冲着追逐热门股，像围猎鱼群的鲨鱼一样抱着热门股票打转转，但最终，这种一时的喧闹与股票升值与否几乎没有关系。正如彼得·林奇所说，天长日久，高质量企业的股票会在股市长跑中胜出，低质量企业的股票在股市长跑中要么萎靡衰落，要么死亡消失。

林奇在1977年到1990年做过13年富达麦哲伦基金的基金经理，他师法本杰明·格雷厄姆创立的价值投资之道，而格雷厄姆是沃伦·巴菲特在哥伦比亚大学商学院读书时的老师。格雷厄姆是业内公认的现代证券分析之父。面对20世纪初投机气氛浓厚的美国股票市场，格雷厄姆用他的投资信条征战股市。格雷厄姆设计的这套投资方法给予一代又一代投资者持续战胜市场的机会，因为他们跑赢市场的业绩结果不是来自个人的好运气,而是来自使用的好系统。格雷厄姆的股票投资方法举世闻名,后人称其为价值投资。虽然价值投资已经演化出不同的流派和分支,但是价值投资者仍在坚持格雷厄姆创立的几个价值投资核心原则。所有价值投资者都自己做研究功课。所有价值投资者都对自己所支付的股票买入价格有严格的戒律。最重要的是,所有价值投资者都很鄙视随机性。与追随市场行情相反,价值投资者都和格雷厄姆一样,用分析框架分析股票市场。价值投资者长期使用同一套投资规则,极少改变,我们坚信,随着时间的推移,这套投资规则会帮助我们长期跑赢市场。

在伯恩斯坦公司,我们把自己特有的这一套投资分析框架称为"均值回归"。均值回归是一个数学术语,说的是一个简单的观念:生活最终会回归正常情况,一切不正常的情况都会过去。虽然有些行业板块,比如能源和金融服务等,在股市上有时受到热捧,有时受到冷落,但均值回归理论认为,这并不代表全球经济发生了根本性的变化。如果制造业股票有一天大涨,相对于历史平均估值水平变得更贵了,按照均值回归理论,我们就可以推断,这只是一时而已,其股价最终还是会回调到更低的估值水平,向下回归到均值。如果以历史平均估值水平来衡量,零售股现在相当便宜,那么零售股最终会升值,向上反弹回归到均值。

有一点很重要,务必注意,在股票市场投资这个情境下,股价贵并不意味着股价高。衡量股票价格贵贱的方式和我们平常衡量汽油或者食品、杂货的价格是贵还是便宜的方式并不一样,不用说,大家都知道,给汽车加油也好,去超市买食品或杂货也好,价格更高了,意味着这些东西更贵了。对企业整体和股票个体来说,价格是贵还是便宜,只是相对于某些价值衡量指标而言。在判断股票是贵还是便宜时，投资者会将股价对比某种价值衡量指标，以此来权衡股票的性价比。格雷厄姆通常用市净率，即每股股价除以公司每股净资产，净资产就是总资产减去总负债。而巴菲特则更关注公司的利润流，用每股股价除以每股收益，即市盈率。

伯恩斯坦公司用均值回归股票分析框架衡量股票价格是贵还是便宜，用的估值指标和巴菲特一样，也是市盈率。我们这个价值投资流派的投资信条均值回归，可以用著名价值投资大师约翰·邓普顿爵士的这句名言来概括："在投资者说的话中，最危险的五个字是：这次不一样。"在伯恩斯坦公司，这句话就是我们天天背诵的投资心经，就像在教会活动中，大家在唱完赞美诗后都要集体起立背诵的那段《使徒信经》一样，就像在中国的禅宗寺院，僧人们每天都要背诵的《般若经》一样。这句话道出了价值投资最根本的信条：市场必将回归均值，价格必将回归价值。这教导我们，根本不需要预测会发生什么重大变化，因为根本不会发生重大变化。这样一来，价值投资变得很简单，只要买入按照历史长期均值来看估值很便宜的股票，卖出按照历史长期均值来看估值太贵的股票就行了。最终，生活会回归正常情况，股价会回归正常水平，也就是回归历史长期均值。

我刚入行时，做的是石油和天然气行业分析师，我是初级分析师，给一个高级分析师当学徒。我们的工作和其他分析师一样，就是把我们研究的那些上市公司的数据输入公司的"黑匣子"。这是一个比方，并不是真的黑匣子，而是我们伯恩斯坦的一个相当复杂的计算机量化分析系统，运用均值回归进行统计分析来判断股票价格的便宜程度。我们输入计算机量化分析系统的数据有：预测营业收入、预测收益、预测资产负债率，等等。计算机量化分析系统在分析之后会输出分析结果：哪些股票和行业板块估值太贵，哪些估值便宜。就这样，我们卖出估值太贵的个股和行业板块，买入估值便宜的个股和行业板块。这样一来，伯恩斯坦为客户管理的投资组合里，满满的都是近期大幅折价出售的美国著名上市公司的股票。在能源股受到市场冷落而股价大跌时，我们持股的是埃克森美孚公司和英国石油公司，在零售股的价格跌得很便宜时，我们持股的是西尔斯百货和杰西潘尼百货。

因为在20世纪后期，一切最终恢复正常，股价也纷纷回归均值，我们公司这个计算机量化分析系统选出的好多大牛股给公司和客户赚了大钱。在最鼎盛的时期，伯恩斯坦的资产管理规模达到8 000亿美元，成为全球规模最大的资产管理公司。

我在伯恩斯坦的时候，负责管理黑匣子的是首席投资官刘商德（Lew Sanders）。刘商德身材苗条，举止文静。从伯恩斯坦公司的走廊走过时，他总是神情从容，步态优雅，宛如修道院的院长，宛如禅宗寺院的方丈。刘商德就是我想成为的那种像潮汐测绘师一样的理性投资者，他就是我心目中完美投资者的化身。我过去常常看到，刘商德站在伯恩斯坦公司的公用彭博终端前浏览、查阅信息，一站就是几个小时。他的眼睛如此清澈明亮，眼珠如此冰蓝，无人能比。他的身体静静地坐在计算机前，好像唯一会动的就是他的眼睛。他的眼睛飞快地在计算机屏幕上左右移动，来回巡视，有时停下来专注地看上一会儿，然后又开始在屏幕上左右移动，来回巡视。他的手指会时不时地在键盘上滑动敲击，点开一组新的数据。然后，眼睛再次开始在屏幕上飞快地左右移动。

真正的投资大神就是这个样子，在股市上的行动如同猎豹捕猎。我记得当时我就是这样想的。他们静静地保持不动，观察，观察，再观察。

自己做价值投资10年，却发现价值投资开始失灵

在伯恩斯坦公司做了几年初级证券分析师之后，我觉得自己这个投资学徒基本上学成了，可以出师了。于是，我离开伯恩斯坦，成为更加资深的证券分析师，先是进入巴伦资本公司，后又进入戴维斯精选投资顾问公司。2000年，我开始担任基金经理，在戴维斯共同管理一只公募基金。2003年，我觉得自己价值投资的经验积累得足够丰富了，于是出来独立创业，创办了自己的投资管理公司。

我在自己的公司里做投资管理，融多种价值投资技术于一身，既有像伯恩斯坦公司的均值回归那样比较现代的投资技术，也有像格雷厄姆买入每股股价低于每股资产清算价值的个股那样非常古典的投资技术。我这样做了10年，10年长期业绩跑赢标准普尔500指数，创造出一份长期战胜市场的业绩记录。我骄傲，我给客户多赚了钱，也给自己多赚了钱。长期业绩战胜市场，这说明我的价值投资体系是好用的，我只要坚持下去就行了，我看不出有什么理由要做出改变。

然后，时间进入21世纪第一个10年的中期，那是在2014年，我的系统突然不好用了。

我记得，那是2014年的最后一天深夜，我坐在办公桌前。与刘商德凝视计算机屏幕时专注的目光不同，我的目光根本定不下来。我先看看窗外的帝国大厦，帝国大厦正在冬日的夜色中闪闪发光，欢庆新年的到来；然后我看看桌子上打印出来的基金组合业绩记录，业绩记录不是闪闪发光，而是暗淡无光。2014年马上就要过去，这一年美国股市上涨了13%~14%，但我管理的基金投资组合却下跌了4%~5%。你不需要

懂很多投资知识就能看出来，我的基金业绩和市场业绩差距很大，我的基金大幅落后。

我仔细地检查回顾，我所有的投资都是按照标准的价值投资原则来做的，但是每只股票都不给力。比如我持股的论坛传媒公司（Tribune Media），这家公司旗下有多家电视台和报纸，从理论上讲，就是破产清算的价值也高于我的股票买入成本价格。论坛传媒公司最近任命了一位年轻的首席执行官，之前就职于福克斯广播公司，有良好的历史业绩记录。然而，论坛传媒公司的股价并没有上涨回归到清算价值的水平，反而继续下跌。我的基金还持股雅芳公司，这是一家美妆产品直销公司，2014年股价表现糟糕。两年前，有一个专业投资消费品企业的亿万富翁家族公开出价每股23美元，想要收购雅芳公司，并将其退市，私有化。雅芳公司的管理层拒绝了这次收购，结果股价大跌，这让我嗅到了价值。我买入雅芳股票的成本价格是每股12美元，连专门投资消费品企业的私人买家都出价23美元，相比之下，我可以说是半价买入。到2014年底，雅芳的股价跌到了每股9美元。

我的投资组合里满满当当的都是这类估值非常便宜的股票。例如专门制造货运列车的美国货车公司（FreightCar America）和石油服务企业77能源公司（77 Energy），它们是典型的均值回归股，我选择买入，就是因为其股价相对于历史平均估值水平来说很便宜。多年的投资经验告诉我，这些股票应该很快就会升值，但到目前为止，情况恰恰相反，它们不但没有升值，反而不断贬值。

和所有价值投资者的经历一样，在买入这些便宜的股票并开始持股之后不久，其市场交易价格往往会低于我买入的成本价格。我都习惯了，不会大惊小怪。正如价值投资宗师格雷厄姆那句名言说的那样，市场短期来看是一台投票机，但长期来看是一台称重机。股市就是一块宝地，随着时间的推移，天长日久，企业的真正价值就会显露，并通过价格上涨体现出来。价值投资的本质是，买入一只市场很不看好从而少有人投票的股票，然后等市场给这家公司称重，如果称重结果是实际价值很高，股价就会随之大涨。

可是，在 2014 年最后一天那个冬日深夜，坐在办公桌前，我有一种极不舒服的感觉：市场已经给我持股的这些公司的股票称过重了，结果发现分量不足，还是得降价才对。

我持股的这些股票有两大特点。第一大特点是，股票价格的估值水平与历史均值相比都很便宜，而且从历史业绩来看，公司的质量都挺高。可是，第二大特点是，这些公司最风光的好日子看来都过去了，它们开始走向衰落。雅芳公司在海外市场有一定的增长潜力，但在美国和欧洲，这种挨家挨户上门推销美容产品的业务正在下滑。大部分销售都转移到了线上。论坛传媒公司旗下的报纸和电视台流失了大量的广告收入，这些收入都让竞争对手网络广告企业抢走了。公司也许可以找来一个炙手可热的业内高手任首席执行官，但这并不会有什么效果。如果大规模的数字化迁移已经颠覆了论坛传媒和雅芳的商业模式，这两家公司的价值还能剩下多少？如果我持股的这两家企业股价之所以便宜，并非只是因为市场上有人大量卖出，就像商家打折促销一样，而是因为公司的发展前景暗淡无光，股票品质大幅缩水，那可怎么办？

和其他人一样，我也注意到，数字技术的兴起威胁到了我的那些传统持股，但我没有去研究开发 App 的数字科技企业，主要是因为这些股票的估值水平太贵了。和大多数价值投资者一样，我看到市场上投资者给予这些新经济企业的估值如此之高，简直嗤之以鼻。2014年早些时候，脸书斥资200亿美元收购了WhatsApp社交通信软件公司，这家开发即时通信移动聊天应用的企业5年前才成立。200亿美元，我的天哪，这相当于雅芳和论坛传媒两家企业股票市值之和的两倍。但雅芳和论坛传媒这两家企业的年度营业收入加起来有100亿美元，是WhatsApp公司年度营业收入的500倍。

肯定是什么地方出错了，我记得我当时是这么想的。要么是第二次互联网泡沫到来了，要么是脸书真的懂得一些东西，而我和其他传统企业的投资者根本不懂这些东西。我的内心经历着一场天人交战，一方面，作为价值投资者，我愿意相信最危险的五个字依然是"这次不一样"。另一方面，作为现实主义者，我不得不承认，如今数字科技企业的崛起与15年前网络股时代的情况不同。数字科技企业的股价估值确实很贵，但也许贵得有道理。WhatsApp这款聊天软件的用户规模正在奔向10亿，占全球人口的15%。谷歌公司创造出660亿美元的搜索相关广告收入，而且继续保持着20%~25%的增长速度。WhatsApp、谷歌以及其他数字软件都有良好的商业模式，而且有可持续的竞争优势来牢牢支撑其商业模式。每年，这些数字科技企业都会增加更多用户，创造出更多营业收入，并更深入地融入亿万用户的日常生活。

对于我持股的那些企业，比如经营电视台和报纸的论坛传媒集团、挨家挨户上门推销化妆品的雅芳公司、制造货运列车的美国货车公司，我能给出这样的评价吗？我不能。

朝圣巴菲特，巴菲特却说：传统经济正转向数字经济

本杰明·格雷厄姆提出价值投资的基本原则至今已有100多年的历史，价值投资和科技股投资一直无法良好地融合。按照价值投资的基本分析框架，科技股哪一条都不符合。均值回归这个最核心的价值投资策略并不适用于科技股投资，因为相对于其历史平均估值水平，科技股的股价可以说总是贵得多。数字软件企业根本没有什么有形资产，因此完全不能使用格雷厄姆最初的那种基于有形资产的估值指标来分析。最重要的是，估值分析框架最看重的是盈利的可预测性和稳定性，过去上百年间，科技股这两点都不具备，最近十来年，科技股的盈利才具备可预测性和稳定性。

投资科技股很长时间以来一直意味着投资硬件企业，就是那些生产个人计算机、路由器、光纤电缆等硬件产品的科技企业。这些企业的发展证明了巴菲特的这条建议很有智慧：永远不要混淆成长型行业和盈利型行业，成长和盈利未必是一回事。一家公司可以推出一款新型半导体产品，或者一款新型个人计算机，在一段时间内，盈利会滚滚而来。然后，行业内的竞争对手就会纷纷跟进，竞争越来越激烈，利润就会越来越低。2000年，新千年，新气象，基于软件的更好的商业模式开始出现，但是，当时的技术基础设施还不发达，不足以为其提供足够的支撑。科技股在互联网泡沫破裂时股价暴跌，这再次向价值投资者证实，股票投资中最危险的五个字是"这次不一样"。如果说科技股板块也存在均值回归的规律，那也是回归一团混乱的均值，没有一个严肃认真的价值投资者会对这种一团混乱的均值感兴趣。

然而，15年后，一件非同寻常的事情发生了。2016年，巴菲特，这位价值投资界公认的指路明灯，也是价值投资宗师本杰明·格雷厄姆的薪火传人，大举买入苹果公司股票，投资金额高达70亿美元。巴菲特投资著名科技股苹果这一举动让价值投资界非常困惑，这就像天主教的教皇向女性开放牧师职位一样令人震惊。苹果公司是一家生产硬件产品的科技企业，自1976年4月1日创立以来，一直面临残酷的行业竞争，在20世纪90年代后期，一度距离宣布破产只有90天之遥。价值投资界自问，这位来自奥马哈的价值投资"先知"，怎么会投资苹果这只科技股呢？

幸运的是，我有一张机票，可以去奥马哈听巴菲特亲口解释。

每年春天，4万多名价值投资的忠实门徒都会奔赴巴菲特的老家——美国内布拉斯加州首府，拥有40万人口的城市奥马哈，参加巴菲特控股的伯克希尔-哈撒韦公司的年度股东大会，听巴菲特和查理·芒格回答提问。主要谈公司的事，也谈世界的事。你只要对股票投资感兴趣，这一生至少就应该去奥马哈朝圣一次：会场和美国NBA（美国男子篮球职业联赛）比赛的场馆一样大，巴菲特和芒格坐在主席台上，两个人从上午9点到下午3点，用几乎一整天回答股东提出的问题，讲述他们在过去一年里做了哪些投资，以及为什么会做这些投资。2021年，巴菲特已经91岁高龄，芒格已经97岁高龄，但他们仍致力于传承价值投资之道，用的还是最传统的方式：口传心授，本人亲传。

我前往奥马哈参加伯克希尔-哈撒韦公司年度股东大会的时间是2017年5月，那时，我已经开始怀疑这次真的不一样了。谷歌、脸书、腾讯、苹果，这些公司可不是20世纪90年代互联网热潮时期的那些不靠谱的互联网企业。这些公司拥有极高的品牌忠诚度，还有跨越一代人的长期持续增长，是巴菲特一生都在努力寻找的高质量企业。关键是，现在的这些数字科技企业能赚钱，而且能赚很多钱。2016 年，谷歌母公司 Alphabet 创造的净利润近 200 亿美元。伯克希尔－哈撒韦公司长期持股的可口可乐公司有 100 多年的经营历史，同年盈利只有 Alphabet 公司的 1/3。

在 2017 年 5 月去奥马哈之前，我已经卖掉了雅芳、论坛传媒，还有其他一些股票，我认为这些传统经济企业最好的日子已经过去了。我在研究之后得出的结论是，这些企业，用华尔街的行话来说，就是价值陷阱：价格的确很便宜，但是没有投资价值。我现在的第一大重仓股是 Alphabet 公司，这让我的投资组合业绩有所改善，我越来越多地转向用新方式看眼下这个世界。然而，转向投资科技股对我来说是新的开始，我想听听巴菲特为什么会买苹果这只科技股。痛苦的人喜欢和同样痛苦的人结伴，一起熬过去，有坚定信念的人也喜欢和同样有坚定信念的人结伴，一起撑过去，尤其是那些最近才发现并拥抱这个坚定信念的人。

在 2017 年 5 月伯克希尔－哈撒韦公司年度股东大会之前，巴菲特曾经接受一次采访，他解释说，他买入苹果这只科技股，并不代表他的投资方法有什么实质性的改变。巴菲特回忆说，突然就在那么一刻，他一下子领悟到，苹果公司拥有消费者特许经营权，这种特征和可口可乐那些传统消费龙头企业一样。巴菲特带着一帮曾孙子、曾孙女和他们的小伙伴一起去冰雪皇后冷饮店吃冰激凌，却几乎无法让这些孩子放下手中的苹果手机去点冰激凌。

"我买入苹果公司的股票，并不是因为苹果是一只科技股，和这件事一点儿关系也没有。"巴菲特后来解释说，"我买入苹果公司的股票，只是因为我研究得出的确定结论,我知道苹果公司生态系统的价值有多大,以及苹果公司生态系统的持续稳定性有多强。"

在伯克希尔-哈撒韦公司年度股东大会的主席台上,芒格不会轻易放过巴菲特。芒格打趣地说起巴菲特最近大手笔买入苹果公司股票这件事。

"我认为,你买入苹果公司是一个非常好的信号,"芒格对巴菲特说,"这表明两种情况你必居其一,要么你疯掉了,要么你在学习进步。"

台下的4万多人一听都笑了,因为他们明白,尽管巴菲特表示抗议,但芒格说的是真的:巴菲特买进苹果公司股票,这是一件大事,代表着巴菲特的投资行为发生了巨大改变。巴菲特过去有长达70年的股票投资生涯,这实在太长了,长到他有了儿子、女儿,有了孙子、孙女,有了曾孙子、曾孙女,四世同堂。在这70年里,巴菲特以他那美国中西部人特有的礼貌的方式告诉成千上万的价值投资门徒,科技股根本不值得价值投资者花时间去研究分析。可是现在,巴菲特砸下70亿美元巨资,大手笔买入苹果公司的股票。

随着股东大会的进行,大家听巴菲特回答了更多问题,很明显可以看出来,巴菲特一直在深入研究数字经济,他对数字经济这种新经济的新特点有了了解,内心深受触动。

"现在的新经济世界和传统经济世界有非常大的不同。传统经济世界的典范是安德鲁·卡内基,19世纪70年代,他先筹资建造第一家钢铁厂,然后用第一家钢铁厂赚来的钱去建造第二家钢铁厂,就这样不断地重复这个扩张过程,直到生意规模变得非常庞大,他自己也随之变得非常富有。传统经济世界的另一个典范是洛克菲勒,他从19世纪60年代开始一个接一个地建造炼油厂,买进油罐车等一切东西,让他的石油帝国规模越来越大,自己越来越富有。"巴菲特面对4万多位听众说道,

"我认为大众并没有深刻地认识到，新经济世界与传统经济世界有巨大的差异。"

"安德鲁·梅隆要是看到现在这些市值很高的科技股，肯定会完全蒙掉。"巴菲特接着说，"我的意思是，安德鲁·梅隆完全搞不懂新经济世界的企业发展新模式，企业可以几乎不用投入资产，就能创造出几千亿美元的价值……"

"快速。"芒格插了一句。

"快速，是的，而且是快速创造出来。"巴菲特表示赞同，"你根本不需要任何资金就能运营美国股市市值排名前五的科技企业。（苹果、微软、Alphabet 公司、亚马逊和脸书）这五大科技企业的市值合计超过 2.5 万亿美元[1]，其股票市值增长速度超过了你熟悉的任何一家老牌传统经济企业。看看三四十年前的美国《财富》500 强企业榜单，你就知道了，无论是埃克森美孚公司，还是通用汽车公司，或者你能想起名字的任何一家传统经济龙头企业，现在都被这些科技企业远远地甩在了后面。"

芒格这个人说话往往比巴菲特更直白，他责备自己和他的合作伙伴巴菲特没有在股市上买入 Alphabet 公司的股票。

"如果你问我，回顾过去，我和巴菲特在科技股领域犯下的最大的错误是什么，我认为，是我们那时足够聪明到能看出谷歌会长期发展得非常好。"芒格对 4 万多名股东说道，"所以我想说，我们在这方面没做好，让公司的各位股东失望了。我们的聪明程度足以做到及早投资谷歌股票，我们本来可以做到却没有去做，这就是我们最大的错误。"

---

[1] 到 2021 年底我完成这本书的时候，4 年半过去了，这五大科技龙头企业的市值之和又上涨了 3 倍，高达 10 万亿美元。

巴菲特认同芒格的看法,他谈起谷歌如何第一次进入他的选股雷达。那是1997年,伯克希尔-哈撒韦公司控股的汽车保险公司GEICO开始购买谷歌搜索广告,按照点击量支付广告费。

"谷歌搜索用户点击一次我们的广告,我们就要付给谷歌10~11美元,大致就是这么高的收费水平。"巴菲特说道,"只要有人在用谷歌搜索时点击一下你投放的广告,你就要支付给谷歌10~11美元,而不管点击多少次,谷歌公司都不会因此增加一丁点儿成本。这样看来,谷歌搜索肯定是一门好生意,谷歌肯定是一家好企业。"

做股票投资的人都会训练自己进行灰度思考,很少进行黑白思考,巴菲特也是如此。而巴菲特对于数字经济崛起的总体结论却是黑白分明的,这绝对非同寻常。

巴菲特对4万多名听众说道:"这是一个新经济世界,完全不同于过去存在上百年的传统经济世界,我认为,传统经济世界可能会长期持续转向新经济世界,传统经济转向数字经济是个大趋势,这个趋势现在还远远没有结束。"

啊哈!说得太对了,我心想。巴菲特竟然和我看法相同,巴菲特的话说出了我的心声。伯克希尔-哈撒韦公司年度股东大会结束之后,我发现自己急于分享内心的激动。我很期待参加会后的晚宴和鸡尾酒会,与其他价值投资者深入讨论数字科技股价值投资这个重大问题。

然而,在晚宴和鸡尾酒会中,我却发现,没有人愿意谈论巴菲特最近重仓买入的苹果股票。事实上,没有人愿意谈论数字科技股,也没有人愿意谈论巴菲特刚刚讲述的新经济世界。相反,每个人都在喋喋不休地谈论那几家老的传统经济企业,也就是他们过去很多年来一直在谈论的那几家企业。他们谈到了巴菲特最近投资的几只航空股,尽管这些航空股的投资仓位占比不大，比苹果公司在巴菲特整个股票组合中的仓位占比小多了。人们还花了大量的时间拆解、分析巴菲特对伯克希尔－哈撒韦旗下各家保险子公司的追加投资，这些投资其实相对于巴菲特的总体投资规模而言占比极小。

这些谈论让我觉得太不正常了。航空公司和保险公司是传统经济中那种非常成熟的资本密集型企业，巴菲特刚刚在股东大会上都说了，这些传统经济世界中的老牌企业正在逐渐枯萎凋零。难道没有人听到吗？我们共同追随的投资导师巴菲特正在告诫我们：现在这个时候，一定要向前看，不能再向后看。

重新见到坚信均值回归的大神，他却说世界变了

2017年春天，我去参加伯克希尔－哈撒韦公司的股东大会，见到了巴菲特。同年冬天，我去见了我的老朋友刘商德。我从记者行业转入投资管理行业的第一份工作是在伯恩斯坦资产管理公司，那时就是刘商德，这位有着冰蓝眼睛的男人，负责管理伯恩斯坦的黑匣子，也就是公司的计算机量化分析系统，这可以说是这家资产管理公司的大脑。刘商德反思传统价值投资比我还要早，他在2008年到2009年金融危机爆发之后就开始反思了。那时，受到房地产泡沫破裂的影响，金融股大跌，黑匣子告诉刘商德，金融股现在很便宜。凭借数十年押注过度低估便宜股必定反弹回归均值的成功经验，在金融危机期间刘商德重仓下注金融股，豪赌金融股会反弹，回归均值。可是，很多金融股的股价再也没有回归到历史均值。雷曼兄弟破产了，贝尔斯登简直跟白送一样地低价把

自己卖掉了，花旗银行不得不大规模增资扩股，以至十几年后，其股票市值才只有金融危机前的 1/10。

到了 2009 年底，市场已经从金融危机中复苏，标准普尔 500 指数一路大涨，看来 2009 年会是近几十年来股市行情表现最好的一年。可是，伯恩斯坦公司的旗舰基金这一年净值跌幅仍超过 50%。在 2009 年 12 月底，也在一个深夜，刘商德离开了他在伯恩斯坦的那间办公室，从此消失不见。

我也从那时起失去了刘商德的消息，但是，在我后来开始努力应对数字时代的崛起，研究如何价值投资科技股这个新问题时，刘商德重新出现了。他真是为我而来啊！刘商德创立了自己的公司商德资本（Sanders Capital）。我看到他公布的股票投资组合，前十大重仓股好多都是科技股，其中包括谷歌母公司 Alphabet 和微软，这把我惊呆了。按照传统的价值投资视角来看，这些科技股没有一个称得上估值便宜、有吸引力。

这确实让我非常好奇。这个一直坚信均值回归的人竟然放弃了这个基本原则，究竟是什么原因？

我对他说："老刘啊，在过去的几年里，我开始怀疑我们很多老的投资方法不灵了。那些数字科技企业，既包括像阿里巴巴、脸书这样的巨无霸企业，也包括其他几十家规模较小的企业，正在蓬勃发展。可是，用传统股票估值指标来看这些企业，你会发现，哪一只科技股都没有投资吸引力。但是，也许不是这些股票有问题，而是那些传统估值指标有问题。'这次不一样'也许不再是最危险的五个字，最危险的也许是七个字，'生活会恢复正常'。"

刘商德沉默不语，冰蓝色的眼睛低垂着。于是，我继续说下去。

"我已经开始投资这些数字科技企业了。"

"我发现,你也在做同样的事。"

刘商德还是什么都没说。

"那么,老刘,我得问问你。"我终于忍不住问道,"这到底是怎么回事?"

刘商德微微一笑,抬起他那冰川般澄澈的蓝色双眸,看着我说了四个字。这四个字已经在我脑海中萦绕了好多日子。

"世界变了。"

第 2 章
价值投资1.0：
工业时代格雷厄姆寻找资产估值便宜股

伯恩斯坦资产管理公司办公楼的走廊非常安静，学院气息浓厚，本杰明·格雷厄姆要是走在那里，肯定会觉得自在极了。格雷厄姆肯定会与肯尼·阿布拉莫维茨成为情投意合的好朋友，那位分析师经常一上完洗手间，还没来得及仔细整理好衬衫下摆，就急匆匆地走回办公桌前继续做研究。

尽管格雷厄姆在投资界声望极高，人们公认他为现代证券分析之父，但从内心来说，他是一个典型的知识分子。他懂七种语言，经常用法语引用法国戏剧大师高乃依的名句，用德语引用德国小说家卡夫卡的名言，用古希腊语引用荷马的诗句。格雷厄姆可以说是历史上最会写诗的金融分析师了。在美国经济大萧条期间，股市暴跌，格雷厄姆的投资组合也跌得非常惨，这让他一度几乎陷入破产，而他却为此赋诗一首，结尾四句写道："灵魂深知永无宁，何处可眠且安身，野林深处猎犬追，雄鹿狂奔再狂奔。"和很多思想家一样，格雷厄姆的才华横溢是出了名的，心不在焉也是有名的。格雷厄姆在工作上聪明到能够发明一种新型计算滑尺，但在生活中却十分随性，不太讲究，经常会穿着两只不同颜色的皮鞋去上班。

格雷厄姆初入股市投机大失败

格雷厄姆在哥伦比亚大学读书时，大部分的业余时间都在一家航运公司打工，上夜班，处理卡车货运统计数据。尽管如此，格雷厄姆还是只用了两年半的时间，就以第二名的成绩毕业了，成为哥伦比亚大学1914届毕业生。这一年，第一次世界大战爆发。当时，格雷厄姆只有20岁，刚刚本科毕业，大学老师们却对他评价很高，他们给格雷厄姆提供了三个教师职位，而且是在三个不同的系：数学系、英语系、哲学系。

但是，大学教师的薪水一般，根本不够格雷厄姆养活一个孤独守寡的母亲和两个还在读书的弟弟。格雷厄姆的父亲在他九岁时就因病去世了，母亲为了维持生活，不得不将一个房间租给别人，并为房客提供餐食。格雷厄姆好不容易大学毕业，可以挣钱养家了，因此，在选择工作的时候，格雷厄姆毫不犹豫地选了一个有潜力赚大钱的行业：金融。

格雷厄姆进入证券市场的第一份工作：纽伯格-亨德森-勒布证券公司

格雷厄姆在1914年进入华尔街工作。华尔街本来只是美国纽约市曼哈顿岛南部从百老汇路延伸到东河的一条小街，长度只有500多米，宽度只有11米，但是这里却聚集着众多美国主要金融机构和大型财团的总部，其中包括：美国联邦储备银行，纽约证券交易所和纳斯达克证券交易所等交易所，还有高盛、摩根士丹利、摩根大通等大型金融机构。华尔街成为美国证券交易的中心，后来时间久了，华尔街也逐渐成了美国资本市场的代名词。1914年，证券交易市场还谈不上是一个靠知识赚钱的地方，它更像是一个马戏场、赌场、游乐场三合一的奇异组合。路边交易所恰如其名，真的是在布罗德大街的路边进行证券交易的场所。警察每天过来，在路边用绳子圈出 20 平方米的一块空地，让证券交易者在里面做交易。别看场地不怎么高级，交易却相当活跃，每天的证券交易金额高达几百万美元。许多来做证券交易的人戴着颜色鲜艳的帽子，不是为了好看，而是为了好辨认，方便负责下单的交易员认准他们，迅速下单。这些交易员通过手势发出交易指令，有时也会直接大声喊着报单。

1914 年，20 岁的格雷厄姆从哥伦比亚大学毕业，进入一家证券公司工作，这家公司就是纽伯格 – 亨德森 – 勒布（Newburger, Henderson & Loeb），为了简便，我们下面简称其为 NHL 证券公司。这家公司的老板是阿尔弗雷德·纽伯格，他身材高大，头发花白。在格雷厄姆上班的第一天，这位老板就告诫格雷厄姆说："你要胆敢投机，就会亏个精光。永远记住这句话，千万不要去投机。"

在那个时候，大家都认为购买债券既安全又令人尊敬，是绅士所为，而股票则是给街边的投机商准备的。然而，纽约州最愿意掏钱的客户是那些追逐利润的交易员和投机者，因此，即使像 NHL 证券公司这样堂堂正正的纽约证券交易所会员企业，也被迫搞得像赌场一样，靠为那些赌客提供下注服务来赚钱。格雷厄姆最初的工作之一是搜集登记客户对 1916 年总统选举结果的赌注。20 世纪早期，华尔街证券经纪公司兼做赌注登记人是合法的。

格雷厄姆早期的另一项工作是当"行情公告板男孩"，负责把传真机刚刚接收到的最新股票市场价格写在一块大黑板上。每天，NHL 证券公司的客户都会聚集在所谓的大户室里，了解最新市场交易行情。这个房间是 NHL 证券公司最重要的赚钱中心，相当于赛马场的投注室，赌徒可以聚集在投注室观看赛马。但这个房间没有跑道，股票就是赛马。NHL 证券公司可能会阻止员工疯狂赌博，因为这会影响正常工作，但纽伯格却鼓励客户在股票交易上疯狂赌博。赌场赚的是抽成，赌客下注次数越多、下注金额越大，赌场的抽成越多。你可以把股票市场看作一个合法的大赌场，客户投机就是下注赌博，证券公司赚的钱就是客户的交易佣金。证券公司从交易金额中按照固定比例抽取交易佣金，客户交易的次数越多、金额越大，证券公司收取的交易佣金越多。

格雷厄姆投机严重失败

从某些方面来讲，20 世纪初的证券公司经纪业务很不规范，这是可以理解的。格雷厄姆开始进入证券行业工作的 1914 年，距离现在有 100 多年了，那时上市公司公开披露的信息非常少。如今，美国证券交易委员会要求上市公司每季度报告其财务状况，而当时，美国证券交易委员会还不存在。如今，一家上市公司的完整财务报表一般会长达 100 页，甚至更多，但在 1914 年，即使是那些最著名的美国上市公司，也只公布 1 页纸的资产负债表，简要罗列一下公司拥有多少资产和多少债务。至于如今向投资者提供公司收入和支出细节的利润表，在那个年代通常只体现为一个数字，表明公司当年盈利多少或亏损多少。

尽管老板一再警告千万不要投机，但是 20 世纪初美国股市的投机气氛太浓了，刚刚大学毕业的格雷厄姆还是没有抵挡住诱惑，也卷入了股票投机的旋涡。格雷厄姆对自己没信心，就跟大户室里的一个炒股老手学，买入了一家铁路公司的股票，结果这家公司后来很快就破产了，这让格雷厄姆一把亏了个精光。

格雷厄姆和他的朋友又凑了几千美元,这在当时可是相当大的一笔钱,他们在萨沃尔德轮胎公司(Savold Tire)首次公开募股时买入了这家公司的新股,想大赚一笔,后来发现这家公司是搞融资诈骗的,结果又差点儿亏个精光。格雷厄姆不服气,四处想办法,后来找到了萨沃尔德轮胎股票发行骗局的幕后黑手,后者承认自己骗了投资者的钱。他提出以每1美元损失弥补0.33美元的方案与格雷厄姆达成和解,但这对格雷厄姆来说相当于3美元投资本金只要回来1美元,另外2美元都亏掉了。格雷厄姆一度考虑过提起刑事诉讼,告那个诈骗犯,索赔损失。但是,当时的法律法规尚未健全,监管机构和执行机构的力量也十分薄弱,格雷厄姆知道,就是找政府部门走法律程序,也根本不会得到什么好处。

格雷厄姆从投机转向稳健投资

1920年,格雷厄姆26岁,初为人父的他需要找到一种可靠的赚钱方式,不涉及投机,稳稳地赚钱。

世界大变化,市场也大变化

一战结束几年之后,对于格雷厄姆这样有头脑的人来说,正是开始寻找一个稳健投资体系的绝佳时机。战争需求使美国的工业经济建立在更稳定的财政基础之上,也使美国钢铁公司和联合铜业公司等企业成为本质上更加可靠的投资。在西奥多·罗斯福总统授权州际商务委员会等监管机构要求美国上市公司披露更多信息之后，美国钢铁公司和联合铜业公司等上市公司也开始提供更多有关业务运营的公开信息。

这个年轻人最擅长的就是数据分析。在哥伦比亚大学读书时，格雷厄姆以处理卡车货运统计数据为生。现在，格雷厄姆可以把注意力集中在上市公司具体的财务数据上，而不用再为了引导客户投下赌注而去研究谁会赢得下届总统选举。通过研究财务报表，格雷厄姆开始注意到一些规律。

格雷厄姆尝试价值投资第一股：古根海姆勘探公司

1915年，格雷厄姆看到了古根海姆勘探公司的财务报表，这家公司计划申请破产，将资产分配给股东。格雷厄姆对古根海姆勘探公司资产负债表的主要分析可参见表2-1。

格雷厄姆在研究之后发现，表格第一行该公司一股股票的市场价格，和最后一行该公司一股股票对应享有各项资产市值的合计数据之间严重脱节，差距相当大，这让他吃了一惊。虽然古根海姆的股价低于每股69美元，但其几大类资产合计却超过每股76美元。这意味着古根海姆的交易价格约为其资产价值的90%。投资者可以以每股69美元的价格买入古根海姆的股票，然后卖出按市场价值折合每股76美元的古根海姆所持股票。按照证券市场的行话来说，这将产生每股约7美元的价差，略高于10%。

这种方法不是投机，而是分析。古根海姆一旦破产清算，就会卖掉公司持有的其他上市公司的股票，将获利分配给现有股东。这样一来，对买入古根海姆股票的股东来说，获得10%的收益率几乎可以说是如探囊取物。按照这个逻辑，格雷厄姆和 NHL 证券公司的合伙人都买入了古根海姆勘探公司的股票，结果不出所料地都在这家公司卖出持股进行资产重组的过程中赚了一笔。

表 2-1　格雷厄姆对古根海姆勘探公司资产负债表的主要分析

股　票	持股数量 （股）	持股市值 （1915 年 9 月 1 日，美元）
古根海姆勘探公司	1	68.88
按照股权比例 享有该公司现有持股的数量		
肯尼科特铜业公司 （每股市价 52.5 美元）	0.727 7	38.2
中国铜业有限公司 （每股市价 46 美元）	0.117 2	5.39
美国金属出口公司 （每股市价 81.75 美元）	0.083 3	6.81
雷伊铜矿公司 （每股市价 22.88 美元）	0.185	4.23
按照股权比例 享有该公司其他资产		21.60
合　计		76.23

然而，格雷厄姆还有好多类似的投资想法，纽伯格和 NHL 证券公司的其他高管却对大多数都不予理睬。格雷厄姆曾建议 NHL 证券公司的客户抛售联合纺织公司的普通股，转而买入该公司的可转债。格雷厄姆认为，可转债不仅更安全，还能提供当期股息，并具有可观的升值潜力。但纽伯格和 NHL 证券公司的合伙人却不同意。其中一人解释说，联合企业的普通股交易比债券频繁得多，大户室里的人喜欢看到黑板上的股价行情不断变化。后来这家证券公司所有的人都非常吃惊地看到：

联合纺织公司债券升值，股票却下跌了 70%。只有格雷厄姆一点儿也不吃惊，这早在他的预料之中。

格雷厄姆创业，开始独立管理证券投资

1923 年，格雷厄姆从 NHL 证券公司辞职，创立了自己的投资管理企业。格雷厄姆这时只有 29 岁，很年轻，但是他知道自己的优势。

格雷厄姆后来在自己的回忆录中这样写道："在那些华尔街的投资老手看来，仔细研究枯燥的公司基本面数据，这种做法可以说愚蠢透顶，因为他们认定决定价格变化的是与基本面完全不同的一组因素，而这些因素都是非常人性化的，根本无法进行统计分析。但是，作为一个新人，我根本不知道那些旧体制下受到歪曲而失真的旧传统，也就根本不会受到那些旧传统的束缚。新人很容易接受新事物，能看到有些新力量正在进入金融投资这个大赛场。我这个投资新手学会的重要一点就是，对待问题不能一概而论，而要一分为二，区别看待，分清什么重要而什么不重要，分清什么可靠而什么不可靠，甚至要分清什么如实而什么不如实。结果，我这个投资新手能比那些投资老手看得更清楚，判断得更准确。结果，我这个投资新手能胜过很多比我年纪大得多又资格老得多的投资老手，因为那些老手过于迷信老经验而昏了头。"

格雷厄姆价值投资一战成名：北方输油管道公司

尽管在 20 世纪 20 年代之后，上市公司公布财务报表越来越频繁，但是往往只是报送给交易所和监管部门，并没有像现在这样在报纸上公开发布，也没有大量印刷、传播。因此，格雷厄姆经常需要出差，到上市公司总部所在地或政府监管机构所在地，才能查阅到上市公司公布的财务报表。1926年的一天，格雷厄姆专程从纽约前往华盛顿，在州际商务委员会的档案室里，他读到了一家上市公司的财务报表，由此发掘到一只股价受到严重低估的潜力大牛股。后来，格雷厄姆通过重仓投资这只股票一战成名，从此在投资界建立起崇高的地位和巨大的声誉。

这家上市公司就是北方输油管道公司。当年，洛克菲勒的标准石油公司被迫拆分，北方输油管道公司是拆分而成的34家公司中规模最小的一家。这家公司其实只有一项资产：一条规模极小的输油管道，从俄亥俄州边境延伸50英里[1]，穿过宾夕法尼亚州，把石油输送到纽约的东北角。但格雷厄姆感兴趣的并不是这家公司的输油管道业务。和他上次发掘的古根海姆勘探公司一样，格雷厄姆感兴趣的是股票资产价值与市场价格的严重脱节。

北方输油管道公司持有价值几百万美元的高评级铁路债券，按照持股比例折合下来，相当于每股股票持有市场价值95美元的铁路债券。然而，其股票交易价格只有每股65美元。从原来的巨无霸标准石油公司拆分出来的一家小小的公司，竟然持有几百万美元的铁路债券，这是怎么回事？格雷厄姆不由得心生疑问。更为重要的是，这只股票的每股市场交易价格为什么竟然比其持有的铁路债券价值还要低30%左右？北方输油管道公司的输油管道业务本身是赚钱的，正常运营也不需要投入什么资本。甚至这家公司每年还给股东发放每股6美元的股息（就是现金分红）。那么，为什么这只股票的定价如此失效，以致严重低于其

---

[1] 1英里≈1.609千米。——编者注

资产清算价值？

回到纽约之后，格雷厄姆去拜访布什内尔兄弟。布什内尔兄弟就在百老汇26号标准石油公司那座大名鼎鼎的办公楼里发号施令，管理北方输油管道公司。格雷厄姆跟兄弟两人说，其实北方输油管道公司并不需要持有铁路债券。格雷厄姆问他们俩，现在每股股票的市场价格才65美元，但每持有一股股票就相当于持有价值95美元的铁路债券，那么卖掉这些债券，每股股票分红95美元，不是比继续持有这些债券更好吗？这样的话，每股股票能够释放出30美元的价值，且完全不影响输油管道业务，一分钱也不用花，公司就能继续经营、继续赚钱、继续分红。

兄弟俩告诉格雷厄姆，那是根本不可能的。北方输油管道公司将来可能需要将债券变现，用这些现金来更换老旧管道，或者扩建新管道。

格雷厄姆问："那么，你们什么时候会卖出这些债券用于修建管道呢？"

兄弟俩说："这可说不准。"

格雷厄姆一再坚持，想要问清楚什么时候公司才会卖出账上的这些债券。

兄弟俩越听越生气，不由得恼怒起来。

"你看，格雷厄姆先生，我们今天对你非常有耐心，花了很多时间和你交流，本来我们是不会这样的。"

格雷厄姆在他的回忆录中写道，兄弟俩接着对他说："经营管理一条输油管道，这项业务相当复杂、相当专业，你根本不懂，我们可是干了一辈子……你如果并不认可我们公司的这套经营管理方法，我们的建议是，你不如卖掉手上持有的股票，明智的投资者在这种情况下都会这样做。老兄，你意下如何？"

格雷厄姆告诉兄弟俩，他不打算卖掉他持有的股票。

不过，格雷厄姆说，他将会参加公司下一年度的股东大会，向公司其他股东提出自己的这个想法，建议公司卖出账上持有的铁路债券。

1927年1月，格雷厄姆坐了一夜火车来到匹兹堡，第二天早晨，他冒着暴风雪，转乘干线火车来到石油城，北方输油管道公司的年度股东大会在此召开。格雷厄姆进入会场，却发现里面只有八个人：布什内尔兄弟、五个公司员工，还有一个人就是格雷厄姆。股东大会召开，但只有他这一个股东来现场参加。

年度股东大会按照会议流程逐项进行，由一名公司员工提议审议通过公司上一年度的财务报告。

格雷厄姆插了一句："请问，主席先生，我们现在要审议年度报告，可是年度报告在哪里呢？"

布什内尔兄弟中的一人回答说："很抱歉，格雷厄姆先生，我们目前无法提供公司的年度报告。因为年度报告要过几个星期才能制作完成。"

格雷厄姆问道："但是，布什内尔先生，公司的年度报告没有制作完成，我们股东还没有拿到手阅读分析，怎么可能审议通过呢？"

布什内尔兄弟小声商量了一会儿，其中一人说道："我们一直都是这样处理审议年度报告这件事的。支持我们的人就会说'同意'。"

就这样，这份根本不存在的年度报告在股东大会上审议通过了。兄弟俩继续主持会议。走完其他会议流程之后，兄弟两人中那个担任董事长的开口说道："请问各位参会的股东，还有没有人提出议案？如果没有，我们就此宣布会议结束。"

格雷厄姆一听，立即起身说道："可是，布什内尔先生，按照我们在纽约达成的协议，我想要在这里宣读一份备忘录，讨论一下你们公司的财务问题。"

布什内尔回答说:"格雷厄姆先生,你能以议案的形式提出你的要求吗?"

格雷厄姆就这样提出了议案,结果没有人支持,议案没能通过,股东大会也就到此结束了。

第二年,格雷厄姆又来参加股东大会,这次他带了四位律师,还有许多其他股东的支持。虽然格雷厄姆未能获得第一大股东洛克菲勒基金会的投票支持(这家基金会拥有北方输油管道公司接近1/4的股票),但他得到了足够的票数,可以在董事会六名董事席位中占据两席。回到纽约的几周之后,布什内尔兄弟让人通知格雷厄姆,说有事相商,于是格雷厄姆再次来到百老汇26号兄弟二人的办公室。

兄弟二人中的一人说道:"你知道的,格雷厄姆先生,我们从来没有真正反对过你提出的这个把资本返还给股东的方案,我们只是觉得当时的时机并不合适。现在情况变了,时机合适了,我们已经准备好了要提出一个股东分配方案,我们认为你肯定会完全赞同。"

按照这个分配方案,北方输油管道公司可以说是大出血,每股分配70美元,包括现金和证券。兄弟二人还对公司进行了重组。经过如此一番斗争,最终,格雷厄姆这只原来每股买入成本为65美元的股票,赚了接近1倍。[1]

---

[1] 后来过了一段时间,格雷厄姆才知道,布什内尔兄弟表面上屈从他的建议,表示愿意卖出公司持有的债券用来给股东大笔分红,背后另有原因:洛克菲勒基金会的高管十分支持格雷厄姆的计划,但他们不想把洛克菲勒基金会作为控股股东持有的投票权交给格雷厄姆,这会让布什内尔兄弟这两个北方输油管道公司的高管非常难堪。不过,按照洛克菲勒一贯小心谨慎、万事周全的行事风格,他们还是让布什内尔兄弟知道了洛克菲勒基金会的愿望,于是兄弟二人顺水推舟,接受了格雷厄姆提出的卖出债券给股东分红的方案,结果三方皆大欢喜。

1929年股市大崩盘，引发三年大熊市，格雷厄姆几乎破产

此后，其他标准石油公司控制的输油管道公司也模仿北方输油管道公司的操作，把账上多余的资本分配给股东。这下，格雷厄姆在股票市场上打败了美国最有权势的洛克菲勒，一战成名。这让他在投资界的声誉大幅提高，也让他银行账户里的财富大涨，更让他的投资自信心大涨。格雷厄姆基于资产估值的投资方法非常有效，实在太有效了，以至他敢于用自己持有的股票质押贷款，用贷款来买入更多的股票。格雷厄姆加大了杠杆，就像我们在证券行业经常说的，缴纳保证金，进行融资交易。格雷厄姆一直这样进行杠杆投资，结果一头撞上了1929年的美国股市大崩盘。

所有的股票暴跌之后再暴跌，腰斩之后再腰斩。格雷厄姆的融资杠杆是双刃剑，过去是加倍放大收益，现在则是加倍放大损失。1932年，道琼斯指数按照1929年的最高点来算跌幅为89%，格雷厄姆管理的私募基金从最高点下跌了70%。直到股市崩盘5年后，格雷厄姆的私募基金才恢复到1929年之前的净值水平。辛辛苦苦干5年，终于回到5年前。

格雷厄姆发展形成价值投资1.0版本

格雷厄姆退掉豪华的大别墅，带全家搬到一个小公寓，他的老婆也只得出去找工作，捡起教人跳舞的老本行。格雷厄姆不得不放弃给老母亲配备的豪华汽车和专职司机，但他没有放弃自己的投资基本原则。在其他股票投资者绝望之际，格雷厄姆却不抛弃、不放弃，继续坚持价值投资，坚持运用基于资产估值的投资体系进行选股。

在巨大的挫折之后，格雷厄姆浴火重生，创建了价值投资1.0的三要素体系。

价值投资1.0三要素之一：资产清算净值

格雷厄姆特别关注流动资产，就是公司拥有的那些很容易变现的资产。那些长期资产，就是我们经常说的固定资产，比如厂房和设备，要是放到市场上变卖，能卖出的钱可能达不到其账面价值，就是按照历史成本计入资产负债表的价值。而流动资产，比如存货，拿到市场上卖出的钱更有可能达到其账面价值。

就像他投资古根海姆勘探公司和北方输油管道公司一样，格雷厄姆希望以低于企业破产清算价值的价格来买入一家公司的股票，而股市大崩盘导致他在股票估值方法的运用上更加严格。为了更加安全，格雷厄姆在股票估值上更加保守，甚至在给流动资产估值时也大打折扣。

格雷厄姆这样创造出来的估值指标后来非常有名，后人称之为"流动资产净值"或"营运资本净值"，直到今天，那些追随格雷厄姆的信徒还是喜欢追寻这种拥有他们称为"低于净值的净值"的超级便宜货。

20世纪30年代的美国股市实在太萧条了，竟然有几百只股票符合这种超级便宜货的估值标准，股价比公司破产清算价值还要低得多。在1931年底格雷厄姆分析怀特汽车公司资产负债表时，这家公司的现金和证券资产的估值为其账面价值的100%，应收账款（其他公司欠怀特的钱）的估值为其账面价值的80%，存货资产的估值为其账面价值的50%，厂房、机器、设备等固定资产的估值为其账面价值的20%。以上为怀特汽车公司所有资产的估值，从中扣除公司的所有负债之后，格雷厄姆估算出这家公司的资产清算净值为每股 31 美元，但其股票市场价格仅为每股 8 美元。1932 年，格雷厄姆在《福布斯》杂志上发表了三篇系列文章，该系列的标题是《美国上市公司为何死了比活着更值钱？》。他在文章中有理有据地分析并得出结论，美国超过 1/3 的工业上市公司，其股票市场交易价格低于其资产清算净值。

格雷厄姆创造发明的这套投资策略，就是我们现在经常说的价值投资，后来名扬天下，这至少可以说是价值投资的第一个版本吧。格雷厄姆的这套股票投资策略主要关注企业硬资产和企业清算价值，我们可以称其为价值投资 1.0。[1]

和价值投资后来迭代出的所有版本一样，格雷厄姆的股票投资策略体系既严谨缜密又条理分明，就像科学实验一样，既可以复制，又可以通过结果来验证。尽管格雷厄姆 30 年的投资业绩记录并没有完整保存下来，但从 20 世纪 30 年代到他 1956 年退休，格雷厄姆使用这套价值投资体系获得的股票投资业绩整体而言以很大的领先幅度跑赢了市场。格雷厄姆自己估算，他 20 多年间的投资年化收益率为 20%，这相当于同期市场平均业绩水平的两倍，与巴菲特管理伯克希尔 – 哈撒韦公司 50 多年的长期投资业绩水平一样高。

价值投资1.0三要素之二：安全边际

格雷厄姆不仅是一位优秀的投资人，还是一位优秀的老师，他愿意

---

[1] 在此，我要着重感谢我的好朋友，也是老同事克里斯·贝格，他是东海岸资产管理公司的联合创始人兼首席投资官，是他提出可以用价值投资 1.0、价值投资 2.0 和价值投资 3.0 这三个概念分别代表价值投资策略的三个版本。我在本书中将一直使用这三个概念。

公开自己的投资思想，慷慨地分享自己的投资智慧。格雷厄姆在哥伦比亚商学院教授证券分析课程超过 25 年，还撰写了三本投资著作，以帮助投资者正确理解股票市场、正确应对股票市场。格雷厄姆写的第一本书是《证券分析》。身处美国经济大萧条和股市大崩盘的痛苦深渊，格雷厄姆第一次把他的投资哲学整理成书，与读者分享。《证券分析》于 1934 年出版，后来成为历史上非常重要的一本投资教科书。在这本书介绍的那些投资思想中，最核心的一个是，要明确区分投资与投机。投机者买股票就像买彩票，是为了交好运、中大奖，而投资者买股票就像买企业，是为了成为一家企业的部分股权所有者。格雷厄姆还鼓励投资者只在股价具有安全边际的条件下才买入股票。股价具有安全边际意味着，你应该以比内在价值低得多的价格买入股票，这样，即使公司出了很大的问题，你投资的这只股票也不会出现很大的问题，也就是说，你不会大幅亏损。安全边际就是为了保证安全。

价值投资1.0三要素之三：市场先生

15 年后，在 1949 年，格雷厄姆出版了他的第二本书《聪明的投资者》，更加通俗地解读了价值投资的基本原则。格雷厄姆在这本书里向读者介绍了另一个开天辟地的价值投资概念：市场先生。我们说起股票市场，都会把市场当成一个十分抽象的概念，而格雷厄姆在书中建议我们把股票市场想象成一个活生生的人。我们可以给股票市场起个名字，就叫市场先生。我们应该像对待自己的企业合伙人一样对待市场先生，因为事实上的确如此。我们持有一家上市公司的一部分股票，而市场先生持有这家上市公司的其余所有股票，我们和市场先生共同拥有这家公司的股票，当然是合伙人关系。只不过，我们是彼此性格截然不同的合伙人。我们平时自然会努力保持头脑清醒，但是市场先生却情绪多变，喜怒无常。有一天，市场先生来了，心态非常乐观，情绪非常兴奋，他报出高得离谱的价格，要买入我们持有的股票。过了一段时间，市场先生却从乐观转向抑郁悲观，他报出低得离谱的价格，要卖出自己手中同一家公司的股票。

虽然市场先生的比喻今天听起来不过是人人皆知的常识，但在1949年《聪明的投资者》出版的那个时代，市场先生可以说是革命性的投资概念，颠覆了传统的投资思维。我们不应该受到市场先生的支配，过度反应，而应该利用市场先生的情绪，从中获利。股票市场由绝大多数很不理性的投资者聚合而成，称其为乌合之众并不为过。代表乌合之众的市场往往是疯狂的，有时是乐观到疯狂，有时是悲观到疯狂，但我们自己并不必要参与市场上大众的疯狂。就让众人群魔乱舞吧，就让他们狂喊大叫吧，反正我们"躲进小楼成一统，管他冬夏与春秋"。无论市场多疯狂，我们只管安静地待在家里研读公司年报，保持理性理性再理性。

格雷厄姆价值投资1.0版本的三个问题

格雷厄姆提出的安全边际和市场先生这两个概念，一直是非常重要的投资思维工具，永远不会过时。但格雷厄姆当年提出的具体估值分析框架，现在看来有很大的漏洞和缺陷，大大落伍了。这主要体现为三个大问题。

价值投资 1.0 版本的第一个大问题，可以说是所有成功的投资策略与生俱来、必然存在的。采用这套成功投资策略的人越来越多，相互之间的竞争就会越来越激烈，这套投资策略跑赢市场的超额收益就会越来越薄。正如你在图 2-1 中所看到的那样，买入那些相对于其资产价值而言相当便宜的个股可以获得的价值溢价，即跑赢市场的超额收益率水平已经大幅缩小了。

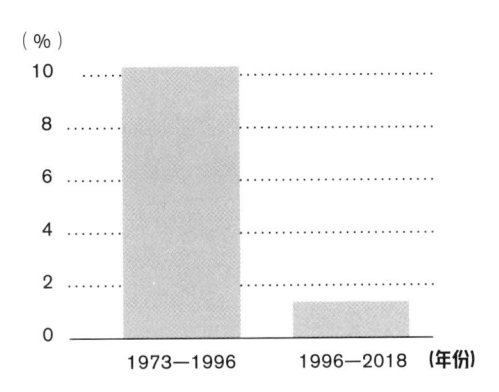

图 2-1　基于价格与资产之比这个估值指标，估值最便宜的股票相对于估值最贵的股票的价值溢价比率

资料来源：Andrei Goncalves and Gregory Leonard, "The fundamental-to-market ratio and the value premium decline", Kenan Institute of Private Enterprise Research Paper, 2020。

同时，格雷厄姆的投资体系还有一些更深层次的问题。价值投资 1.0 版本的第二个大问题是持股期限短，导致税后收益率可能降低一半。价值投资 1.0 版本在很大程度上只是一种短期策略，需要投资者不断更新投资组合中的个股。因为原来股价相对其公允估值而言并不算贵的便宜股在股价大幅上涨之后就变得不再便宜了，投资者需要卖出这些估值不再便宜的个股，买入新的估值相当便宜的个股，如此不断更新自己的投资组合。巴菲特将格雷厄姆的这种选股方法戏称为"烟蒂投资法",因为格雷厄姆纳入投资组合的那些股票就像别人扔在马路边的烟蒂一样,可以免费捡到,但是短得只能吸上一两口,就得马上扔掉。寻找这种像烟蒂一样超级便宜的股票,跟踪这些股票,并决定每只股票具体的买入时点和卖出时点,这些工作会占用你大量的时间。使用烟蒂投资法,投资组合滚动更新的速度相当快,持股时间并不长,往往低于一年,而卖出股票所实现的投资收益通常要按普通收入来缴纳所得税,税率比长期资本利得税的税率高一大截。按照较高收入水平的纳税等级缴纳 50% 的所得税之后,本来 20% 的税前收益率将变成 10% 的税后收益率。

价值投资 1.0 版本的第三个大问题,也是最重要的一个问题是过度关注公司的资产价格,过于僵化死板,甚至有些偏执,结果往往会导致因小失大,让最大的大鱼溜掉。格雷厄姆提出的价值投资 1.0 版本非常适合一百多年前那个股市投机盛行的时代。严格按照数学公式定量分析,理性估值,理性选股,这能让投资者远离盲目投机。价值投资 1.0 版本是一个简单的投资体系,只能给出一个简单的答案:一只股票要么符合格雷厄姆的清算净值标准,要么不符合。非黑即白,黑白分明。格雷厄姆在《聪明的投资者》一书中写道,要找到一家上市公司的股票,其股价相对于内在价值被过于低估,具有安全边际,让你可以投资买入这只股票,"这需要你基于统计数据进行简单而明确的数学分析"。

然而,随着时间的推移,美国走出大萧条,经济出现高增长,价值投资 1.0 版本明显越来越不适合美国经济发展的新情况。二战之后,美国的整体环境更加稳定,经济更加繁荣,而格雷厄姆基于资产价值的投资体系并没有识别出新时代下这种特别优秀的企业:其内在价值更多地来自企业有能力创造出如河流般源源不断的盈利,盈利规模很大而且持续不断增长，这些盈利流量创造的内在价值远远超过企业的净资产价值。

格雷厄姆与沃尔特·施洛斯的对话，表明他后期过于执迷旧思想，没能与时俱进

格雷厄姆执着于用数学公式进行定量分析，却完全忽略定性分析。有位助理回忆说，如果有人开始谈起一家公司的实际业务是如何经营运作的，格雷厄姆就会觉得很无聊，眼睛开始看窗外，很明显根本没有兴趣听下去。同样，格雷厄姆也不鼓励他手下的分析师与公司管理层会面交流。格雷厄姆觉得，那些上市公司的高管个个都是人精，擅长高谈阔论，特别会忽悠，股票分析师很容易轻信他们的话，这会分散掉股票分析师的注意力，让股票分析师不再依据客观数据进行判断，而客观数据才是对股票分析来说真正重要的东西。

沃尔特·施洛斯曾在格雷厄姆手下工作多年，后来自己独立创业，长期业绩辉煌，成为一代传奇价值投资大师。沃尔特·施洛斯曾向格雷厄姆推荐一家公司，这家公司的股票市场价格并不像商家倒闭前的"跳楼价"那么便宜，但是这家公司拥有一项大有前途的新技术。这家公司就是哈罗依德公司（Haloid），正是这家公司后来开发出了非常畅销的施乐复印机，这让公司盈利持续大幅增长，股价长期上涨超过100倍。

而格雷厄姆当年对施洛斯说："我对这只股票不感兴趣，因为价格还不是足够便宜。"

格雷厄姆和他的弟子沃尔特·施洛斯关于施乐公司前身哈罗依德公司的对话与格雷厄姆自己和更早一代投资人之间的对话如出一辙。当

年，格雷厄姆创新性地提出先卖出联合纺织公司的普通股，再买入这家公司安全边际更大的债券，那些比格雷厄姆更早一代的投资人根本不听，还对他冷嘲热讽。格雷厄姆20多岁时曾经感叹NHL证券公司的几位高管故步自封，执迷于多年来的老经验，反而让过时的老经验限制了自己的投资思维。然而格雷厄姆年纪大了之后，竟也听不进年轻人的投资新想法，这让人们不禁会想，格雷厄姆是不是也成了故步自封的老顽固。不过，如果说比格雷厄姆更早的那一代投资人错在根本不做理性分析，那么也可以说，格雷厄姆股票投资体系最主要的错误是，不但过于死板教条，而且过于谨慎保守。

格雷厄姆退休后反思价值投资1.0版本：选中一只股票胜过选股一辈子

1956年，62岁的格雷厄姆宣布退休，对于一个基金经理来说，这个年纪退休太早了。格雷厄姆早就相当富有了，他当年积累的财富相当于现在的几千万美元，他当然有资本早早退休，重拾旧梦，追求自己年轻时的爱好。格雷厄姆把一本西班牙语小说翻译成英语，然后又出版了一本诗集。他把一年的时间分成三份，选择合适的季节，分别在美国、葡萄牙、法国生活。然而，在去世前不久，格雷厄姆间接地承认，自己所创立的价值投资体系确实有局限性，不过，他的坦白方式相当奇特。

格雷厄姆1973年修订出版了《聪明的投资者》第四版，这是他本人修订的最后一版。他在书的最后增加了两页纸的后记，正是在这篇短短的后记中，格雷厄姆间接承认自己创立的价值投资体系确实有局限性。格雷厄姆显然觉得自己承认这件事挺不好意思的,以至他选择用第三人称指代自己,说得好像这件事情是发生在别人身上一样,但实际上就是发生在他自己身上,更准确地说,是发生在他和杰罗姆·纽曼身上。

格雷厄姆在后记中这样写道:"我们非常熟悉和了解格雷厄姆与纽曼,他们大半辈子都在证券市场管理自己和客户的资金,进行投资……他们有过相当难受的经历,他们从中获得的教训是,小心为上、安全第一,这胜过由于贪心想要赚到世界上所有人的钱而冒进……运用这种小心为上、安全第一的投资方式,他们历经市场潮起潮落,多年不倒,投资业绩相当不错……"

格雷厄姆接下来笔锋一转,写了一件往事。那是1948年,他把私募基金20%的资金都投到了一只股票上。这家公司的股票市场价格相对于其每股资产和每股收益来说都很便宜。格雷厄姆这样写道,他和搭档纽曼"非常看好这家公司的发展前景"。

几乎可以说,就在格雷厄姆买入之后不久,这只股票在市场上就飞涨了起来,并且多年持续上涨,以至随着时间的推移,8年之后,格雷厄姆在这只股票上的收益相当于他们最初投入资本的200倍。在如此大幅升值200倍之后,按照格雷厄姆基于资产的估值标准来看,这只股票的价格就实在太昂贵了,但他决定继续持有不卖出,因为正如后来格雷厄姆在回忆录中所说的那样,他把这家公司看作"自己的家族企业",他想要一直拿住不放。

格雷厄姆在《聪明的投资者》后记中这样总结道:"颇具讽刺意味的是,从这样仅仅一只股票的投资决策中所获得的累计收益,远远超过了格雷厄姆和纽曼在其专长领域进行广泛投资操作长达20年所获得的其他所有投资收益的总和，这些投资操作需要他们投入大量的时间和精力进行调查研究，无休无止地仔细分析，做出一个又一个决策，这些决策的累计数量简直数不胜数。"

换句话说，格雷厄姆长期持有这家优秀公司的股票，仅仅这一笔投资赚的钱，就远远超过了他所有便宜股票的盈利总和。

这家一只股票胜过千只股票的优秀公司，就是GEICO保险公司。然而，在格雷厄姆晚年写的回忆录里，他只提到GEICO保险公司两次，其中一次说的还是他向这家公司提出汽车保险赔付申请的事，和股票投资并没有关系。相反，他当年投资北方输油管道公司的股票并与公司管理层斗争那件事，他却专门拿出来讲了整整一章。那件事帮他赚到的钱比GEICO保险公司少得多。

格雷厄姆在《聪明的投资者》后记的最后一句问道："这个故事对于聪明的投资者来说有什么寓意吗？一个显而易见的寓意就是，想要在证券市场上赚到钱，并且保住钱，有几种各不相同的投资方式。另一个不是那么显而易见的寓意是，交上一次大好运，或者做出一个极其精明的投资决策，可能会比一个投资熟手一辈子兢兢业业、非常努力赚到的钱还多。可是，到底是运气还是能力，我们能分得清吗？"

格雷厄姆其实只是通过这段话掩饰自己那一套价值投资体系的明显缺陷。到他第四次修订《聪明的投资者》，写下这篇后记的时候，他已经知道，识别出像GEICO保险公司这样的优秀企业，并不只是因为运气好。格雷厄姆知道，人们可以将识别出优秀企业的方法总结发展成一套有条有理的投资体系，就像他把基于资产估值的投资方法发展成一套投资体系一样。

格雷厄姆在哥伦比亚大学商学院讲授证券投资课程的20多年间，

有一位学生是其他众多学生之中的明星学生，事实上也是格雷厄姆唯一给过 A+ 成绩的学生，这位明星弟子后来用自己特别优异的业绩记录证明了这一点：完全可以将识别出优秀企业的方法发展成一套新的价值投资体系。

第3章
价值投资2.0：
消费时代巴菲特寻找护城河明星品牌股

1950年，有个刚满20岁的小伙子，身材瘦瘦长长，举止笨拙，穿着随随便便，衣服在他身上显得肥肥大大。他来自美国中部农业地区内布拉斯加州奥马哈市，名叫沃伦·巴菲特。他走进哥伦比亚商学院的一间教室，来上格雷厄姆的证券分析课。

在格雷厄姆价值投资之道的基础上，巴菲特将价值投资不断发扬光大，越做越成功。在36年之后的1986年，巴菲特成为身家十亿美元的美国富豪。又20年后，2006年，巴菲特成为世界首富，在《福布斯》富豪排行榜上名列第一。和其他富豪不同，巴菲特单纯只靠投资积累财富，他是只靠投资成为世界富豪的第一人。

巴菲特早期股票投资策略：学习和模仿格雷厄姆

和格雷厄姆一样，巴菲特很早就完成了大学学业，也和格雷厄姆一样，巴菲特头脑非常聪明，十分擅长逻辑分析，热衷读书研究，可以说很有书卷气。巴菲特喜欢开玩笑说，在同学都在看《花花公子》杂志上的美女时，他却在研究1 000多页的标准普尔股票手册，上面只有股票的相关资料和数据。可是，在很多方面，巴菲特和格雷厄姆的差异还是非常大的。格雷厄姆生在纽约也一直住在纽约，是个地地道道的大城市人。他喜欢去纽约的各个剧场欣赏戏剧演出，也经常外出旅行，包括出国旅行。他能看懂拉丁文，会说西班牙语等好几种语言，晚年生活有好多年在欧洲度过。相反，巴菲特从小在美国中部广阔的田野上长大，从外表上到骨子里都是个乡村人。巴菲特只会说母语英语，什么其他语言都不会。巴菲特最喜欢的食物是汉堡。巴菲特在哥伦比亚大学读研究生时，在纽约住过两年，后来在格雷厄姆的投资管理公司工作，又在纽约住了两年，除此之外，他一辈子都住在老家奥马哈，过着19世纪中叶美国乡村小镇式的生活，简简单单，舒舒服服。1958年，巴菲特在老家奥马哈花3.15万美元买了一栋房子，只有两层，这种房子在美国算是非常普通的。到现在过了60多年，他还是住在那套老房子里。

和格雷厄姆一样，巴菲特在十几岁时就迷上了研究股票走势，进行技术分析，通过研究股票价格的历史走势来预测未来的短期走势。后来某一天，巴菲特突然发现，股价走势图倒着看和正着看简直一模一样，于是他放弃了技术分析。1950年，即将大学毕业的巴菲特读到了格雷厄姆1949年出版的新书《聪明的投资者》，感觉如同一道闪电击中脑袋。格雷厄姆的投资思想让他感受到强大的震撼，巴菲特后来用一个基督教的经典故事形容自己读到这本书时内心的那种震撼。

"我感觉自己就像圣徒保罗一样，本来走在去往大马士革抓捕基督徒的路上，突然受到神启，成了耶稣最忠实的门徒。要去抓捕基督徒的人自己却成了基督徒。"巴菲特这样告诉一位采访他的记者，"我不想说得好像我是一个狂热的宗教信徒一样，但是我一读到《聪明的投资者》

这本书讲的投资之道，我一下子就完全信服了。"

格雷厄姆的价值投资体系吸引巴菲特的原因与后来吸引几代投资人的原因完全一样。这是一套体系，有严格的投资行为准则，告诉你要做什么、不要做什么。就像一本食谱一样，格雷厄姆的投资体系是公式化的，很容易上手应用。拿来一家公司的资产负债表，看看上面罗列的各类资产，一一按照破产清算的价格估算其清算价值，最后合并得出公司所有资产的清算价值，然后从中减去这家公司的总负债，你就能得出公司的资产清算净值。再用资产清算净值除以公司的股份总数，你就能得出每股资产清算净值，然后对比每股股价，你就能看出来这家公司的股价是贵还是便宜。只有确认每股股价明显低于你计算出来的每股资产清算净值，这只股票才算得上便宜，才值得你买入。

巴菲特也喜欢格雷厄姆在书中用不太量化分析的方式来阐释投资基本原则。格雷厄姆认为，投资最根本的原则是"安全边际"，这意味着投资要谨慎，必须深思熟虑、慎思明辨，而不能不计后果、轻率鲁莽。格雷厄姆提出"市场先生"这个开创性的概念，把巴菲特直觉上对人性的理解用一个生动具体的人物形象表现出来：轮到自己处理钱这件事时，大多数人都做得很不理性。因为大众投资者天性倾向于走极端，时而极度乐观，充满希望，时而极度悲观，完全绝望，冷热交替，变来变去，所以我们成功的关键是训练自己站在市场先生的对立面，逆向投资。正如后来巴菲特所说，投资成功的关键是：在众人贪婪的时候恐惧，在众人恐惧的时候贪婪。

带着圣徒保罗信仰基督的虔诚和热情，巴菲特申请攻读哥伦比亚大学商学院研究生，结果幸运通过。他离开老家奥马哈，前往纽约，进入格雷厄姆的证券投资课堂学习投资。巴菲特最终获得了商学院的硕士学位，但他并不在乎这个学位。巴菲特去哥伦比亚大学读研究生，是奔着格雷厄姆这个导师。巴菲特追随格雷厄姆，就像柏拉图追随苏格拉底一样。研究生毕业后，巴菲特向导师格雷厄姆申请进入格雷厄姆-纽曼投资管理公司工作，格雷厄姆没有同意，于是巴菲特回到老家奥马哈，在他父亲开的小型股票经纪公司工作。后来巴菲特一直和格雷厄姆保持联系，经过不断努力，终于进入导师格雷厄姆的投资管理公司工作。两年后，格雷厄姆退休，希望巴菲特和自己的儿子一起接管公司，但是巴菲特选择独立创业。巴菲特重新回到老家奥马哈，成立投资合伙企业，从此开始了自己的投资管理之路。

这段时期，巴菲特模仿导师格雷厄姆，用烟蒂投资法进行投资，不管企业质量好坏，只要价格非常便宜就行。就像格雷厄姆大笔买入北方输油管道公司的股票主要是看中这家公司持有的证券价值比其股价还高一样，巴菲特买入桑伯恩地图公司的股票也主要是看中公司持有的证券价值比其股价还高。巴菲特也像格雷厄姆一样，建议公司管理层出售证券，给股东分红，这样就能让股东持有的股票大幅升值。后来，巴菲特大笔买入登普斯特风车制造公司的股票，成为控股股东，获得了控制权。这家公司是内布拉斯加州乡村地区的一家风车制造商，业务经营困难，只能挣扎求生，其股票相对于资产清算价值来说相当便宜。巴菲特聘请了一位新的经理人来管理公司，大刀阔斧地进行经营变革，包括削减成本、出售资产等。两年之后，巴菲特卖出自己手中这家公司的所有股票，投资收益将近3倍。

巴菲特发现世界大变样了，股票投资策略必须与时俱进

可是，巴菲特后来的投资可以让人越来越明显地看出，他将会背离导师格雷厄姆既保守又机械的股票投资风格。20 世纪 50 年代，巴菲特住在美国的地理中心奥马哈，人在乡村，心系天下。他几乎足不出户，却遍读美国主要的报纸杂志。通过观察研究美国国情，巴菲特判断美国这个国家正处在繁荣发展的大势之中。

当时，美国作为二战获胜国，整体环境稳定。20 世纪 30 年代开始的大萧条在经济和心理方面造成的冲击和影响都在日渐消退，不断淡化。巴菲特看到，20 世纪 50 年代的美国很年轻，很有创意，很有活力，即将成为主导全球经济的超级大国。每一年，美国的中产阶层都越来越壮大，也越来越富有。

尽管经济衰退和投资欺诈依然存在，当然，也会永远存在，但是股市和经济整体的增长速度相当稳定。疯狂的股市投机和群体性恐慌在格雷厄姆投资股票的 20 世纪 30 和 40 年代十分常见，但在 20 世纪 50 年代却变得十分稀少，甚至成为人们茶余饭后闲谈时的往日趣闻。

换句话说，巴菲特认识到世界变了。巴菲特还认识到，既然世界变了，他作为一名投资者，也需要与时俱进，因时而变。

价值投资2.0三要素之一：业务质量

具体来说，巴菲特搞明白了，在这个如此富裕的新时代，他不应该

像格雷厄姆那样只关注商家倒闭清仓大甩卖时的资产清算价值，他可以，也应该关注更高层次的价值。巴菲特逐步认识到，一家公司的盈利水平与其股价跑赢市场的超额收益关系更加紧密。巴菲特还认识到，这需要他比格雷厄姆更多地关注对企业质量的评估，包括企业业务的质量和经营管理团队的质量。

巴菲特产生这种主要根据盈利水平评估企业价值的新思想，其实是受到了《投资估值理论》（*The Theory of Investment Value*）的巨大影响。经济学家约翰·伯尔·威廉姆斯的《投资估值理论》和格雷厄姆的《证券分析》一样，也是在美国经济大萧条最惨重的那几年里出现的作品，但非常不同的是，格雷厄姆的《证券分析》高度强调小心谨慎、均值回归，而威廉姆斯的《投资估值理论》却高度强调乐观和展望未来增长。格雷厄姆看企业价值用的是静态眼光，只把企业看作一堆资产的集合，关注破产清算时的资产价值，而威廉姆斯看企业价值用的则是动态眼光，关注的是随着时间的推移，企业未来长期持续产生盈利和股息的能力。用会计术语来说，格雷厄姆关注的是资产负债表，而资产负债表只反映一个固定时间点，比如年底最后一天的企业资产和负债情况，相当于为这家企业啪的一声拍了一张照片。威廉姆斯关注的是企业利润表，而且是未来很多年的利润动态变化情况。

威廉姆斯提出的投资估值理论，其主要假设是，任何一家企业的价值都是其未来持续经营期间所有年度盈利折现后的现值之和。"折现"意味着在计算时对未来任何一个年度的盈利都要打个折扣，减少一些，缩水一些，只有现在手里的1美元盈利才值1美元。因为未来遥远，有很多不确定性，我们根本无法准确预测，所以，一鸟在手胜过两鸟在林，只有手上握着的这只鸟才是实实在在的。树林里的鸟虽然多，却个个都是虚的，我们未必能够捉到手。因此，第一年的1美元盈利就值1美元，但第二年的1美元盈利可能要打个9折，只值0.9美元，第三年的1美元盈利可能要在9折上再打9折，只值0.81美元，依此类推。未来收益实现的时间越久远，计算现值时越要打折再打折。

后人将威廉姆斯提出的这个投资估值公式称为现金流量折现模型，或者净现值计算公式。这个公式的计算方法非常复杂，非常专业。幸运的是，你不需要详细了解具体细节，因为作为一个实务投资估值分析框架，现金流量折现模型其实根本没用。你根本不可能准确预测企业未来几年的盈利，即使能够准确预测，折现率只要出现微小的变化，就会导致你计算出的净现值结果出现巨大变化。

如此复杂的指标自然很难实际应用，巴菲特和其他精明老到的投资者很少预测一家公司未来多年的现金流量。相反，他们将公司当前的每股股价与每股收益之比作为一个大致的衡量标准，来衡量以某个价格买入股票是不是合算。按照这个估值思维框架，相对于企业当前的每股收益而言，每股股价越便宜，买入投资的获利机会就越大。比如，一家公司最近一年的每股收益是1美元，而股票的市场价格为每股15美元，那么这只股票的每股股价与每股收益之比就是15倍（每股股价15美元/每股收益1美元）。但是，如果股票的市场价格跌到每股10美元，那么这只股票的每股股价与每股收益之比就只有10倍（每股股价10美元/每股收益1美元）。比值低得多，代表价格便宜得多。这个估值指标的正式名称是股票市价与盈利比率倍数（the price/earnings multiple），在证券市场使用得非常普遍，通常简称为"市盈率倍数"，甚至进一步简化为"市盈率"。"市"代表市价，即每股股票的市场价格，"盈"代表盈利，即每股收益。"the price/earnings multiple"可以简化为"the P/E multiple""P/E"或者"the multiple",不过,说得最多、用得最多的还是"P/E"。

虽然作为一个实务思维模型,威廉姆斯的净现值估值思想根本没法有效应用,但是在投资理论方面,净现值估值仍然是一个杰出的成就。就像格雷厄姆提出的"安全边际"和"市场先生"这两个价值投资基本概念一样,威廉姆斯提出的净现值概念把投资人的直觉具体化了,稍微有一点儿常识的人一听就能明白其中的道理:一家公司未来的盈利增长越快,自然现在的价值就越高。格雷厄姆只关注企业的资产清算价值,但资产当下的静态价值并不能体现出一家公司未来长期可创造出的动态价值。只是简单地计算出公司的资产清算价值不能帮助投资者判断哪些公司有光明的发展前景、哪些公司没有光明的发展前景。要判断哪些企业比其他企业更有可能发展壮大,并不需要100%确定,只需要判断相对可能性的大小。这样的结论无法通过纯粹的定量分析思维框架得出。这需要判断,而判断是定性的,不是定量的。[1]

巴菲特企业质量分析案例1:GEICO保险公司

巴菲特在其投资职业生涯早期就开始了企业质量定性分析的练习。1951年,巴菲特对GEICO保险公司进行了研究。巴菲特关注这家上市公司,是因为格雷厄姆当时是这家公司的董事长,一直持股这家公司,尽管这只股票按照格雷厄姆的资产清算价值估值指标来看太贵了。巴菲

---

1 ▷ 想要了解更多,请阅读约翰·伯尔·威廉姆斯的《投资估值理论》,或伯克希尔-哈撒韦公司1992年的年报,巴菲特在致股东的信中简要介绍了威廉姆斯的现金流量折现模型,相当于《投资估值理论》的浓缩版。

特在完成分析之后写成一篇文章，发表在《商业与金融纪事报》上，文章标题为《我最喜欢的股票是 GEICO》。这篇分析文章非同寻常，从一点上你就能看出来：当时只有 21 岁的巴菲特，作为格雷厄姆证券分析课上的明星学生，在文章中一次也没有提到 GEICO 保险公司的资产价值或清算价值。相反，巴菲特关注的是 GEICO 保险公司的发展潜力，巴菲特相信这家公司的盈利将会年复一年地复利增长。

1951 年，GEICO 保险公司还没有用我们今天熟知的那个可爱的壁虎卡通形象当标识，也没有成为汽车保险领域的龙头企业，那时的 GEICO 保险公司只不过是一家市场规模很小的汽车保险公司，虽然很小，但是很有特色。与大多数同行不同，GEICO 保险公司对客户群体的定位非常明确，就是那些为政府工作的人，我们一般称为政府雇员。这家公司把这个主要客户群体写进了公司名称。GEICO 是 Government Employees Insurance Company 的首字母缩略词，直译过来是政府雇员保险公司。当初，GEICO 保险公司的管理层是这样推断的：那些在政府机构上班的人一般来说都是很谨慎的人，不然也不会胜任政府机构的工作。因此，政府雇员开车也会很谨慎，相较于其他人群来说，发生交通事故的可能性要小得多，这样就使得 GEICO 保险公司的保费资金池更加稳定，发生损失的风险低于行业平均水平。GEICO 保险公司还决定以一种非常规的推销方式瞄准这类客户进行推销。一般来说，保险公司招聘很多保险代理，遍布各地，形成销售网络，向潜在客户推销保险产品，每位保险代理还会配备一个行政助理和一间办公室。而 GEICO 保险公司另辟蹊径，仅仅用向潜在客户发送邮件和打电话这种直接联系的方式推销汽车保险。这就是我们现在经常说的直销模式，直接面对客户进行销售。

虽然这种直销模式缩小了GEICO保险公司的销售触达范围，但是销售成本低得多，因而大大提高了公司的盈利能力。GEICO保险公司根本不聘用保险代理，自然就不需要支付代理费，再加上政府雇员做事很谨慎，开车也很谨慎，发生交通事故的概率小，GEICO保险公司的理赔数量比大多数保险公司少得多，其营业收入创造的营业利润率接近30%。正如巴菲特在那篇分析文章中指出的那样，1951年美国财产保险公司的平均营业利润率还不到7%。

事实上，GEICO保险公司用邮件和电话直销汽车保险的运营模式非常简练高效，类似于现在全球推崇的丰田精益生产模式，成本低得多，因此售价就可以低得多。GEICO保险公司汽车保险的价格可以比竞争对手低25%~30%，即便这样，GEICO保险公司也能赚到30%的营业利润率，高达同行平均水平的4倍。这确实让GEICO保险公司处于非常有利的竞争地位。在相当于一代人的30多年之后，1985年，哈佛商学院教授迈克尔·波特将这种竞争地位正式命名为"竞争优势"。巴菲特这个言语朴实的美国中西部人说话不像波特教授那么抽象，他认为，GEICO保险公司不聘用保险代理，且将目标客户锁定在政府雇员这类做事谨慎得多、事故风险低得多的人群，这些方法让公司具有"过人之处"，相对于竞争对手而言，其业务在未来几年更有可能蓬勃发展。

用正式的学术名词来讲，GEICO保险公司属于"低成本供应商"，其竞争优势属于成本优势，就是指成本明显低于竞争对手。美国法律要求，驾驶员必须为汽车购买保险，但没人愿意比别人多花钱去买同样的强制保险。这种动态机制使得汽车保险在某种程度上成为一种大宗商品，就像糖和棉花一样。而在大宗商品业务中，决定竞争优势的关键因素是成本。这种大宗商品在质量上根本没有什么差异，所以哪家公司能以更低的价格销售，就能获得更大的市场份额。正如巴菲特在文章中概述的那样，GEICO保险公司采用发邮件和打电话这种直销模式，并将客户群体锁定为政府雇员，这使其成为客户购买汽车保险时很明显的低成本选择对象。而且，因为GEICO保险公司是一家规模非常小的公司，所以你完全可以认为，公司业务会持续增长，这几乎可以说是一个板上钉钉的事实。美国有50个州，1951年GEICO保险公司只获准在15个州运营。纽约的汽车保险费率水平全美最高，而GEICO保险公司在纽约的市场份额还远远不到1%。

在1951年写下那篇文章时，巴菲特不可能预测到GEICO保险公司将来有一天会扩大其目标客户范围，拓展政府雇员之外更广泛的客户群体，同时继续运用其直销模式，持续不断地增长，并在70多年后占据美国汽车保险市场接近15%的份额。然而，1951年，巴菲特很容易地得出了这样的结论：考虑到GEICO保险公司的竞争优势，将来长期发展下去，这家公司的市场份额肯定会扩大几倍。

巴菲特这种定性分析的方式大大背离了导师格雷厄姆那种"基于统计数据进行数学推理"的定量分析模式。GEICO保险公司股票的投资吸引力并不在于其资产清算价值，而在于其未来很多年的盈利增长能力。

于是，巴菲特内心开始了一场拉锯战，拉锯了好几十年。在这场拉锯战中，一方是巴菲特的导师格雷厄姆在大萧条时期创立的保守估值分析框架，另一方是约翰·伯尔·威廉姆斯创立的更乐观、更有前瞻性的估值分析框架。1959年，乐观的那一方得到了强有力的支持，因为巴菲特遇到了查理·芒格。芒格后来成为巴菲特的"另一个自我"，也成了巴菲特的商业合作伙伴。芒格讨厌格雷厄姆像捡烟蒂那样只买便宜货的投资风格，他严厉批评格雷厄姆多年来形成的投资体系，认为这个体系过度重视统计数据分析，可以说是"神经错乱"，"是个陷阱，会让人产生妄想"，因为这"忽视了相关的事实情况"。芒格更青睐 GEICO 保险公司这样具有明显竞争优势的优秀企业，认为有理由相信这些企业将来会有良好的长期发展前景。

巴菲特企业质量分析案例2：美国运通公司

有了早年投资像 GEICO 保险公司这种优秀企业的成功经验，再加上芒格这个投资知己的启发和引导，巴菲特继续寻找和投资那些具有突出竞争优势的优秀企业，其主要投资吸引力在于业务质量，而不是资产价值。1963 年，巴菲特大量买入美国运通公司的股票，美国运通公司在旅行支票和信用卡市场都占据主导地位。春江水暖鸭先知，二战后，美国的经济春天即将到来，第一拨受益的就是美国运通公司的旅行支票业务。美国中产阶层越来越富有，消费越来越多，旅行也越来越多。美国中产阶层信任美国运通公司发行的旅行支票和信用卡，这些旅行支票和信用卡让人们消费更方便，旅行更方便。

巴菲特企业质量分析案例3：迪士尼公司

美国人常去的游乐场所之一就是迪士尼乐园。1966 年，巴菲特和芒格也去了一趟迪士尼乐园。在太太们和孩子们开心游玩之时，他们两个倒是乐得清静，一边散步，一边习惯成自然地开始分析迪士尼乐园的经济效益有多高。迪士尼乐园当然有很多有形资产，比如让孩子一上去就非常开心的游乐设施小飞象。可以肯定的是，这些游乐设施都是由钢铁制造的。但让巴菲特和芒格感到震惊的是，这类游乐设施的真正价值与迪士尼公司的资产清算价值根本没有关系。事实上，这类游乐设施的价值来自游客的心理联想。人们在游玩体验时，会想起看过的迪士尼电影和电视动画中的卡通形象，因为小飞象这类游乐设施本来就是根据迪士尼电影和电视动画中的卡通形象打造的。美国人从小就喜欢迪士尼动画里的小飞象、探险家戴维·克罗克特、梦游仙境的爱丽丝，进入迪士尼乐园游玩，乘坐这些游乐设施，会进一步加深他们对这些卡通形象的情感。客户情感加深，就让迪士尼公司出品的所有产品都好卖，电影票、电视广告、主题公园门票、卡通形象的周边商品，等等，全都好卖。这种深度支配客户情感的能力让迪士尼拥有了一种无形资产，这种无形资产完全不同于建造游乐设施所用的钢铁那样的有形资产。巴菲特和芒格无法从资产负债表上定量分析这种无形资产，因为资产负债表上根本没有记录这种无形资产，但是他们知道这种无形资产很有价值。

巴菲特企业质量分析案例4：喜诗糖果公司

1972 年，巴菲特和芒格将他们控股的伯克希尔-哈撒韦公司作为投资平台，收购了第一家完全控股的企业喜诗糖果公司。喜诗糖果公司生产糖果，并在美国西海岸经营糖果连锁店。和迪士尼一样，喜诗糖果公司的内在价值源自顾客对公司产品的高度喜爱。巴菲特和芒格从小在美国中西部长大，深深知道当地人对喜诗糖果喜爱到什么程度，于是在收购这家公司之后，他们开始每年提高产品价格，就像迪士尼每年提高主题公园门票和各种卡通形象周边商品的售价一样。这两家公司即使提高产品价格，客户也愿意继续花钱购买。

巴菲特企业质量分析之大成：竞争优势（护城河）

1967 年，37 岁的巴菲特在致投资企业合伙人的信中这样写道："相当有趣的是，尽管我认为自己主要属于定量分析门派，但这些年来真正轰动一时、让我大赚特赚的投资好主意都严重偏向定性分析门派。定性分析让我形成了预测准确率很高的选股眼光。这就是能让我们财源广进的主要原因，这让我们公司的收银机像唱歌一样，哗啦哗啦地响，收钱再收钱。"

当然，"预测准确率很高"的选股眼光与企业的竞争优势，也就是企业的"过人之处"紧密相关。不同企业的过人之处并不总是一模一样的。GEICO 保险公司拥有成本优势，而美国运通公司、迪士尼、喜诗糖果都拥有独一无二的强大品牌。然而，将这些公司联系在一起的共同之处是，公司业务模式中拥有某种东西，能让公司一年比一年多赚钱。

巴菲特将这种现象描述为环绕企业城堡的"护城河"。用巴菲特的观点来看，每一家企业都有一座经济城堡，在开放的市场经济中，企业的经济城堡很容易遭到其他企业的攻击。企业之间互相攻击，力图摧毁竞争对手，占领对手的城堡，掠夺更大的地盘，获取更多的利润。企业攻击对手主要使用两大武器，一个是更加低廉的价格，另一个是质量更优秀的产品。最后真正的赢家通常是消费者。受到众多同行攻击的那家企业只有自身具有护城河，才能够将竞争对手拦在城外。只有拥有护城河的企业才能持续发展壮大，日益繁荣，而不只是在竞争中维持生存。

巴菲特在 1999 年发表了一场演讲，演讲稿后来刊登在《财富》杂志上。巴菲特这样说道："投资的关键，不是评估一个行业将会对社会发展有多大影响，也不是评估一个行业将会增长多少，而是具体研究一家公司，确定这家公司的竞争优势是什么，在行业里相对同行而言有多么强大，而且最重要的是，这种竞争优势能持续多久。"

巴菲特价值投资2.0三要素之二：电视广告的品牌宣传力量

正如巴菲特投资迪士尼公司和喜诗糖果公司的经历表明的那样，品牌对美国人消费选择的影响力特别大，而巴菲特通过观察发现，这种品牌影响力在很大程度上源于20世纪后半叶的传媒系统。每天晚上，数以百万计的美国人都会先收看晚间新闻，再收看他们喜欢的电视剧或情景喜剧等休闲节目。这些新闻报道和休闲节目都是免费的，但是世界上没有免费的午餐，你要为此每天忍受插播广告的轮番轰炸。巴菲特注意到，美国最大的消费品品牌都会利用这种在免费节目中插播商业广告的模式大做广告，加强公司品牌对大众消费选择的影响力。可口可乐汽水和百威啤酒的消费者忠诚度和市场份额在行业内处于龙头地位，这意味着这些大型龙头企业可以比竞争对手花更多的钱做广告宣传，因为规模越大，分摊到每一单位营业收入上的广告费用越少。这样大做广告可以提高公司产品在消费者心中的分量，也可以提高公司产品占据的市场份额。巴菲特称，企业大做广告的行为相当于把鲨鱼和鳄鱼扔进护城河，在艰难险阻之上再加艰难险阻，让企业的经济城堡更加易守难攻。

巴菲特还注意到，美国虽然有很多消费品品牌，但只有三家主要的全国性广播电视公司：美国广播公司（ABC）、美国全国广播公司（NBC）、哥伦比亚广播公司（CBS）。三强并立，成了巴菲特所说的收费桥梁。品牌要做电视广告，就要通过这三家广播电视公司。电视广告是连接产品与消费者最主要的桥梁,过桥当然是要收费的。广播电视公司成了厂商必须经过的收费桥梁,这就让广播电视公司像迪士尼和喜诗糖果这些强大的品牌一样拥有定价权,还拥有能够长期延续的客户忠诚度。

巴菲特传媒股投资案例1:《华盛顿邮报》和《布法罗晚报》

这种动态机制也适用于地方性媒体,特别适用于地方报纸。通常情况下,每个大城市只有一家报纸出版商,因此巴菲特买入了一些《华盛顿邮报》的股票,还收购了《布法罗晚报》100%的股份。

巴菲特传媒股投资案例2:奥美广告公司和IPG广告公司

巴菲特还买入了一些奥美广告公司和IPG广告公司的股票,这两家广告行业的龙头企业在电视品牌宣传生态系统中专门从事赋能型工作,为客户提供广告创意,再把创意变成广告,通过广告的播出为客户增加营业收入。

巴菲特传媒股投资案例3:广播电视公司大都会

1985年,54岁的巴菲特做出了他有生以来最大的一笔股票投资,投资了大都会公司。大都会公司在多个地区拥有地方性主导电视网络,比如纽约州的州府奥尔巴尼市和罗得岛州的州府普罗维登斯等地。那些传媒行业巨头根本看不上这些平平无奇的地方性电视网络资产,但巴菲特理性地看出,这些地方性主导电视网络可以说本质上是一座座根本没有竞争对手的金矿。

大都会公司拥有的这些地方性电视网络资产质量像金矿一样高，而且又由汤姆·墨菲这样优秀的企业经理人管理，所以巴菲特愿意付出高价买入大都会公司的股票。至于汤姆·墨菲这位企业经理人究竟多么优秀，我们会在第6章详细讲述。1985年，美国股市的平均市盈率只有10倍，而巴菲特买入的大都会公司股票市盈率为16倍，也就是说，这家公司的股价按照市盈率衡量比市场平均水平贵了60%。

巴菲特知道，格雷厄姆不会赞成自己在市盈率这么高的情况下买入股票。巴菲特在接受《商业周刊》采访时说："我以这么高的市盈率买入大都会公司的股票，我的老师格雷厄姆在天堂要是知道了，肯定不会给我鼓掌。"

巴菲特价值投资2.0三要素之三：可持续的竞争优势

从1960年到1985年的25年间，对自己在分析之后确认具有明显过人之处的优秀企业，巴菲特愿意支付的买入价格越来越高，这种趋势越来越明显，在大笔买入大都会公司股票时达到了顶峰。从导师格雷厄姆那种严格的定量分析角度来看，巴菲特应该做出的投资行动本来完全相反，他不应该大笔买入，而应该大笔卖出。

20世纪60到80年代正值美国利率持续上升时期，在这种情况下，股票投资者通常只愿意支付更低的买入价格。当时，美国国债号称是世界上最安全的投资产品，收益率高于股票，在这种情况下高价买入股票看似没有什么道理。但是，正如图3-1所示，20世纪60到80年代，按照市盈率指标的倒数,即盈利市价收益率(E/P)来看,巴菲特并不是以更便宜的价格,即更低的市盈率水平买入股票,而是以更贵的价格,即更高的市盈率水平买入股票。[1]

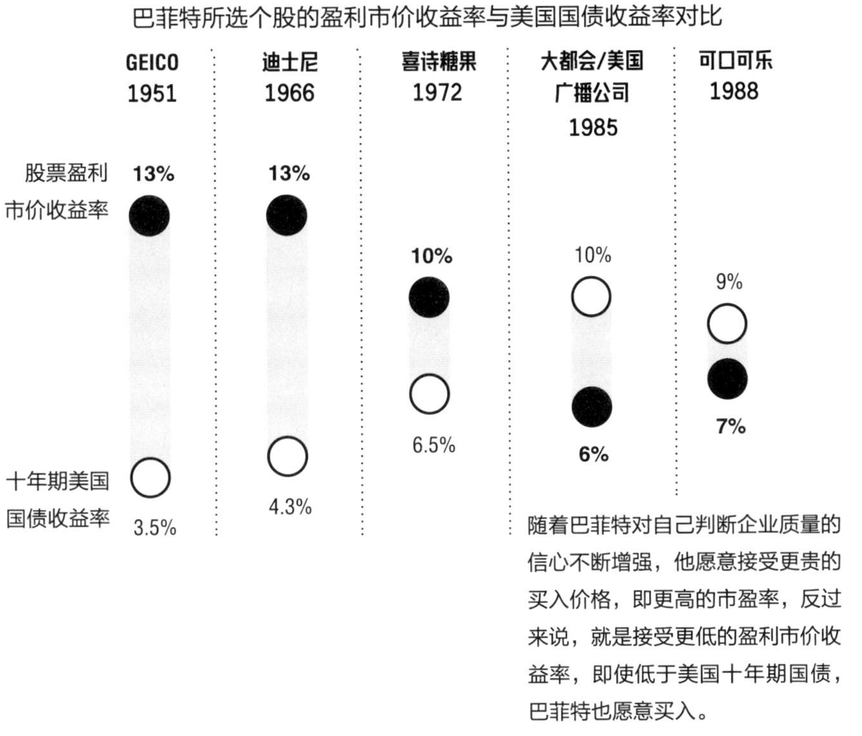

巴菲特所选个股的盈利市价收益率与美国国债收益率对比

	GEICO 1951	迪士尼 1966	喜诗糖果 1972	大都会/美国广播公司 1985	可口可乐 1988
股票盈利市价收益率	13%	13%	10%	10%	9%
				6%	7%
十年期美国国债收益率	3.5%	4.3%	6.5%		

随着巴菲特对自己判断企业质量的信心不断增强,他愿意接受更贵的买入价格,即更高的市盈率,反过来说,就是接受更低的盈利市价收益率,即使低于美国十年期国债,巴菲特也愿意买入。

图 3-1 巴菲特用更贵的价格买入股票

为什么巴菲特会像投资大都会公司一样,愿意以更贵的价格,即更

---

[1] 图 3-1 用盈利市价收益率这个指标来衡量巴菲特支付的股票买入价格是贵还是便宜。计算盈利市价收益率的方法是用每股收益除以每股股价,这和计算市盈率是用每股股价除以每股收益正好相反,所以盈利市价收益率是市盈率的倒数。因为公司通常不会将当年的净利润全部用于股东分红,所以盈利市价收益率只是一种理论上的衡量指标。但这个指标还是很有帮助的,因为利用盈利市价收益率指标,我们可以比较股票和债券的"收益率"。

高的市盈率水平买入股票？因为巴菲特越来越有信心，认为自己的股票投资策略新体系行之有效。我们称其为价值投资 2.0。

在巴菲特的价值投资 2.0 版本中，决定股票投资质量的是企业质量，而不是股票价格。股票价格仍然是重要的投资因素，但最终起决定作用的投资因素是企业的竞争优势，即企业相较于行业竞争对手而言的过人之处，也就是环绕企业经济城堡的护城河。一家业务十分糟糕的企业肯定不会成就一笔非常出色的长期股票投资，不管股价多么便宜。

这个时期，格雷厄姆在股票买入价格上过于计较的习惯依然深深根植于巴菲特的内心，但巴菲特在实践中一再看到新世界的真相：世界已经变了。

1972 年，巴菲特和芒格在协商收购喜诗糖果公司时，与对方在收购价格上有 500 万美元的差异，为此双方不断讨价还价，谈判来谈判去，巴菲特和芒格差点儿因此丢掉这笔交易。其实，巴菲特和芒格根本不需要考虑是否多花了 500 万美元，因为在巴菲特和芒格 1972 年买下喜诗糖果公司之后的 50 年间，喜诗糖果公司累计创造的税前利润超过 20 亿美元。相比之下，那 500 万美元的差价只占 1/400。

这就是价值投资 2.0 的精髓所在。日复一日，年复一年，一家好企业的年度盈利会持续不断地增长，其折现价值会远远超过你在当初买入时支付的"高价"。长远来看，企业质量远远比股票价格重要。

到 20 世纪 90 年代初期，巴菲特的价值投资 2.0 版本这辆战车车轮滚滚，让伯克希尔-哈撒韦公司的投资收益持续高速增长，股价持续大幅增长，因而也让把 99% 的个人资产投资于伯克希尔-哈撒韦公司股票的巴菲特财富大幅增长，成为身家数十亿美元的超级富豪。这标志着巴菲特的投资理念彻底脱离格雷厄姆的束缚，价值投资 1.0 走向终结。

从个人气质来看,巴菲特并不是那种大破大立的革命派。尽管如此,巴菲特在1992年伯克希尔－哈撒韦公司年报中致股东的信里,阐述了自己的价值投资新思想。这封信的历史意义,相当于1517年10月31日马丁·路德提出的《九十五条论纲》。

巴菲特这样阐述自己的价值投资新理念:"不管用得恰不恰当,'价值投资'这个术语都在广泛使用。通常来说,价值投资的意思是指,买入按照估值指标计算估值水平较低的个股,比如具备低市净率、低市盈率、高股息收益率等特征的个股。不幸的是,即使某个指标表明估值水平相当低,甚至所有估值指标同时表明估值水平相当低,也远远不能由此断定投资者买入这只股票真的物有所值,这笔投资属于价值投资……相应地,即使一只股票具备估值水平过高的特征,比如高市净率、高市盈率、低股息收益率,也根本不能由此断定买入这只股票并不值得,这笔投资不属于价值投资。"

巴菲特依靠价值投资2.0创造出3万倍投资业绩神话

巴菲特就是这样一直运用价值投资2.0,专注于投资具有强大竞争优势的超级明星企业,创造出了前无古人的长期业绩记录。1965年,巴菲特开始经营管理伯克希尔－哈撒韦公司,截至2021年,在长达56年的时间中,其长期投资业绩比标准普尔500指数高135倍。假设你在1965年将1万美元投资于标准普尔500指数,2021年,你的投资将增值到近250万美元,但是,假设你将同样的1万美元投资于伯克希尔－哈撒韦公司的股票，你的投资将增值到 3.35 亿美元。

巴菲特的长期业绩实在是太高了，高得离谱，高得令人敬畏，甚至可以说，只用文字和数据根本无法充分描述出巴菲特相较于市场平均业绩水平的领先幅度有多大。图 3-2 非常直观，看起来就像平原上耸立着一座高山。巴菲特的长期业绩水平高得看起来就像喜马拉雅山，而代表市场平均业绩水平的标准普尔 500 指数低得看起来就像接近海平面的大平原。[1]

在 1965 年巴菲特接管伯克希尔－哈撒韦公司时投资 1 万美元买入其股票的增值情况

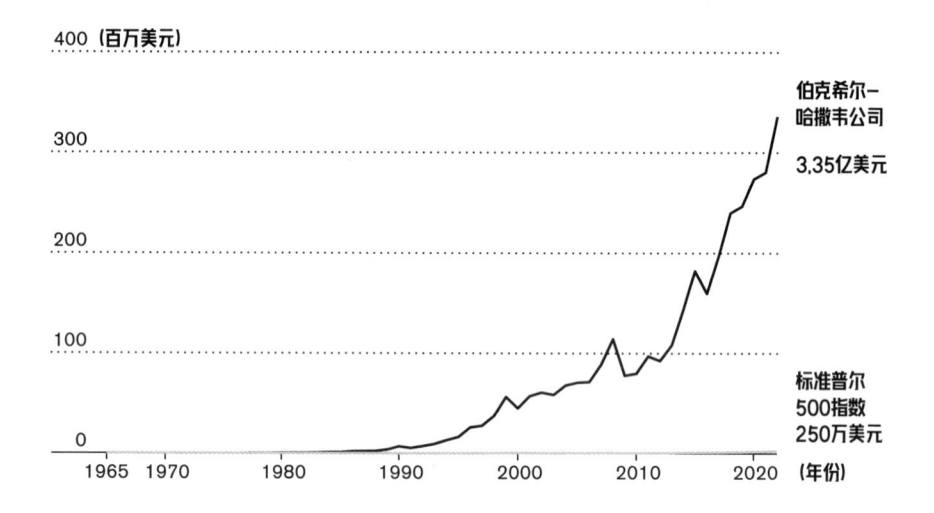

图 3-2　56 年长期业绩：伯克希尔－哈撒韦公司 vs. 标准普尔 500 指数

资料来源：伯克希尔－哈撒韦公司的股票市场公开交易价格数据。

---

[1] 伯克希尔－哈撒韦公司业绩表现优异，还得益于巴菲特的另一个很关键的见识：如果拥有一家保险公司 100% 的股权，他就可以把客户缴纳的保费投入股市，直到支付理赔的时候才需要退出股市。由于伯克希尔－哈撒韦公司控股的保险公司不断有新的保费收入进账，可用于老的保单理赔，由此就会产生一笔一直留在公司账上的"浮存金"，类似于永久借款，巴菲特可以将其用于长期投资。你如果有兴趣想更多地了解这个话题，可以阅读伯克希尔－哈撒韦公司任意一个年度的财务报告，罗杰·洛温斯坦写的《巴菲特传》中对此也有十分中肯的讨论。

巴菲特价值投资2.0版本进入数字时代遭遇三大问题

时代会变，一旦时代变了，投资者就必须与时俱进，因时而变。巴菲特年轻时就认识到，老师用起来很灵的东西，学生用起来就不灵了。如今进入数字时代，有充分的迹象表明，对巴菲特的价值投资2.0版本，我们可以得出类似的结论：价值投资2.0版本的有些地方在数字时代明显失效了。

价值投资2.0版本的指导思想和具体估值工具，巴菲特30多年前用起来很有效，我们现在用起来却不再那么有效了。进入数字时代之后，随着经济发展形势的变化，巴菲特在二战后投资的许多原本具有强大竞争优势的优秀企业日渐式微。环绕这些企业经济城堡的护城河原来又宽又深，进入数字时代之后变得又窄又浅。与此同时，巴菲特的估值分析框架关注的是当期盈利十分丰厚的成熟企业，却捕捉不到那些在数字时代能够创造巨大价值增长的数字科技企业。价值投资2.0版本虽然在电视广告具有强大品牌宣传力量的那个时代能很好地捕捉到长线大牛股，准确地告诉我们大钱在哪里、大牛股在哪里，但是在进入数字时代之后却捉不住大牛股了，不能再准确地告诉我们大钱在哪里、大牛股在哪里。在我看来，在进入数字时代之后，巴菲特根据价值投资2.0版本重仓投资的三大行业都遇到了重大问题。

问题1：电视产业生态系统正在死去

让我们从第一个问题开始：巴菲特捕捉大牛股非常成功，靠的是消费品牌与电视媒体结合形成的产业生态系统的良性发展，而这个生态系统如今已进入恶性发展阶段，整体越来越弱，正在慢慢走向死亡。这种情况始于 20 世纪 80 年代末，当时有线电视行业突破了临界规模。

20 世纪 60 年代，美国只有三家全国性广播电视公司，消费品牌没的选，只能在这三家公司的电视节目上打广告。所以，这三家广播电视公司成了三座收费桥梁，你过也得过，不过也得过，除此之外无路可走。

但是到了 20 世纪 80 年代末期，电视上有一百多个频道，消费品牌可以绕过原来那三座收费桥梁了，因为还有一百多座桥梁可供选择。电视本来是大众媒体，后来如芒格所说让路给了垂直媒体，像"住宅与花园频道"这样的专业电视频道凭借特色节目很好地吸引了那些有兴趣收看园艺营养土或树篱修剪器广告的消费者。后来，垂直媒体模式又开始让位于我们现在所说的"精准传播模式"，在精准传播模式下，谷歌和脸书等在线平台可以针对单一用户的独特喜好投放合适的广告。

这种精准面向目标客户、定制化投放广告的模式可以说杀人诛心，彻底摧毁了传统媒体。数字广告不仅更加精准，投放效果好，而且更加便宜，成本低，真的是"更准更好更快更便宜"。全国性电视台黄金时段的电视节目收视率在 30 多年前达到顶峰，产生明显的连锁反应，从而击垮了地方电视台。与此同时，互联网也摧毁了报纸多年的垄断地位。

问题2：大众消费品牌接近消亡

大众消费品牌不再能够依靠消费者和电视广告之间每天晚上的交流

互动，因此逐步失去对大众消费选择的影响力。2013年至2018年，强生公司标志性的婴儿护理产品市场份额下降了10个百分点，这是一个令人震惊的变化，因为在如此规模巨大的消费品市场上，市场份额相对增长或下降1个百分点都是重大事件，这代表上亿美元营业收入绝对额的变化。与此同时，像纳拉干塞特（Narragansett）这样的小众品牌正在兴起。纳拉干塞特是美国新英格兰地区的一个很有特色的地方啤酒品牌，因为没有实力在全国性电视台打广告，一度只能"躺平"。一些年轻人说，这类地方小众品牌开始受欢迎，是因为年轻人喜欢购买本地产品。这个原因可能是对的，但还有一个重要原因也是对的，那就是现在的年轻人不再像老一辈那样只看美国三大全国性电视台的节目了。优兔视频网站35岁以下的观众数量太大了，比其他所有传统电视媒体加在一起还多。

值得赞扬的是，巴菲特和芒格很早就看出了传统媒体正在崩溃瓦解。由于意识到小众媒体正在广播电视企业的护城河堤坝上打洞，巴菲特和芒格在1999年卖出了手上持有的全部大都会公司股票。但相对而言，巴菲特和芒格太晚才认识到传统电视媒体衰落对大众消费品牌的次生影响，伯克希尔-哈撒韦公司仍然重仓持股可口可乐公司和卡夫亨氏食品公司。

问题3：传统金融企业在数字科技竞争对手的攻击之下其实很脆弱

巴菲特和芒格更加不愿意放弃重仓持股金融服务行业的股票。巴菲特最初爱上金融服务行业，是从他发掘到GEICO保险公司这只大牛股开始的。巴菲特持有的前15大重仓股，1/3是金融服务企业的股票，其中包括美国运通公司、美国银行，以及直到最近才卖出的富国银行。

这真是一个大问题，因为数字科技企业看待传统银行，就像狮子看待一匹年老的斑马一样。和 GEICO 保险公司一样，银行的竞争优势来自其作为低成本供应商的竞争优势。然而，与 GEICO 保险公司为客户提供更加合算的好交易截然不同，银行为客户提供的是更不合算的糟糕交易，这些银行赌的是客户离不开银行，只能容忍。迄今为止，银行这样押注都是对的。然而，这样的好日子可能很快就要过去了。

从历史上看，一家大银行与客户做的交易和一家电视台与观众做的交易是同一种类型的交易。电视台制作各类节目让观众免费收看，作为回报，观众会关注这家电视台在节目前后和节目中间插播的广告。客户在一家大银行开户，得到的好处是能够在这家银行各地的分支机构办理业务，还可以用同一个账户购买各类金融产品，使用支票、储蓄、住房贷款等服务。作为回报，客户接受低于市场利率水平的存款利率。在过去，这种交易表面上看对双方都有好处。银行获得了成本更低的资金，可以转手将这些资金借贷出去，获得利差，而客户则获得了更加方便的银行服务。但从消费者的角度来看，这笔交易事实上一直都是不利的。为了确保自身获得低成本资金，银行实质上必须敲诈客户一笔才行，即只给客户提供低于市场平均水平的存款利率。想要保持竞争优势，银行只能指望客户要么太无知，要么太懒惰，不愿意把资金转存到愿意支付更高利率的金融机构。

不过，这一点确实也是真的。你在一家银行开通了那么多种服务，要换到另一家银行重新开通，操作起来确实挺难。然而，银行长期以来一直滥用客户的信任，那些敲诈客户的不平等条款简直像是银行想迫使客户赶紧离开。银行不仅向客户提供低于市场平均水平的存款利率，而且经常向客户收取各种手续费，如开户费、账户管理费、自动取款机跨行取款的手续费、未能保持账户最低余额的手续费、账户透支手续费，等等。每个看过自己银行对账单的人都知道，不止上面这些，银行的费用清单可长了。平均下来，每个美国人每个月要向银行支付20美元的各项手续费，比订阅网飞视频的费用还要高。但是，订阅网飞视频，人们起码还能得到一些实实在在的东西，花这么多手续费，人们从银行那里却什么东西也得不到。

在交易双方中，一方向另一方榨取价值却不给另一方提供任何回报，经济学家称这种行为为"寻租"。虽然寻租行为并不违法，但往往也不会长期持续下去，毕竟谁也不傻，谁都不愿意白白吃亏。新冠病毒感染疫情让我们发现，我们其实不需要那么多实体金融分支机构来办理金融业务。与此同时，金融数字科技企业正在推出的金融产品与服务"更快更好更便宜"。我们所说的金融数字科技企业是指诞生于网络的金融服务企业，这些网络金融服务企业审批住房贷款用的时间只有实体银行的一半，还能提供比传统银行高25倍的存款利率。

为什么巴菲特价值投资2.0版本错过了大多数数字科技企业大牛股？

一是明星消费品牌加电视广告这种传统产业生态系统正在死去，二是大众消费品牌接近消亡，三是传统金融企业暴露在数字科技竞争对手的攻击之下，这三大问题都源于一些传统企业长期敲诈客户利益的做法，那些做法实在太不地道了。然而，从目前的市盈率估值水平来看，有很多传统企业的股票看起来挺便宜的。但是，这些传统企业的股票之所以便宜，不是因为这些企业的发展前景十分光明，很有吸引力。这些传统企业的股票之所以便宜，恰恰是因为这些企业的发展前景十分暗淡，毫无吸引力。与此同时，以当前的市盈率来看，数字科技企业看起来股票价格很贵，但已经为股东创造出了巨大的财富，而且会继续下去。

巴菲特构建出的价值投资 2.0 版本漏掉了大多数数字科技企业大牛股。这到底是怎么回事？

这个问题很复杂，我认为要从巴菲特的世界观说起。1900 年，华盛顿有 100 多家报纸，到 1974 年，只剩下一家《华盛顿邮报》。巴菲特大量买入《华盛顿邮报》的股票，成为其主要股东。20 世纪 50 年代末，很多消费品行业都出现了明显的龙头企业，比如肥皂行业的象牙肥皂、果冻行业的 Jell-O、啤酒行业的百威，以及碳酸饮料行业的可口可乐。这些龙头企业只要在从广告到分销的每个方面都比竞争对手投入更多资金，就能获得更多的市场份额。新的市场进入者几乎不可能成功挑战这些老牌行业龙头。

20 世纪下半叶的商业竞争格局实在太稳定，可以说是静止不动，这让巴菲特领悟到，投资成功的关键在于确定哪些企业是在行业中占据主导地位的龙头企业。这些企业十分成熟，具备垄断性竞争优势，其营业收入和盈利可以缓慢但确定无疑地持续增长。

新兴成长行业，比如电子行业和个人计算机行业等，就是在这一时期诞生的，但其中很少有公司拥有明显超过同行的竞争优势。营业收入会在短时间内大幅增长，但随后竞争对手就会蜂拥而至，使竞争变得极其激烈，结果摧毁掉所有企业的经济城堡。

结果，巴菲特只能被迫二选一，要么选择未来有很大成长性但现在没有护城河的公司，要么选择未来没有多大成长性但现在拥有护城河的成熟公司。

巴菲特唯一重仓持有的科技股是苹果公司，尽管从技术上讲，苹果是科技股，但在很多方面，更像巴菲特在伯克希尔 - 哈撒韦公司 2017 年股东大会上所描述的那样，苹果公司是一家传统消费品公司在新经济时代的变体。苹果手机是一款非常受人喜爱的产品，主导高端智能手机市场，而高端智能手机市场就像碳酸饮料、啤酒和肥皂市场一样，已经基本成熟。因为世界上几乎每个想买苹果手机的人都已经买过了，所以除了让老客户更换新机，苹果公司没法卖出更多的苹果手机了。然而，苹果公司将会继续主导高端智能手机市场，并将利用其平台地位提高收入和利润。

与许多其他科技企业不同，苹果公司相较而言并没有野心勃勃地努力开拓新市场。苹果公司的研发投入占其营业收入的比例相对较低，只有谷歌母公司 Alphabet、微软、脸书的 1/3 左右。在过去 10 年里，苹果公司的行为就像一个老派的资本配置者，用大量的现金流在公开市场上回购自己的股票。

然而，大多数科技企业都不像苹果那样成熟。如今，在公开市场上交易的 5 000 多家企业中，有几十家，甚至几百家既有护城河，又有指数级增长的发展前景。这样两全其美、双剑合璧，投资人实在开心。但这些企业并不是巴菲特和芒格过去习惯投资的那类企业。

经验告诉巴菲特和芒格，要寻找经济上稳定、持久的优秀企业。这些企业就像大农场主一样，拥有大片的农场和自己的城堡，城堡周围环绕着一道护城河，非常安全。谷歌母公司 Alphabet、脸书、网飞等公司以闪电战一般的速度获得成功，这类新型数字科技企业对巴菲特和芒格来说像是外国人，甚至外星人。

这一点儿也不奇怪。巴菲特 1930 年 8 月 31 日出生，现在 90 多岁，芒格 1924 年 1 月 1 日出生，快 100 岁了，他们在 70 岁以前从未见过这样的情景，因为这些数字科技企业都是在 2008 年全球金融危机之后才快速崛起的。

巴菲特和芒格用来描述竞争优势的比喻尽管形象，但也表明他们看待世界的方式是锚定的，不是移动的。巴菲特喜欢把竞争优势比喻成环绕企业经济城堡的护城河，这是用来抵御敌人围攻的。芒格谈到要寻找那些"深挖战壕"、易守难攻的公司，这意味着芒格更喜欢的竞争格局是，其中一方已经挖好深深的战壕，牢牢守住营地，不急于冲出去进攻。

然而，今天的经济世界就像二战后那样充满活力，充满变化。对大多数数字科技企业来说，现在不是深挖战壕守住营地的时候，也不是坐在由护城河围绕的城堡里舒舒服服过小日子的时候。现在是冲出城堡全力进攻大抢地盘的时候。数字科技企业应该大量再投资，追求高增长，追求赚大钱。

第4章
价值投资3.0：
数字时代BMP框架寻找高质量低估值数字股

有趣的是，尽管我分析得出的结论是，投资数字科技股才能赚大钱，价值投资者需要深刻反思、转变思想，才能够看清这一点，但是，我的灵感来源跟数字科技股和数字科技企业毫无关系。我的灵感来自一家传统经济企业，而且这家企业处于最无聊的行业。

HEICO公司让我开始从价格便宜至上
转变为业务质量至上

用新的量化标准选股，选到HEICO公司

HEICO公司的主营业务是生产飞机通用零部件。HEICO公司有三个地方和GEICO保险公司非常像。第一是市场份额很像。就像1951年的GEICO保险公司一样，HEICO公司也是在一个巨大的潜在市场中只占有很小的市场份额。第二是竞争优势来源很像。GEICO保险公司是汽车强险产品的低成本供应商，与其类似，HEICO公司的竞争优势来自 HEICO 公司是飞机关键零部件产品的低成本供应商。第三是英文名称很像。一个是 GEICO，一个是 HEICO。

我是偶然发现 HEICO 这家公司的。2015 年左右，我的基金业绩跑输市场，日子过得很惨。当时，我正在和一位很有才华的分析师克林特·莱曼一起工作。我让克林特·莱曼使用新的选股标准写了一个简单的电脑程序，这个新的选股标准完全不同于我过去一直长期使用的"寻找便宜股"选股标准。我过去一直坚持价格便宜至上，先考虑股票价格便不便宜，后考虑企业质量高不高，就像我分析雅芳、论坛传媒和其他公司那样。相反，我现在不再坚持价格便宜至上，而是改成企业质量至上，先寻找具有优秀经济特征的企业，然后再看股票价格便不便宜。我还让克林特·莱曼用一个简单的指标来衡量公司的管理质量：公司高管是否大量持有这家公司的股票。

克林特·莱曼用计算机软件进行了一番筛选之后，给我提供了一个符合新选股标准的上市公司名单。名单上一共有十几家公司，其中让我觉得最有意思的就是 HEICO 公司。

拉里·门德尔松父子三人发现HEICO公司并收购控股

HEICO 公司成立于 1957 年，英文全称是 Heinicke Instruments Company。HEICO 公司的传奇故事开始于 20 世纪 80 年代后期，当时拉里·门德尔松的小儿子维克多偶然发现了这家公司。

拉里·门德尔松是纽约人，他和巴菲特一样进入了哥伦比亚大学商学院学习证券分析课程，只不过巴菲特 1950 年入校，他晚了 10 年，1960 年入校。毕业之后，拉里·门德尔松搬到了佛罗里达，做房地产生意，赚了很多钱。拉里·门德尔松还用自己学到的价值投资知识在股票市场做投资，做得很好，越做越有兴趣。20世纪80年代，拉里·门德尔松的两个儿子先后进入哥伦比亚大学读本科。两个儿子在大学学习投资，父亲拉里让他们学以致用，用业余时间研究股票。当时美国的利率水平正在下降，股票价格水平适中，拉里·门德尔松想找到一家上市公司收购下来，这样他和两个儿子可以共同经营管理。按照本杰明·格雷厄姆在哥伦比亚大学教授的价值投资1.0版本，父子三人并不是特别关心公司做什么业务，公司只要符合三个条件就行：股价十分便宜，非常值得买；管理层十分糟糕，非常需要换；公司位于佛罗里达，非常值得去。之所以定位佛罗里达，是因为他们一家人想长期定居在佛罗里达。

有一天，小儿子维克多在哥伦比亚大学法学院的图书馆研究上市公司，结果发现了HEICO公司。仔细一看，HEICO公司完全符合三条收购标准。HEICO公司当时的主营业务是制造医疗实验室设备，但是HEICO公司也进行过一系列收购，收购的企业中有一家是航空航天企业。在维克多发现HEICO公司之前，这家公司已经上市将近30年了，但是几乎没有赚到什么钱。

父子三人发掘到HEICO公司的股票，就像1926年格雷厄姆发掘到北方输油管道公司、1958年巴菲特发掘到桑伯恩地图公司一样。父子三人认为他们可以采取同样的操作方式，先在公开市场上大量买进HEICO公司的股票，然后推动公司改革重组，不断提升企业的内在价值，从而推动股价长期持续增长。然而，与北方输油管道公司和桑伯恩地图公司不同，HEICO公司的吸引力与资产清算价值无关，HEICO公司的吸引力在于其生产航空零部件的子公司盈利潜力巨大。

就在维克多发现HEICO公司的几年之前，一架波音737飞机在起飞时发动机起火，导致 55 人死亡。政府监管机构后来调查确定，事故原因是其中一个发动机燃烧器出现故障，引发火灾。为此监管机构要求航空公司必须定期更换发动机燃烧器，这一规定必须马上执行。而飞机零部件制造商普惠公司（Pratt & Whitney）一时无法满足激增的零件更换需求，结果导致全球的波音 737 飞机有一半只能停飞。

因为美国联邦航空管理局已经授权 HEICO 公司生产通用型号的燃烧器，所以 HEICO 公司的生意一下子好得很，就在这个时间点上，维克多发现了 HEICO 公司。然而，让拉里父子三人感兴趣的并不是这场突然出现的燃烧器强制更换需求，因为这种需求来得快，去得也快。让三人感兴趣的其实是：他们可以利用 HEICO 公司作为平台，生产数百种甚至数千种飞机通用零部件，销售给世界各地的航空公司。

HEICO 公司当时的管理层没有利用这个大好机会，但在拉里父子三人看来，飞机通用零部件这个市场的规模极其庞大，HEICO 公司未来发展前景极大。在汽车行业，谁都可以制造和销售汽车通用零部件，并不需要事先获得监管机构的审查批准。但是在航空行业就不同了，生产任何一个飞机零部件，都必须得到美国联邦航空管理局和相关国际机构的批准。拉里父子三人想，如果美国联邦航空管理局可以批准 HEICO 公司生产制造一个飞机发动机的关键通用零部件，为什么不能批准 HEICO 公司生产制造其他不是那么关键的飞机通用零部件呢？如果 HEICO 公司获得了这样的批准，航空公司难道不会有兴趣把 HEICO 公司作为飞机零部件的可选供货商吗？普惠公司和通用电气公司几乎在所有相关市场中占有垄断或近乎垄断的地位，结果就像许多垄断企业一样，普惠和通用电气这两家公司也滥用其强大的竞争力，搞寻租行为，压榨客户，养肥自己。这两家公司并不是通过产品创新的方式，而是通过大幅提高价格来提高盈利能力，提价幅度远远高于通货膨胀水平。由于没有其他可替代的供应商，航空公司别无选择，只能认了，高价购买。

拉里父子三人对飞机零部件领域越研究越了解，他们发现，HEICO公司完全可以生产一系列飞机通用零部件，以比目前市场价格低30%~40%的价格销售，仍然能够获得相当健康的利润和资本收益率。拉里父子三人还发现，可替换飞机零部件几乎没有什么专利或知识产权的约束。此外，可替换飞机零部件的市场规模很大，当时每年就有约500亿美元，而且航空航天产业在持续增长。就像巴菲特在二战后投资美国运通公司的逻辑一样，春江水暖鸭先知。二战后，美国的经济春天即将到来，人们的旅行需求会大幅上升，第一拨受益的就是与旅行相关的服务企业，因此巴菲特选择重仓买入主营旅行支票业务的美国运通公司的股票。同样，全球经济繁荣将会带来全球旅行需求的大幅提升，民航飞机的客运量必定会大幅增长，可替换飞机零部件的消耗数量也将随之大幅增长。

1989年，拉里·门德尔松家族与投资人联手，在公开市场上共买进HEICO公司15%的股票。后来，在经历了一场几乎和格雷厄姆大战北方输油管道公司一样滑稽的投票权之争后，他们最终在公司董事会获得四个席位，拉里·门德尔松得到任命成为新任首席执行官。拉里·门德尔松上任之后，立即出售了HEICO公司的医疗实验室设备业务，只专注于可替换飞机零部件这个核心业务。

HEICO公司开始专注拓展可替换飞机零部件业务

然而，进入可替换飞机零部件市场，一开始就很难。很明显，和占据市场垄断地位的著名品牌制造商相比，HEICO公司具有低成本优势。从理论上讲，美国联邦航空管理局和航空公司应该很喜欢有更便宜的可替代产品可选。但是在实务上，巴菲特所说的"机构官僚主义制度"成为严重阻碍。对美国联邦航空管理局的官员来说，小算盘大概是这样打的：我批准这家公司生产的飞机零部件上市销售，好处是能让很多航空公司省下一些维修费用，但是假设某架飞机使用的是我批准上市的这个零部件，结果发生事故坠毁了，那么我的仕途也要毁于一旦了。航空公司采购经理打的小算盘也与此类似。结果是，在将近10年的漫长时间里，HEICO公司每年只有少数几个非关键飞机零部件获得官方生产许可。就像我的大学同学阿里一直坚持投资苹果公司一样，拉里父子三人对他们最初给HEICO公司制定的发展规划从来没有失去过信心。拉里父子三人认识到缺乏外界信任是公司发展的主要障碍，所以一直专注于生产最高质量的飞机零部件。1997年，汉莎航空公司（Lufthansa）用实际行动表达绝对信任，收购了HEICO公司可替换飞机零部件子公司20%的股份。作为收购协议的一部分，汉莎航空公司开始批量订购HEICO公司生产的飞机通用零部件。

从此之后，HEICO公司的飞机零部件生意就好做多了。汉莎航空公司可是德国的大型航空公司，德国工程师是全世界最严谨的工程师，如果汉莎航空公司已经认可了HEICO公司的产品质量，那么其他航空公司还需要再费事调查了解什么呢？

2015年，我让同事克林特·莱曼写电脑程序筛选股票，结果发现了HEICO公司，这时，HEICO公司已经交付了6 800万个飞机通用零部件，没有引发过一次事故，全球规模排名前20的航空公司中，有19家从HEICO公司购买过飞机零部件。30年间，HEICO公司的营业收入每年平均增长16%，盈利每年平均增长18%，这两个数字都比美国上市公司的平均水平高好几倍。正如经常发生在伟大企业身上的护城河叠加效应一样，HEICO公司的第一条护城河是低成本，第二条护城河是企业信誉。HEICO公司安全生产可替换飞机通用零部件的历史长达30年，赢得了美国联邦航空管理局和所有航空公司的信任。任何其他新加入的竞争对手想要提升自身在飞机通用零部件市场的份额，都必须花上10年或者20年的时间才能赢得同样程度的信任。用竞争优势的相关术语来讲，HEICO公司创造了一个进入壁垒，能够阻止其他想与HEICO公司竞争的对手企业进入这个行业。

HEICO公司的护城河又宽又深，如图4-1所示，30年来，其股票价格年平均复合增长率高达23%。从1990年拉里父子三人接管HEICO公司到2020年的30年间，你如果将1万美元投资于标准普尔500指数，这笔钱会升值到20万美元，但将1万美元投资于HEICO公司，这笔钱会升值到500万美元，高出市场平均水平25倍以上。彼得·林奇说的是对的：优秀的公司是会长期成功的，投资者只要长期持股，天长日久，就会获得相应的丰厚回报。

尽管30年间销量的增长幅度惊人，HEICO公司2020年在飞机零部件市场占有的市场份额还不到5%。经过30年在飞机通用零部件行业的耕耘，HEICO公司可生产约1万种飞机通用零部件，而飞机上的零部件总计约200万种，HEICO公司的产品品种数量只占这个数字的1%的一半。按照目前每年推出700个新品零部件的速度，HEICO公司需要花上3 000年的时间，才能生产出飞机上所有种类的零部件。即使你持保守的观点坚持认为，飞机上75%的零部件由于过于复杂而无法通用，HEICO公司仍然需要700年才能生产出其余25%可以通用的

第一部分 价值投资发展三阶段 | 081

飞机零部件。

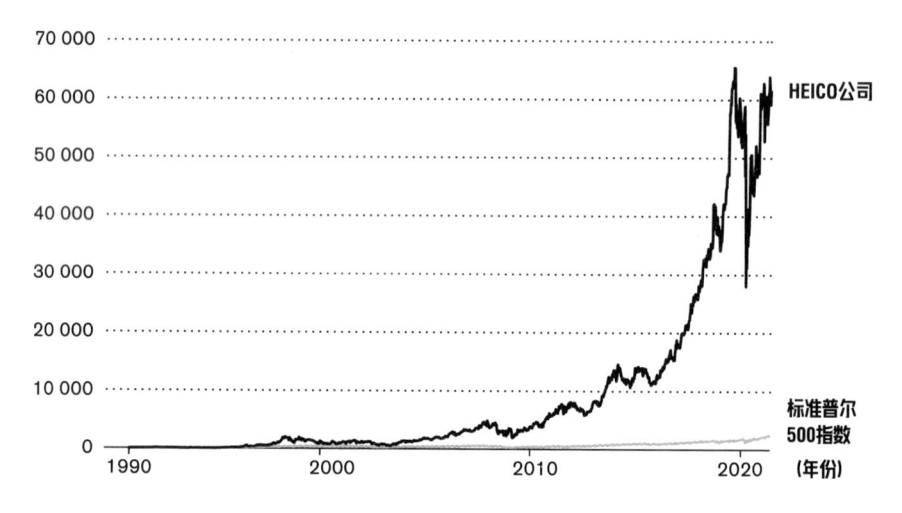

图 4-1 从 1990 年到 2020 年 HEICO 公司股票的总体涨幅情况

资料来源：FactSet。

我在2015年分析HEICO公司，很像巴菲特在1951年分析GEICO保险公司

经过这样的一番计算之后，我认为，我在 2015 年对 HEICO 公司股票的感觉肯定和巴菲特在 1951 年对 GEICO 保险公司股票的感觉一模一样，主要体现在三个方面。

第一，像 GEICO 保险公司一样，HEICO 公司的业务具有可持续的低成本竞争优势。

第二，像 GEICO 保险公司一样，HEICO 公司处在一个规模庞大且不断增长的市场中，而且公司只占有微小的市场份额。

第三，也许是最好的一点，像 GEICO 保险公司一样，HEICO 公司相比同行企业的过人之处并不是来自冷漠自私地对待客户的寻租行为。相反，HEICO 公司和 GEICO 保险公司都是利用低成本竞争优势为客户提供更合算的买卖。这两家公司的客户在买产品时都省了好多钱，于是这两家公司的客户越来越多，生意越来越好，利润越来越高，推动股价也越涨越高。这自然会让长期持有股票的股东变得更加富有。

BMP选股分析框架三要素之一：业务质量（B）

在完成对 HEICO 公司业务的研究后，我知道自己再也不会投资那些主要优点只是价格便宜的股票了，比如我以前投资的雅芳和论坛传媒。对我来说，寻找估值过低的个股并预期股价回归均值的日子结束了，寻找烟蒂型股票的日子也结束了。除非在市场极度低迷、抛售压力巨大的时期，我再也不会依赖企业的资产清算价值来评估股票价值。

我发过誓，我一定要做巴菲特价值投资 2.0 版本的忠实信徒。但是在研究了谷歌母公司 Alphabet、亚马逊等数字科技企业基于软件的商业模式之后，我开始思考：我是不是非得勉强接受巴菲特青睐的那种成熟的行业垄断型企业？在数字革命发生之前，像 HEICO 公司和 GEICO 保险公司这样既有护城河又有指数级增长潜力，如此攻守兼备，如此两全齐美的超级明星企业确实非常罕见。然而，感谢数字经济的崛起，这样的企业现在相对而言比较常见了。这让我猛然想到，和巴菲特以及他那一代的价值投资者不同，我现在有可能找到像 GEICO 保险公司和

HEICO 公司那样业务同时具备以下三个特征的高质量企业。

> 第一个特征：大市场。公司业务处于一个规模巨大且持续增长的市场。
> 第二个特征：小份额。公司业务只占有很小的市场份额。
> 第三个特征：长优势。公司业务具有长期可持续的强大竞争优势，从而能让公司的营业收入和营业利润在未来多年持续高增长。

我把这三个特征一列出来，新经济时代高质量业务三要素一下子就清晰地显现出来了。巴菲特在他职业生涯的大部分时间里都只能被迫二选一，要么选拥有护城河的成熟型企业，要么选没有护城河因而容易受到攻击的成长型企业。但我可以鱼肉与熊掌兼得，选择既有护城河又有很大增长空间的高质量成长型企业。

我会首先研究企业业务是否具备以下三个代表性特征：第一是大市场，即处于一个规模巨大且持续增长的市场；第二是小份额，即公司业务只占有很小的市场份额；第三是长优势，即具有长期可持续的竞争优势，从而能让公司的营业收入和营业利润在未来多年持续高增长。前两个特征赋予企业长期的指数级增长潜力，第三个特征让企业拥有护城河。我不需要计算机程序的帮助，就能自己研究出一家企业的业务是否具备这三个特征：大市场、小份额、长优势。我只要按照正常的研究流程走一遍就行了。和其他投资人一样，我也是通过网络、报纸、杂志、书籍这 4 个渠道获取上市公司相关信息的。我研究上市公司公开披露的年报、季报，参与企业与投资者的线上和线下交流会，跟投资界和商业界的朋友交流。如果我发现某家企业不具备我的高质量业务三要素，既不是在大市场占有小份额而具有指数级增长潜力，又不具有长期可持续的竞争优势，我就没有兴趣再去研究。如果我发现某家企业的业务完全符合我的高质量业务三要素，既是在大市场只占有小份额而具有指数级增长潜力，又具有可持续的竞争优势，那么我就会像一只刚刚闻到猎物气味的猎狗一样，很有兴趣深入追踪研究。

BMP选股分析框架三要素之二：管理质量（M）

既有指数级增长机会，又有护城河，这种攻守兼备的高质量业务是价值投资 3.0 版本的主要部分，但业务高质量不是唯一的要求。和巴菲特一样，我也注意到，一家企业的业绩关键在人，关键在领导人，在相当大程度上取决于负责经营管理的企业高管。我顿悟到这一点，就是在我研究 HEICO 公司的时候。根据我的经验，许多公司高管更感兴趣的是追求个人财富最大化，为此会想尽办法索取更高的工资、津贴、股票期权，而不是努力工作以实现股东长期价值最大化。拉里父子三人可不是这种自私自利的高管。他们为 HEICO 公司制定了一个长期发展愿景，而且用很多年的时间去努力实现这个长期发展愿景。父亲拉里·门德尔松担任 HEICO 公司的首席执行官已经 30 多年了，他并不急于退休。即使他退休，两个儿子也很可能会接替担任首席执行官。他们家族现在还持有 HEICO 公司近 10% 的股份，是第一大股东，用证券市场的行话来说，这意味着他们吃自己做的饭菜，所以肯定会用心做好饭菜。

拉里·门德尔松有一次告诉我："我做首席执行官，一年能赚100万美元，但是HEICO公司的股票价格上涨1美元，给我们家族带来的股票投资收益会超过我个人年薪的10倍。你想想我更在乎什么，是我的薪酬，还是公司的股价？"

听拉里·门德尔松这样一说，我一下子想清楚了有关企业管理高质量的第一个关键问题：企业经理人是像企业所有者一样思考和行动吗？还是他们认为自己就像农场的雇工一样，更感兴趣的是如何从农场主那里刮取更多油水，因为不刮白不刮，过期就白搭？

然而，企业经理人仅仅只是想要表现得像企业所有者一样，这还是不够的。在能够像企业所有者一样行事之前，企业经理人必须理解一些关键的股东价值驱动基本原则，理解是什么因素在驱动股东长期价值的增长。这些股东长期价值的驱动因素有两个：一是财务概念，比如威廉姆斯提出的净现值；二是财务指标，比如资本收益率。虽然这些与股东价值相关的财务概念和财务指标并不难理解，但是你会惊讶地发现，掌握这些的企业高管竟然如此稀少。企业的首席财务官通常是唯一一个能真正把这些财务概念和财务指标内化于心的高管，但首席财务官通常又是十分安静的分析型人士，就像我在伯恩斯坦公司工作时认识的那些证券分析师一样，一般不会公开地大声说出自己的看法。另一方面，企业的首席执行官既要有强大的自我，又要有非凡的领导魅力，还要有约翰·梅纳德·凯恩斯所说的"动物精神"。三种要素缺一不可，而且要合理配比，才能成就一位杰出的企业领导人。有些首席执行官刚一上任，就坐进位于大厦转角的风景最好、面积最大的办公室，靠发号施令管理一家企业。这样的人根本不可能用严格的财务思维模式来思考和行动。简单地说，真懂财务价值驱动因素的人往往只管财务，并不负责管理，负责管理的人却往往并不真懂财务价值驱动因素。

拉里父子三人的情况就大大不同了。他们曾是 HEICO 公司的股票投资人，在开始经营管理这家公司之前，他们已经全面、深入地研究分析过这家企业了。正是由于他们投资人的本色，拉里父子三人对待 HEICO 公司可以表现出相当冷静客观的态度，不像一般的职业经理人那样容易感情用事。拉里父子三人喜爱 HEICO 公司，把经营管理好 HEICO 公司作为自己一辈子的工作，但又不是像恋人那样狂热地爱恋 HEICO 公司。他们知道，HEICO 公司只是一个创造价值的工具，为的是实现两种主要目标：第一大目标是为客户创造价值，就是给客户节省费用，让客户少花钱；第二大目标是为股东创造价值，就是给股东积累财富，让股东多赚钱。

拉里·门德尔松经常这样告诉公司的股票投资者："HEICO 公司做的业务不是航空航天，而是产生现金流量，只不过这些现金流量正好来自航空航天业务。"

很少能够找到由这样的企业经理人来经营管理的公司，但这恰恰凸显了寻找这样精通价值创造，而且专注于价值创造的企业经理人是多么重要。

思考了以上这些问题之后，我发现，除了前面说的业务高质量三大特征，我还要再加上管理高质量两大特征。

> 第一个特征：大德忠诚可靠。企业管理者像企业所有者一样思考和行动。
>
> 第二个特征：大才很懂增值。企业管理者理解哪些因素驱动企业价值增长。

业务高质量三大特征和管理高质量两大特征结合起来，就形成了选股分析框架的五大标准，我将这些整合起来，用来帮助我梳理出符合价值投资3.0版本的股票，让我能有机会抓住长线大牛股。把这五大选股标准写在纸上，让我更清晰明确地认识到，我一直专注研究的选股三大关键因素是：业务、管理、价格。

我把这个高质量选股方法称为BMP选股分析框架，BMP是业务（Business）、管理（Management）、价格（Price）三个单词的首字母缩略词。你将在表4-1中看到完整的BMP选股分析框架。根据我的经验，如果我们能好好地把握业务、管理、价格这三个关键因素，我们就能做出跑赢市场的正确股票投资决策。但如果我们没有好好地把握业务、管理、价格这三个关键因素，我们就会做出跑输市场的错误股票投资决策。

细心的读者会注意到我们的BMP选股分析框架有两个特点。

第一，每个问题都必须明确回答"是"或"不是"，只能二选一，不能含糊其辞。

第二，业务质量在三个因素中所占的比重特别大，远远超过1/3。业务质量一直都是决定股票长期表现的重要因素，在进入数字时代后变得尤其重要。在摩尔定律的驱动下，一道清晰的分界线逐渐形成，一边是会在数字时代繁荣壮大的业务质量高的企业，一边是会在数字时代衰落灭亡的业务质量低的企业。我们想要成为成功的投资者，就必须关注那些会在数字时代繁荣壮大的业务高质量企业，避开那些会在数字时代衰落灭亡的业务低质量企业。业务质量肯定比管理质量重要，正如巴菲特所言："一个非常聪明能干而且声名远扬的企业管理人，接手一家业务基本面非常糟糕、投入产出效率非常低下且臭名远扬的坏企业，最后完整无损的只会是那家坏企业的坏名声。"

BMP选股分析框架三要素之三：股价估值（P）

你可能已经注意到了，BMP 选股分析框架的三个关键因素是业务、管理、价格，可是我到现在还没有谈论过股价。我是故意的。我故意把股价放在最后谈，是因为股价既是 BMP 选股分析框架中最重要的因素，也是最不重要的因素。

在价值投资 3.0 版本中，股票价格是最不重要的因素，因为让股价主导我们的研究，相当于让错误的狗带头去狩猎。股票价格是价值投资 1.0 版本的主导因素，而巴菲特创造的价值投资 2.0 版本拒绝把股票价格作为主导因素，他做得很正确。我的价值投资 3.0 版本也拒绝把股票价格作为主导因素。让股价主导选股，会导致我们选择股票时容易只看价格不看质量，不是因为企业的业务质量高而买，而是因为股票价格低而买。想积累长期财富，却把股票交易价格放在第一位，这显然是一种奇葩的投资选股方式，根本不靠谱。业务高质量且管理高质量的优秀企

表 4-1　BMP 选股分析框架

| 1 | 业务质量 | 第5章 |

大市场：公司业务是否处于一个规模巨大且持续增长的市场？

小份额：公司业务是否只占有很小的市场份额？

长优势：公司业务是否具有长期可持续的竞争优势？

| 2 | 管理质量 | 第6章 |

大德忠诚可靠：企业管理者是否像企业所有者一样思考和行动？

大才很懂增值：企业管理者是否理解哪些因素驱动企业价值增长？

| 3 | 股价估值——拥有一票否决权的选股关键因素 | 第7章 |

你能得到一个合理的盈利市价收益率吗，比如5%以上？

| **能**。你可以像证券市场那句老话说的那样：用卡车装钱，重仓买入吧。如果你对企业的业务、管理、价格都很满意，那么你找到了一只值得长期投资的超级大牛股 | **不能**。那么继续等待，继续观察 |

	是	否
很大的最终市场=很大的增长空间		
很小的市场份额+很大的最终市场=未来几十年的增长机会		
一家企业如果确实具有过人之处，那么几乎可以肯定它会从只拥有很小的市场份额，变成拥有很大的市场份额。如果确实能由小到大，企业经济城堡的护城河就会让它获得远超竞争对手的盈利水平，而且不存在竞争对手搞垮护城河的风险		
行胜于言。管理层如何花公司的钱，他们是很有兴趣为股东创造更多财富还是只有兴趣为自己创造更多财富，他们在并购、回购、发放股票期权激励时如何处理公司的股票……很多类似的问题能够说明一家企业的管理层究竟是什么样的人		
一家企业的领导者首先必须了解公司的核心业务，在此基础上，像巴菲特和贝佐斯这样的企业领导者还知道什么才是驱动企业价值增长的关键因素，这样的领导者往往会为股东创造出更多的价值		
合计		

BMP 计分板	
5项中有4到5个"是"	会是特别好的长期投资对象。可进入下一步，评估股票价格
5项中有3个"是"	现在的"否"以后可能会变成"是"，可继续观察
5项中有0到2个"是"	不可能成为长期投资对象，否决

业会随着时间的推移不断成长壮大。长期持股这种高质量的优秀企业，不是比不看质量只图便宜而大买平庸企业的股票会好得多吗？

不过，股票价格也是价值投资 3.0 版本中最重要的因素，因为股价估值在 BMP 选股分析框架中拥有一票否决权，权力最大。格雷厄姆让股价主导他的投资决策，这当然是错误的。但是格雷厄姆始终坚持平衡价格和价值之间的关系。与这个正确的大原则相比，过度强调价格只能算是一个小错误，小得简直微不足道。"我付出了这么高的买入价格，得到了多少企业价值作为回报？"不管是什么样基于价值的投资分析框架，这个问题都始终是核心问题。有些时候，即使是最好的企业，股票价格也会过高，不值得买入。

因此，我在完成对企业业务质量和管理质量的分析之后，就会关注股价，分析市场当下要求我支付的买入价格是很贵还是很便宜。如果盈利市价收益率没有达到 5%，我就不会出手投资买入。5% 的盈利市价收益率相当于 20 倍的市盈率，在当前的低利率环境下，对于一家优秀的企业来说，这是一个很正常的价格水平，并不算贵得吓人。如果我不能以 20 倍的市盈率或者更便宜的价格水平买入这家企业的股票，那么我就观望一段时间，等待市场先生未来给我机会时再出手买入。

股价估值水平在 BMP 选股分析框架中所占的份额虽然不大，却是唯一拥有一票否决权的选股因素，话语权很大。股价与业务和管理之间的关系，就像美国南北战争时期林肯总统与其政府内阁成员之间的关系一样。如果每个政府内阁成员都投了赞成票，只有林肯总统投了反对票，那么林肯总统的这张反对票有一票否决权。

价值投资3.0版本和价值投资2.0版本的三大区别

我前面已经讨论了价值投资 3.0 版本和价值投资 2.0 版本的第一点区别，即对企业发展前景的看法不同。相对于巴菲特价值投资 2.0 版本中的世界观，数字时代允许我们拥有更加乐观、更加广阔的世界观。今天，我们可以投资那些不仅具有持续竞争优势而且具有指数级增长潜力的数字科技企业。

价值投资 3.0 版本和价值投资 2.0 版本的第二大关键区别是，二者关注的具体指标不同，即应该使用什么样的估值指标来判断我们付出的市场价格和获得的企业内在价值是否匹配。

当商业竞争格局相对稳定时，就像 20 世纪下半叶那样，用当期每股收益来回答下面这个关于股票价格的关键问题是一个合适的方法："相对于我付出的买入价格，我得到了什么回报？"像百威、可口可乐、富国银行这样的成熟企业，不需要花费巨额资金进行市场营销推广和产品研发以拓展业务、追求市场份额的增长。这些企业的经济城堡周围早就有了深深的护城河，所以这些企业可以舒适地坐在城堡里面，收获竞争优势带来的丰硕果实。因此，这些公司现在的年度盈利水平可以合理地代表其未来持续产生盈利的能力。

当然，像可口可乐和富国银行这样的公司会继续在产品研发、产品销售、市场营销推广、渠道分销方面加大支出。然而，这三项费用支出占其营业收入的比例大大低于那些数字科技企业。可口可乐的研发、营销、销售支出还不到其营业收入的 30%，而财务软件公司 Intuit 却高达 45%。两家公司的差距约为 15 个百分点，这个差距太大了，都超过了美国企业营业收入的平均净利润率。

当我们考虑到大多数美国传统企业在雄心壮志和全球影响力方面其实远远不及可口可乐公司时，以上这种对比就显得更加强烈了。

金宝汤是美国老牌汤罐头生产商，其研发、营销、销售三个方面的支出仅占营业收入的 12%，只有 Intuit 公司的 1/4 左右。

正如上述统计数据所表明的那样，Intuit 公司等数字科技企业正在激进地大笔花钱进行研发、营销、销售，以抓住未来的成长机会，三个方面的支出占营业收入的比例接近一半，比例如此之高，大大扭曲了这些数字科技企业财报反映出来的盈利能力，短期如此，长期也是如此。严肃认真的投资者需要投入一些时间好好思考，三项费用占营业收入比例很高因而过度扭曲当期财务盈利这种现象究竟意味着什么。

因为数字科技企业开发软件程序所用的原材料是非物质的，只有两个数字，一个是 0，另一个是 1，1 美分原料购买费用也不用花，所以数字科技企业产品营业收入的利润率天生就比一般的美国上市公司高 3~4 倍。我们经常看到数字科技企业公布的营业收入毛利率普遍高达 90%，这是因为营业收入毛利率的计算用的是毛利，只用从营业收入中扣除直接生产成本。像甲骨文公司这样成熟的大型数字科技企业已经不再把利润用于大规模再投资以追求更多的未来增长机会，即使把昂贵的工程师薪酬和其他相关费用考虑在内，其营业收入创造的营业利润率也接近 50%。对比之下，可口可乐作为价值投资 2.0 版本最强大的商业模式代表企业，其营业收入创造的营业利润率只不过相当于甲骨文公司的一半。

然而，大多数数字科技企业财务报表上公布的营业利润率都远远不到 50%。财报其实掩盖了这些数字科技企业商业模式天生的巨大优势。

为什么会这样？有两个不同的原因。

第一个原因是，美国现行会计规则会扭曲大多数数字科技企业当期财务报表上的盈利。就像 Intuit 公司的情况那样，研发、营销、销售三项费用通常是数字科技企业最大的支出项目。在工业时代，固定资产和存货是推动企业增长的发动机。在数字时代，研发、营销与销售支出充当了这一角色。但是，如今的会计准则一刀切地要求所有美国公司都要把几乎所有的研发、营销、销售支出列为当期费用，马上从当期营业收入中完全扣除。然而，像房产、厂房、设备这些固定资产的购置费用就可以摊销到未来很多年。因此，当前会计准则一刀切的规定压低了数字科技企业当期财务报表显示的盈利，尤其是与传统经济企业相比，压低幅度很大。

因为这是一个有些专业的财务会计问题，我将把它留到第 7 章深入探讨。更概念化的一个观点是，如果愿意，数字科技企业可以大幅提高财报上的当期盈利。但是这样做并不符合数字科技企业的利益最大化。数字科技企业在企业生命周期早期处于高增长阶段，有潜力占领的市场份额很大，不像那些已经达到成熟阶段的企业那样，从已经占领的市场份额中榨取的盈利越多越好。数字科技企业明智地把资金花到合适的地方，未来可能获得更多的回报。这样大笔支出以追求未来的高成长，就使得市盈率计算公式中的分母每股收益表面看起来很小，用每股股价除以每股收益得到的市盈率倍数表面看起来很大。但是，数字科技企业财务报告公布的每股收益数据和市盈率其实并没有反映出数字科技企业的真实盈利情况和真实市盈率，这样的财务报表就误导了投资人，也欺骗了投资人。

对比数字科技企业与传统经济企业的盈利数据和市盈率，投资人特别容易受到误导，因为数字科技企业会从当期利润中拿出一大部分用于再投资以追求未来的高成长,而大多数传统经济企业没有从当期利润中高比例提取资本进行再投资。将亚马逊或谷歌母公司 Alphabet 的当期盈利与富国银行进行对比,就好像把春天的苹果园与秋天的苹果园进行对比:春天苹果树刚刚开始发芽,而秋天都要开始收获了。如果我们能够做到对知识诚实、准确分析,我们就必须承认,虽然当期盈利可以很好地体现出一家成熟公司在未来很多年为股东创造财富的能力,但当期盈利却不能很好地体现出一家年轻数字科技企业未来很多年为股东创造财富的能力。

要找到一个合适的指标来体现出一家数字科技企业的真实盈利能力,这可是一大难题,而且这道衡量企业真实盈利能力的难题根本没有一个精准的答案。可是,我们想要投资亚马逊、谷歌母公司 Alphabet 和其他所有数字科技企业,就必须知道这些企业过去创造多少价值,未来很多年里将会继续创造出多少价值,所以我们只能知难而进,大胆试,大胆闯。

数字科技企业与传统成熟企业估值对比分析案例:
金宝汤与Intuit

要大胆尝试给数字科技企业估值,我们可以先回到金宝汤公司与 Intuit 公司的对比分析案例。这两家公司真是很般配,有很多相同之处。两家公司都是各自所在行业的龙头企业,而且年营业收入大致相同。但是,这两家企业的研发、营销、销售支出差异巨大。这种差异并不能用规模经济解释。按照规模经济的定义,规模更大的公司每单位营业收入中费用支出的占比反而可能更低,因为作为分母的公司营业收入非常大,反而会摊低每单位营业收入中的费用支出占比。

2020年初，我在研究小企业记账平台 Intuit 公司的股票时，发现其股价市盈率接近 50 倍。而金宝汤公司的股票市盈率只有 20 倍。这意味着投资金宝汤公司的股票，第一年的盈利市价收益率是 5%，而投资 Intuit 公司的盈利市价收益率只有 2%。这样看来，Intuit 公司的股票要贵得多。但这是真的吗？

金宝汤公司是一家非常典型的成熟企业。金宝汤罐头是二战后美国人人皆知的标志性产品，但是最近 30 年来，鸡汤罐头和其他罐头产品已经从美国人的主流意识中消失了。老一辈人小时候最喜欢吃罐头食品，但现在的年轻人从小到大很少吃罐头食品。为了抵抗其核心业务的销售下滑，金宝汤公司把业务扩展到了零食领域。金宝汤公司旗下有佩珀里奇农场饼干（Pepperidge Farm）和金鱼饼干两个品牌，几年前还收购了生产 Hanover 椒盐卷饼和 Lance 饼干的美国第二大咸味休闲食品制造商 Snyder's-Lance 公司。尽管收购了以上好几个零食品牌，金宝汤公司的年营业收入在过去 10 年间的年增长率还不到 1%。金宝汤公司还受到了好多不利因素的冲击。沃尔玛和克罗格这两家连锁超市的营业收入占金宝汤年营业收入的约 30%，店大欺客，这两家连锁超市每年都在进货价格和促销折扣上用力挤压金宝汤的盈利。金宝汤公司的罐头产品脂肪和钠的含量较高，大家普遍认为这类食品不健康，已经过气了。金宝汤也不能再指望用电视广告让消费者相信，人们一喝这些罐头里美味的汤就会开心地大叫："我的妈呀！这汤也太好喝了！"

你一听就会明白，为什么金宝汤公司的销售费用和营销费用支出只占营业收入总额的 11%，研发支出只占营业收入总额的 1%。因为金宝汤产品的市场份额已经到达了临界点，接近天花板，所以再花钱去拓展市场，追求市场份额增长就太愚蠢了。金宝汤公司不再多花钱去拓展市场，这是非常明智的做法。

Intuit公司的情况正好相反。在过去10年里，其营业收入总额以每年9%的速度增长，增长最快的小企业在线记账产品QuickBooks在线版以每年30%~35%的速度增长。在这种高增长的大好局势下，Intuit公司投入的研发费用和市场营销费用占营业收入的比例分别接近20%和30%。Intuit公司大笔花钱追求高增长，而金宝汤公司克制花钱不追求更高的增长，二者其实一样明智。Intuit公司估计，适合使用QuickBooks在线版的客户数量庞大，而现有客户只占潜在市场的1%左右，还有99%的市场空间。所以，Intuit公司当然应该大笔花钱不断改进产品，大做市场营销推广，以触达更多的客户。

简言之，金宝汤公司虽然有护城河却没有市场增长空间，而Intuit公司既有护城河又有巨大的潜在市场增长空间。这使得金宝汤公司只能成为价值投资2.0版本的目标公司，而Intuit公司则能够成为价值投资3.0版本的目标公司。Intuit公司应该在研发、营销、销售三个方面投入多少资金才合适，这是个困难的决策，但是这样困难的决策其实是幸福的烦恼。

和大多数科技企业一样，Intuit公司明白，做决定时不应该目光短浅只追求当期利润最大化，而应该目光长远追求未来利润最大化。Intuit公司的管理层知道，研发支出和营销支出实质上并不应只看作当期费用，这些支出本质上是投资。研发支出和营销支出尽管压低了公司当期财务报表的盈利，但是投资于未来，让公司长期盈利最大化，这才更符合Intuit公司的最高利益。在内部，Intuit公司要求经理人在审批营销支出时必须看到至少有50%的回报才予以批准。任何理性的商人都愿意今天花1美元，未来赚回来1.5美元，但财务报表只显示了1美元的当期费用。未来的利润在财务报表上根本看不到。

这就提出了一个重要的问题：我们是否应该惩罚像 Intuit 这样的公司，因为这些公司为未来的利润放弃了今天的钱？或者，我们是否认识到，这种目光长远的支出是聪明之举，因此我们应该调整数字科技公司财务报表上的盈利数据，用调整之后更加符合实际情况的数据与传统经济企业的数据相比较。我们是否会发现，像金宝汤公司这样的传统经济企业根本没有投资未来以获得高成长的奢侈选择？

我认为，正确的观点显然应该是后者，即先调整企业披露的财务报表盈利数据再做对比。如果我们想在这两家公司之间做一个真正公平的比较，用苹果比苹果，用橘子比橘子，那么我们必须调整其中一方的财务报表。我们要么把 Intuit 公司三项费用的高比率加到金宝汤公司身上，以高比高，要么降低 Intuit 公司三项费用的高比率，降到和金宝汤公司一样，以低比低。

如果我们选择后一种调整方式，以低比低，让公司进入看轻未来长期增长，看重当前短期盈利的模式，那么我们会发现，Intuit 公司的当期盈利会爆炸式增长。如果 Intuit 公司像金宝汤那样保守地经营，由于软件程序的原材料只有 0 和 1，几乎可以说是零成本，这种商业模式的所有优点将会在财务报表上完全表现出来。由于不在研发、营销和销售上大量支出，这些费用也将会从财务报表上消失。当然，Intuit 公司未来多年的收入和利润增长率也会大幅下降。如果没有这些支出，Intuit 公司会看起来和金宝汤公司处于同样的发展阶段：完全成熟，只追求当期产生利润能力的最大化。对于股东来说，这肯定不是好事，但是出于公平对比分析的目的，这正是我们希望 Intuit 公司财务报表表现出的样子。只是为了练习，你不用太当真。

表 4-2 显示了这个对比分析练习的结果。如果我们根据金宝汤公司

三项费用占营业收入的比率相应调整 Intuit 公司三项费用占营业收入的比率，按照调整后的每股收益计算，Intuit 公司的市盈率将从 43 倍下降到 20 倍，对应的盈利市价收益率将上升到 5%，与金宝汤公司完全相同。

事实上，Intuit 公司的盈利市价收益率应该高得多，市盈率则会低得多，因为再过几年，Intuit 公司的每股收益会增长到现在的 150%。高成长才是最重要的因素，我会在第 8 章详细讨论这一点。

关键不是每股收益，而是盈利能力

对像 Intuit 公司这样的数字科技企业来说，只用当前每股收益计算出的市盈率通常非常高，第一眼看起来并不吸引人，但这种高市盈率只是一种假象。Intuit 公司调整后的每股收益，而非财报公布的每股收益，能够更真实地反映我所说的盈利能力。所以，虽然我说过，我买股票的一个条件是市盈率低于 20 倍，否则概不考虑，但是我计算市盈率所用的每股收益，并不是这些新经济企业财报上公布的当期每股收益，而是我调整其财务报表之后计算出来的每股收益，我称其为盈利能力。

我所说的盈利能力既不是盈利预测，也不是盈利预估。我所说的盈利能力是数字科技企业潜藏在财务报表后面的利润产生能力。我使用调整后的每股收益，而不是财务报表上的每股收益，是希望能实现以下三个相关的目标：

- 第一个目标：从短期来看，使用调整财务报表之后估算出来的盈利能力数据，可以更加公平地比较成长型新兴数字科技企业与成熟型传统经济企业的股票估值水平。

- 第二个目标：消除会计报表失真，为数字科技企业"解除会计准则僵化过时的惩罚"。
- 第三个目标：从长远来看，使用调整财务报表后估算出来的盈利能力，可以大致准确地评估出数字科技企业创造财富的终极能力。

我将在本书第二部分详细探讨盈利能力，这是本书的核心内容。第二部分共6章。第5章讨论业务质量，这将帮助你确定什么样的企业竞争优势才能适应数字时代的经济发展。第6章和第7章分别讨论了另外两个选股关键因素：管理和价格。盈利能力是价值投资3.0版本最重要的组成部分，我将在第8章详细讨论。

第二部分的最后两章第9章和第10章是案例研究，我会带你看看我如何使用BMP选股分析框架对两家真实的数字科技企业进行分析评估。在数字时代，找到一流的科技大牛股非常重要，而把BMP选股分析框架理论化则是一件很有趣的事，为此我们必须思考和比较不同的估值分析模式，这能刺激我们的大脑，让我们的大脑产生更多更好的创意。在数字时代也好，在过去任何一个时代也罢，理论不能当饭吃，只创造理论不能为你带来财富。把理论用于实践才能真正创造财富。

Intuit公司数据分析

因为Intuit公司和金宝汤公司的营业收入大致相同，我们可以在"相同规模"的基础上，只比较它们各项财务指标占营业收入的比率，也就是说，将营业收入设定为100%，所有成本费用都以其占营业收入的百分比为代表。如表4-2所示。

表 4-2　Intuit 公司和金宝汤公司对比

2020 财年	Intuit公司的业务模式天生就比金宝汤公司好得多		经按照公平比较的模式调整后，每单位销售收入的成本费用占比
	金宝汤公司	Intuit公司	
营业收入	100%	100%	
营业成本	65%	18%	
营业毛利	35%	82%	82%
金宝汤公司的产品原材料是鸡肉、西红柿等各类食材。Intuit公司软件程序的原材料只有数字0和1，在成本优势之下，Intuit公司可以把相当于50%的销售毛利都用在研发、营销和销售上			Intuit 公司调整后数据
营销、销售费用	11%	27%	11%
研发费用	1%	18%	1%
费用合计	12%	45%	12%
因为销售毛利高，财大自然气粗，Intuit 公司在几方面的费用支出合计是金宝汤公司的4倍			我调整 Intuit 公司财务报表数据，让 Intuit 公司也像金宝汤公司这样的成熟企业一样经营，只维持目前的市场地位，不去大笔投资以追求未来高增长
行政管理费用及其他费用	10%	9%	9%
营业利润	13%	28%	61%
由于Intuit公司的软件产品根本没有原材料，所以其整体营业利润率还是比金宝汤公司高1倍多			这样一调整，Intuit 公司的营业利润率比金宝汤公司高了4倍
每股收益	2.5美元	6.92美元	14.92美元
每股股价	50美元	300美元	300美元
市盈率	20倍	43倍	20倍
			按照调整后的每股收益计算，Intuit公司的市盈率倍数和金宝汤公司一样

资料来源：Intuit 公司提交给美国证券交易委员会的文件。

第二部分

价值投资3.0三要素

第 5 章
业务质量（B）：竞争优势的过去和现在

业务质量是企业股价长期表现的主要驱动因素，也就是投资人长期投资业绩的主要驱动因素。要想在股票市场上获得成功，你必须成为能够鉴定企业业务质量的专家，你还要擅长分析是什么因素造就了一家企业的高质量业务。鉴定高质量企业，几乎完全依赖于鉴定高质量业务，而这正是本章的主题。

真正拥有竞争优势的企业非常稀少

资本主义市场经济是一个竞争激烈的体系，要求市场上各个参与者之间相互对立，相互竞争，每个企业都要力争赚到最多的钱，这就是"追求利润最大化"。要实现利润最大化这个目标，企业必须努力取悦客户。企业销售产品，客户购买产品，客户才是上帝。为此，企业降低价格，引入新产品，创造新品牌，用各种方式进行创新，所有这些都是为了胜过竞争对手，让客户多买自己的产品。对于那些从来没有近距离目睹过企业之间激烈争斗的人来说，资本主义市场经济很像一个受到操纵的体系。这个体系让每个企业都变得富有了，除了那些竞争力最弱、最失败，只有得到财富才能继续生存的企业。企业之间的真实竞争情况在很大程度上更加接近电影《饥饿游戏》，而不是卓别林主演的《安乐街》。很多企业的进攻欲望超级强烈，像陷入疯狂的拳击手，随意肘击对手，让对手面部流血，或者绊倒对手，让对手把腿摔断，甚至会伸出手指把对手的眼球抠出来，只要裁判没看见就没事。政府在社会中有很多重要的功能，但是对企业来说，政府的主要功能只有一个：当裁判。没有政府这个裁判用法律约束这些企业，企业就会为了追求最大的利润而相互摧毁，就像《星球大战》中那样，无所不用其极，非置对手于死地不可。

由于市场竞争实在太激烈了，能够持续拥有竞争优势的企业非常少见。大多数企业只是普普通通而已，没有什么特别突出的地方。普通企业就像我们大多数人一样普通。一家普通企业的增长速度和企业所在市场的整体平均增长速度差不多，低于市场平均增长速度的企业就会衰落，最终死亡。只有那些拥有明显过人之处的企业，能够年复一年地为股东创造出更多的利润。

从来没有人能够罗列出世界上所有具有明显竞争优势的企业，因为这个列表上的企业总在变化。没办法，企业的竞争优势就像刀锋一样，有的后来变得更加锋利，有的后来就变钝了。我个人猜想，整体来看，真正拥有竞争优势的企业占比肯定不到 1/10。物以稀为贵，真正拥有竞争优势的企业如此稀缺，所以才如此宝贵，值得我们费心费力地苦苦寻找。和有过人之处的爱人一样，有竞争优势的好企业难得一见。千万人中，我追寻着你，可是你到底好在哪里？

业务质量分析三问：大市场，小份额，长优势

回想第 4 章，我给大家介绍了价值投资 3.0 版本的 BMP 选股分析框架。我训练自己在寻找优秀企业时，首先考虑企业是否具备以下三个高质量业务代表性特征：

> 业务质量分析三问之一：大市场。公司业务处于一个规模巨大且持续增长的市场。
>
> 业务质量分析三问之二：小份额。公司业务只占有很小的市场份额。
>
> 业务质量分析三问之三：长优势。公司业务具有长期可持续的竞争优势，从而能让公司的营业收入和营业利润在未来多年持续增长。

业务质量分析三问之一与之二：大市场和小份额

公司业务所处的市场规模和所占的市场份额对专业投资者和业余投资者来说都可以很轻松地分析确定。上市公司的投资者关系网站通常会公布本公司的潜在目标市场规模有多大，以及公司在潜在目标市场中所占的份额有多大。访问 Intuit 公司的网站，你会看到 Intuit 公司主推的小企业财务软件 QuickBooks 现有 500 万在线订阅用户，全球目标市场

规模是8亿用户。现在用户500万，除以潜在用户8亿，这样一算你会发现，市场份额还不到1%，还有99%的市场空间，我一听就很感兴趣。

即使上市公司不公布这些数据，你也很容易找到。比如，你会发现，亚马逊公司只披露了分子即自己的营业收入，却没有披露分母即整个北美零售市场的营业收入总额，所以没法计算出亚马逊在整个北美零售市场的份额。亚马逊在2020年的年报中披露公司当年北美地区的营业收入为2 360亿美元。你用谷歌搜索一下"美国零售市场2020年销售总额"就会发现，全美零售联合会报告披露，2020年美国零售市场的年销售总额为4.1万亿美元。加拿大类似网站披露，2020年加拿大全国零售市场销售总额为6 000亿美元。二者相加，你可以知道，2020年北美地区零售市场的销售总额为4.7万亿美元。用2020年亚马逊北美地区营业收入2 360亿美元除以2020年北美地区零售市场的销售总额4.7万亿美元，你就可以得出你想要的数据：亚马逊在目标市场的所占份额为5%。

业务质量分析三问之三：长优势

计算公司业务所处的市场规模和所占的市场份额很简单。但是，企业是否具有长期可持续的竞争优势？回答这个问题困难得多。这家企业的护城河是什么？在竞争对手发起进攻时，这家企业的护城河能长期经受住考验吗？巴菲特将格雷厄姆的价值投资1.0版本升级到价值投资2.0版本时发现，"企业的护城河是否能经受住多家竞争对手长期持续猛攻的考验"这个问题非常关键。要回答这个问题，你需要做出判断，而你却无法在网上轻易找到判断的依据。

好消息是，在投资领域，判断一家企业是否具有长期可持续的竞争优势，往往只需要用一些常识就行了。但是你得把这些常识组合成一个分析框架，以此帮助你梳理自己的思路，你才能有条有理、清清楚楚地进行分析判断。作为分析师，我们可以先区分出不同种类的竞争优势。然后就可以确定我们研究的公司是否符合这些分类之中的某一类。我们可以像鸟类学家给鸟进行科学分类一样，按照不同的竞争优势类型来给企业分类。

鸟遍布全球，种类繁多，在脊椎动物中种类数量仅次于鱼。21世纪，全世界为人所知的鸟一共有9 000多种，光中国就有1 300多种。幸运的是，企业竞争优势的种类要少得多。有些类型的企业竞争优势与商业历史本身一样古老。还有一些类型的企业竞争优势虽然不是新出现的，但是在技术变革时代才兴盛起来。

什么不是真正的竞争优势：
不要把快速增长型企业和伟大企业混为一谈

要确定什么是竞争优势，我们要从确定什么不是竞争优势开始。正如巴菲特在《财富》杂志上的文章所说，企业快速增长并不等于企业有过人的竞争优势，将二者混为一谈，是动量投资者和成长型投资者都经常会犯的错误。这也是那些动量投资策略和成长型投资策略往往跑输市场的一个主要原因。

过分关注一家公司的短期增长率，其实会给你的股票投资带来灾难性的后果。我曾经有一个客户，拼命要买云通信供应商Vonage公司的股票。Vonage公司2006年上市，此前开创了网络电话业务，一时很火。但在研究这家公司所在的市场之后，我很快得出结论：其他公司都可以模仿Vonage公司的这种网络电话业务，Vonage公司根本没有什么办法能阻止。Vonage公司并没有护城河来保护自己的企业经济城堡，技术更新的速度并不比竞争对手快，成本也不比竞争对手低，而且Vonage公司的客户并不关心为他们接通网络电话的是哪家公司，只要接通得又快又好就行。

我劝这个客户不要投资Vonage公司的股票，我可以说是做了一件好事。经历过一段时间的暴涨之后，Vonage公司的收入和利润就开始暴跌，因为竞争对手纷纷进入网络电话市场，大幅压低了市场价格。Vonage公司上市时的股票价格为每股17美元，但是上市3年后，公司的市值蒸发了95%以上。上市15年后的2021年底，Vonage公司将自己卖给了另一家电信公司，股票的出售价格只比15年前的上市价格高25%。这样一算，上市15年累计上涨25%，平均下来每年升值比率只有1.5%，这种年化收益率的股票根本不可能长期跑赢市场。

生产手持运动相机的GoPro公司也是一个经典的反面投资案例。很多投资者把一时非常热门的产品和具备可持续竞争优势的业务混为一谈。这个案例发生的时间更近，情形更加糟糕。GoPro公司在2014年上市，市值高达30亿美元。手持运动相机让人可以在各种场景下自拍照片和视频，投资者爱死了这个产品创意，这让GoPro公司的股价快速上涨，市值涨了一倍。不幸的是，竞争对手也爱死了这个产品创意，纷纷抢着进入市场。手持运动相机市场一下子变得竞争非常激烈，狼多了，肉少了，利就薄了。如图5-1所示，GoPro公司的股价随之大幅下跌，与顶峰时期相比，股票市值蒸发了85%，而且再也没有恢复过来。

由于 GoPro 公司的产品与竞争对手的产品没有多大区别，所以 GoPro 公司股价东山再起、重回巅峰的希望极其渺茫。

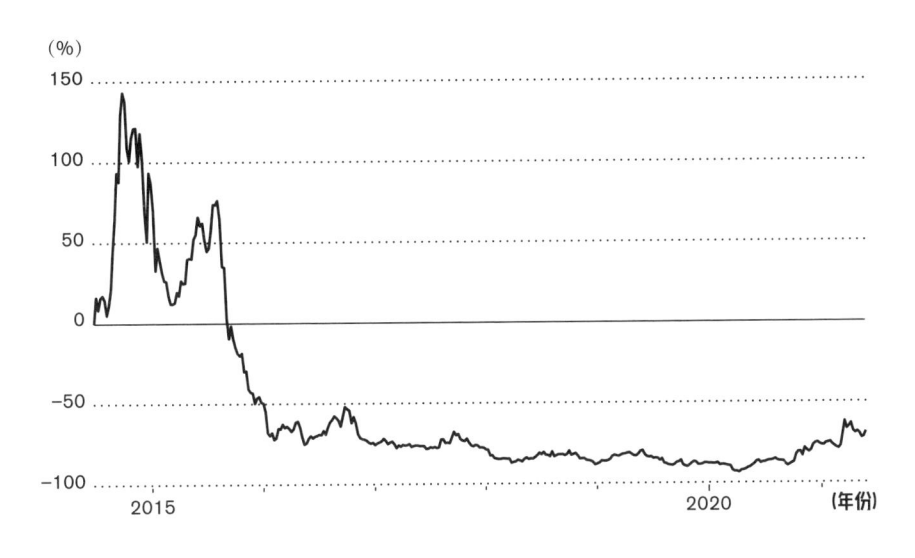

图 5-1　GoPro 公司上市以来的股价表现

资料来源：FactSet。

这样的案例再次证明了巴菲特说的那句名言："永远不要混淆成长型行业和盈利型行业。"如果你正在考虑投资一家硬件企业，你应该特别关注巴菲特的这句警告，因为硬件比软件更容易被人模仿。其实你应该时刻记住巴菲特的这句名言，因为这既适用于数字科技企业，也适用于非数字科技企业。永远不要混淆成长型行业和盈利型行业。我们以传统行业航空业为例。HEICO 公司、迪士尼公司和美国运通公司的发展都是因为受到全球航空旅行市场增长这股东风的推动，但在过去上百年的历史中，客运航空公司亏掉的钱比赚到的钱还多。为什么？因为达美航空、联合航空和其他航空公司相互之间长期竞争，但从来没有一家真正形成自身的过人之处。没有一家航空公司拥有十分引人注目的品牌，也没有一家航空公司的运营成本持续低于竞争对手。这些普通的航空公司做了所有普通企业会做的普通事情：争相降价，以此竞争为客户提供服务的机会，结果把几乎所有的利润都给了客户。偶尔，客运航空业也会转亏为盈，"这次不一样"的故事在证券市场上流传开来，客运航空股一时间变得很火爆。然而，每一次，客运航空公司又会开始进行价格竞争，结果再次把大部分利润送给客户。在这种情况下，最终的赢家往往是航空公司的客户。

竞争优势（护城河）1.0：低成本生产商

尽管美国三大航空公司达美航空、美国航空、联合航空的名气很大，可以说家喻户晓，但是你可能不知道，这三大航空公司在历史上都至少破产过一次。与此同时，在过去30来年的时间里，在飞机零部件这个大市场的一个很不起眼的小角落，只占据微小市场份额的HEICO公司股价增长了500倍。

这是什么原因呢？关键是低成本竞争优势，这是历史上最古老的护城河。

在玉米、糖、钢铁这样的大宗商品市场里，成为低成本生产商是一家公司唯一有希望形成的优势。人们并不太关心他们买的玉米或者钢铁是什么品牌，只要能达到一定的质量水平，客户就只会关心价格的高低。结果是，哪家企业能够以比竞争对手更低的成本生产大宗商品，以更便宜的价格出售，就能赢得很大比例的市场份额。低成本者得天下，这个大宗商品市场的定律永远不会改变，就像重力定律和热力学定律一样永恒不变。

这里说的"大宗商品"不仅包括实物商品，还包括消费者购买的那些除了价格没有什么其他区别的商品。人们去沃尔玛超市购物，不是因为喜欢这种购物体验，而只是因为价格便宜。从啤酒到西蓝花，沃尔玛超市所有商品的进货价格都比竞争对手更低，沃尔玛把节省下来的进货成本用更低的销售价格让利给消费者。许多工业企业能够获得低成本竞争优势，仅仅是因为扩张的速度更快，建立更大规模工厂的步伐比竞争对手更快。因为这些企业比竞争对手卖出的产品数量更多，所以这些企业能够把单位生产成本降得更低，能够拥有低成本优势。像美国钢铁公司、福特汽车、通用汽车这些规模巨大的企业就是这样创造出来的。

数字时代从许多方面改变了竞争格局。21世纪初，成为低成本生产商比以往任何时候都更为重要。在沃尔玛20世纪80年代大举扩张的时候，顾客不得不开车去购物，进入门店后才会发现沃尔玛的商品价格比竞争对手更低。可是电子商务发展之后，你足不出户就可以比较价格，在线购物。生鲜杂货配送服务商Instacart让你可以在家里在线购买各种日用杂货，而且在线比较克罗格、韦格曼斯、Publix等超市的价格，选择更低的店购买。谷歌和沃比斯旅程网会为你提供全面又即时的信息，告诉你哪里的机票和酒店房间最优惠。互联网让世界实现了彻底的价格透明，智能手机让你随时随地查看完全透明的市场价格，这些让网络购物近乎完美。现在，你可以在百思买商店打开手机查查其他商家的最新售价，看看是不是比这家店的价格更便宜。

大多数数字科技企业，至少是那些由软件驱动的数字科技企业，其竞争优势并非来自低成本。谷歌搜索和Orbitz旅游网站不会为你提供从美国纽约到墨西哥坎昆最便宜的机票,机票的事情还是得留给航空公司去做。数字科技企业的护城河主要来自先发优势和网络效应等奇迹般的现象,我们将在本章后面探讨这些内容。

竞争优势(护城河)2.0:品牌

有赖于自动化和大规模生产,工业时代人类的生产力水平和生活水平迅速大幅提高,休闲时间也迅速大幅增加。然而,有得必有失,人们在农业时代由于相互之间经常往来而形成的那种亲密感在进入工业时代之后就消失了。以前,欧洲人和美国人生活在农场里,自己做衣服,自己做奶酪,甚至自己酿酒。肉不是从超市买的,而是自己饲养的。

然而,数以百万计的乡村人口离开农场,前往工厂,从农民变成工人。他们停止了这类农业种植和养殖活动,开始从商店买肉、买奶酪、买酒。这些农民在变成工人之后,不再像以前生活在农场里那样,非常了解自己吃的和穿的东西是怎么来的,于是开始信赖那些以质量著称的制造商,开始依赖品牌带来的信任感。

梨牌肥皂公司(Pears)

肥皂是第一批大规模销售的商品之一,既可以用来洗衣服,也可以用来清洁个人卫生。19世纪早期,宝洁公司和高露洁公司都生产肥皂。在此之前,最火的肥皂企业是梨牌肥皂公司,尽管这家公司现在已经被人遗忘了,但是这家公司一路发展壮大的故事可以说明:品牌如何为公司构建护城河，让公司利润在一代又一代人的时间内持续增长。

梨牌肥皂公司的创始人安德鲁·皮尔斯是英国西南端康沃尔郡一个农民家庭的儿子，18世纪80年代末，这个年轻人坐船漂洋过海，来到了当时全世界最发达，也是英国最大的城市伦敦，成了一名理发学徒。不久后，安德鲁·皮尔斯在杰拉德大街开了一家理发店，自立门户。作为理发的副业，皮尔斯开始向伦敦市中心夜生活十分丰富又十分富裕的新潮男女出售化妆品。皮尔斯发现，客户经常用他的化妆品来遮盖受损的皮肤，而这些皮肤损伤主要是由含砷或含铅的肥皂造成的。皮尔斯意识到这是一个巨大的商机，于是开始研发更安全也更吸引人的肥皂。皮尔斯创新研发出一款半透明肥皂，由于加入了迷迭香和百里香，这种肥皂闻起来就像是进入了一座英国花园。

梨牌肥皂很快就成为富裕家庭必备的肥皂，但真正的突破出现在1805年之后，托马斯·巴拉特成为公司的领导人，想出了好办法向大众营销推广肥皂。1914年托马斯·巴拉特去世时，梨牌肥皂在英国和美国日益壮大的中产阶层中已经成为家喻户晓的著名品牌，托马斯·巴拉特也被公认为现代广告之父。托马斯·巴拉特属于第一代品牌人，他既懂得一个深受大众信任的品牌有多么巨大的力量，又懂得如何利用品牌的巨大力量来影响大众的生活。"早上好！你用了梨牌肥皂吗？"这是梨牌肥皂早年的一句广告语，过了100多年，直到20世纪，这句话仍然是英国人很流行的口头禅。为了寻找新的代言人，巴拉特举办儿童代言人选拔比赛，这场比赛本身就产生了宣传效果。在19世纪80年代，巴拉特聘请女演员莉莉·朗特里大做广告来宣传梨牌肥皂。1841年创刊的*Punch*杂志是世界上最著名的幽默和讽刺杂志，这个杂志不拘一格地将笑话、双关语、滑稽模仿、漫画和社会政治评论相结合，成了英国中产阶层生活的一个重要组成部分。在一期 *Punch* 杂志中，一位漫画家讽刺莉莉·朗特里的广告代言，画了一个流浪汉说道："我两年前用了你推荐的梨牌肥皂，从此之后就再也不用别的肥皂了。"托马斯·巴拉特不但不生气，反而引用这段讽刺的话，开始了新一轮的广告大宣传。

这种讲究方法、有条不紊的创意广告宣传让梨牌肥皂赢得了越来越多用户的忠诚和喜爱。尽管梨牌肥皂的原材料只不过是甘油和有香草味的松香，但是巴拉特知道，把梨牌肥皂作为大宗商品出售是愚蠢的。巴拉特拒绝走低成本生产商的发展路线，因为他知道，用广告宣传来强化消费者的品牌忠诚度，可以让公司赚到更多的钱。

品牌忠诚度是品牌与消费者之间情感联系的纽带，这种纽带让梨牌肥皂的销售价格比制造成本高好多倍。客户和品牌之间的这种无形联系明显具有很大的商业价值，却难以估算，这可难住了会计师。后来，会计师把这种著名品牌创造的巨大商业价值称为"商誉"，简单来说，商誉就是指具有巨大商业价值的品牌美誉。随着发达国家变得更加富有，其他同样聪慧过人的商人进一步扩大商誉理念的应用范围，从肥皂等必需消费品扩展到软饮料等非必需消费品。

可口可乐

约翰·斯蒂斯·彭伯顿曾在美国南北战争中负伤，后来在一家军事医院接受治疗，经常用吗啡来止痛，时间长了，结果对吗啡上了瘾。约翰·斯蒂斯·彭伯顿后来偶然发明了可口可乐。起初，彭伯顿不是将可口可乐作为饮料来推销，而是作为药水来推销，说可口可乐是神奇药水，喝了能治百病，比如消化不良、阳痿早泄、药物上瘾。不知道可口可乐有没有治好彭伯顿自己的吗啡上瘾。可口可乐的成分有99%以上是糖和水，但可口可乐公司的广告做得太好了，"要爽由自己""认真好嘢"，这些广告语让消费者习惯于相信可口可乐。几十年来，其他可乐品牌，如沃尔玛超市推出的山姆可乐等，一直想要用更低的价格打败可口可乐，但消费者就是拒绝改喝其他品牌的可乐。消费者爱死了听装可口可乐标志性的红底白字饮料罐，爱死了瓶装可口可乐那曲线曼妙的玻璃瓶身。

理解透了这一点，巴菲特在1988年大笔买入可口可乐公司的股票，并在30多年后仍然重仓持有。1998年，巴菲特在佛罗里达大学和大学生交流时说："可口可乐关系到世界各地人们的幸福感。""如果你跟我说，我要新开发一款可乐，卖到全世界，让50亿人从此爱上这款可乐。我会说，别吹牛了，你根本做不到。你可以去做你想做的任何事，比如到处做广告，或者周末大幅打折促销。但这些都动不了可口可乐的一根汗毛。可口可乐拥有企业最想拥有的东西。这种让你根本无法打败可口可乐的东西，就是护城河。"

今天，世界上有足够多的人赚到了足够多的钱，消费能力特别强的人相当多，以至品牌销售策略甚至延伸到了非必需品领域。一个爱马仕钱包，或一条爱马仕围巾，真的值2.5万美元吗？是的，只要爱马仕公司市场营销部门那些聪明的家伙做得好，能够很好地施展品牌宣传的魔法，他们就能让顾客相信花2.5万美元特别值。爱马仕公司的首席执行官阿克塞尔·杜马斯在接受《福布斯》杂志采访时说："我们的业务就是创造欲望。"

欲望是一种强烈的情绪，许多持久而有价值的生意都建立在欲望之上。爱马仕公司创立于1837年，2021年的股票市值为1400亿美元。

可口可乐公司创立于1886年，2021年的股票市值为2 600亿美元。与爱马仕公司同一年创立的蒂芙尼公司赚钱的秘诀是，把那些实质上属于大宗商品的珠宝放进蓝色的盒子里，然后摆在专卖店的柜子里，标上极高的价格，打上璀璨的灯光，让你看了就不想放手。爱马仕公司的一个主要竞争对手路威酩轩（LV）公司以接近160亿美元的价格收购了蒂芙尼公司，这相当于是Vonage公司和GoPro公司股票市值之和的3倍。

然而，重要的是你要意识到，大多数品牌都不会像蒂芙尼、爱马仕、可口可乐那样能够持续上百年。品牌忠诚度非常善变，就像爱上这些品牌的人一样善变。想想看，你年轻时热爱的品牌，你现在还是那么热爱吗？所以就护城河而言，品牌护城河是最脆弱的。梨牌肥皂的故事向我们展示了一个品牌是如何建立起来的，也向我们展示了一个品牌是如何瓦解的。巴拉特死后，利华兄弟公司收购了梨牌肥皂公司，后来，在这个综合集团旗下，梨牌肥皂在英国和美国逐渐失去了消费者的关注，也失去了市场份额。英美这些发达国家的消费者几乎完全忘记了梨牌肥皂，现在梨牌肥皂以印度为主要市场，是印度的第五大畅销肥皂品牌。

梨牌肥皂、Revco药房、Borden薯片、奶油城啤酒、维珍可乐、橘滋女装……那些已经死掉或者快要死掉的品牌清单可以列得很长，比现在存在的品牌清单长得多。在投资一家主要竞争优势是品牌优势的公司之前，你要确信这个品牌很有持久力才行。低成本的大宗商品生产业务可以继续扩大规模、降低价格、拓宽护城河，但是只有品牌优势的公司就没有这样的生产杠杆可用。就像布兰奇·杜波依斯说的那样，这些公司得依赖陌生人的好心帮助才行。

这句话在今天显得特别真实。在20世纪后半叶的大部分时间里，是电视支撑着大众品牌名扬天下，而电视现在正在死去。母婴日用品品牌 The Honest 正在蚕食强生公司过去巨大的市场份额，而这个品牌是演员杰西卡·阿尔巴 10 年前才创立的。这些新兴企业正在使用 TikTok 短视频平台和优兔视频网站等新兴传播渠道进行品牌推广，持续扩大规模，挑战传统品牌，增长速度快得惊人，做起来又非常轻松自在。尼尔克男孩（Nelk Boys）是一群 20 多岁的年轻人创立的服装品牌，这些年轻人一边在北美地区旅行，一边拍摄自己表演的恶作剧，在优兔有近 700 万订阅用户。这个服装品牌年销售额近 1 亿美元，正在考虑将经营范围扩展到男士美容产品、连锁健身工作室、避孕产品等领域。

然而，如今最强大的品牌属于大型数字科技企业。《广告周刊》报道，世界上最受信任的五大品牌是谷歌、贝宝支付、微软、优兔、亚马逊。数字科技企业的品牌力量非常强大，可以说大大超过那些依赖于时尚或消费者品位的消费品牌。谷歌公司的产品不是一种身份地位的象征，也不是一打开就冒泡的碳酸饮料，而是一个可靠的搜索引擎。消费者已经养成使用谷歌搜索的习惯，在日常生活和工作中每天都要使用这个搜索引擎。

因为数字科技企业的品牌与欲望创造完全无关，所以数字科技企业的品牌更有可能长期持续下去。软件企业只要继续为客户提供价值，就可以依靠实实在在的使用体验留住消费者，而不是像那些消费品牌一样用十分虚幻且难以把握的感觉留住消费者。亚马逊公司的首席执行官杰夫·贝佐斯在 1998 年的年度报告中写道："我们认为，顾客是有洞察力的，是聪明的，品牌形象应该遵循真实情况来塑造，不能走歪门邪道。"

竞争优势（护城河）3.0之一：平台和转换成本

在搜索引擎、电子商务、社交媒体，或者任何近几十年来诞生的新兴行业，如果一家公司打造了可以信赖的首选应用程序，消费者往往会受到强烈的吸引，蜂拥而来，结果让这家公司的应用程序成为事实上的大众标准。这样的产品本身就成了企业竞争优势的来源。一流企业做品牌，超一流企业做标准。用硅谷的行话来说，产品和服务形成平台，公司不仅能以此为核心赚大钱，还能向周边辐射，推出更多盈利的产品线来赚更多的钱。

苹果公司就是一家典型的平台企业。因为生产制造成本很高，苹果手机最初只是一款利润相对较低的硬件设备。然而，苹果应用商店销售的应用程序不用苹果公司花钱开发。软件开发商不仅要花钱开发应用程序，为了能够在用户超过10亿的苹果应用商店销售，这些软件开发商还需要向苹果公司支付30%的营业收入分成。

你应该关注哪些公司已经转型成为平台企业，或者哪些公司有潜力转型成为平台企业。用一个军事比喻来说，平台就像航空母舰，有面积巨大且火力强大的活动区域，企业拥有平台，就可以利用平台发动新的攻击。有些平台企业，比如苹果公司，特征很明显，而另外一些平台企业则有所不同，一般人并不能一下子就看出其平台特征。Roku 一开始只是一家普通的视频播放设备销售商，消费者可以用 Roku 公司的视频播放设备在家里观看网飞和其他频道的视频，但是后来，Roku 公司利用自己的市场主导地位，开始迫使流媒体频道分享出一部分利润。我错过了 Roku 公司，我要是一直用平台企业筛选工具来观察股票市场，就可能发现这只大牛股。

许多数字科技企业想成为平台企业，原因就像银行能同时向你出售多种金融产品一样：一家公司的业务勾住你的程度越深，你就越难以离开。用商学院的术语说，转换成本很高。转换成本构成了一种竞争优势，让企业能成为平台。

很多人习惯使用微软公司的 Word 和 Excel 办公软件，并用这两种软件格式制作了太多太多的文档和表格，要是更换成其他软件格式，得痛苦地折腾上好几个月才行。一旦你发现公司和消费者之间形成了这种很紧密的联系，你的选股雷达就应该马上开启。就像品牌一样，转换成本把消费者与产品捆绑在一起，而且，就像低成本竞争优势一样，转换成本是比品牌更有力量的竞争优势。顾客一旦习惯于使用一种产品，而且用得很舒服，就会很不愿意改变。

客户一旦习惯于使用一种产品，护城河上的吊桥就升起来了，可以公允地说，在今天任何一个数字科技行业板块，吊桥都是升起来的。无论是手机行业的苹果公司、搜索行业的谷歌公司，还是财务软件行业的 Intuit 公司，数字科技企业都经历过互联网热潮阶段，进入了创新学家卡洛塔·佩雷斯所说的"嵌入"阶段。消费者已经如此习惯于使用那些数字软件，以至可以说那些数字软件已经嵌入了他们的生活和工作，这种无缝链接的合作关系如同最结实的锁链，外力很难打破，即使在实际转换成本并不高的情况下，也依然很难打破。其实对用户来说，有时使用什么搜索引擎差别未必很大，从谷歌搜索换成必应搜索并不太难，但心理上的转换成本非常大。我习惯了使用谷歌搜索，谷歌搜索的使用体验一直很好，我为什么要换用别的搜索引擎呢？

竞争优势（护城河）3.0之二：先发优势或快速行动优势

"先发优势"这个术语来自国际象棋比赛。国际象棋的棋子有黑白两种颜色，白棋先走，黑棋后走，因此白棋占据先手优势。通常情况下，白棋在整场比赛中都处于先行一步的优势地位。商业领域也是如此。在一个新发现的市场中，谁先宣称主权，通常谁就会得到最好的那块"土地"，而竞争对手只能去争夺第二好的土地。

在技术进步和变革缓慢的时代，成为先行者往往足以建立持久的竞争优势。在大萧条时期，3M 公司的工程师理查德·德鲁发明了透明胶带。尽管透明胶带具有巨大的大众市场潜力，但在经济大萧条和股市大崩盘之后，美国企业的创新意识非常弱，以至没有一家公司想去模仿和改进 3M 的透明胶带产品。由于根本没有竞争，3M 公司的思高品牌透明胶带一直都是市场龙头产品，持续长达 30 多年，尽管 3M 公司一直也没有对产品做过什么实质性的改进。

你能想象吗，一家现代企业推出一种新产品，30 多年没有任何改进，这种产品还能一直保持市场龙头地位？在新经济时代，一家公司如果不能持续创新，想连续 30 个月保持行业头部地位都不可能，更不用说连续 30 年了。数字时代到来之后尤其如此。市场的变化速度飞快，快到残酷无情的地步。不是我不明白，是世界变化快。在技术变革时期，速度和创新比技术停滞时代重要得多。正因如此，马克·扎克伯格的座右铭一直是：快速行动，打破常规。埃隆·马斯克一直采用先发布后升级的商业模式，他领导的电动汽车公司特斯拉和太空探索技术公司 SpaceX 都是这样做的。与壕沟和护城河的比喻相比，马斯克与那些和他同类型的企业家更喜欢"抢占地盘"这个比喻。马斯克在 2018 年说："我认为光有护城河还不够……如果你唯一能够抵御敌军入侵的是护城河，那么你抵抗不了多久敌军的攻击。真正重要的是创新速度。"

尽管现在已经破产了，但是西尔斯百货公司有过长达百年的繁荣历史，且在 100 年里两次成为行业先行者。19 世纪初，理查德·西尔斯和阿尔瓦·罗巴克两个人注意到，一些美国农村地区的杂货店滥用自身在当地的垄断地位，销售质量低劣的商品，却还要收取高价。这是另一个寻租案例。随着美国邮政服务质量和速度的大幅提升，西尔斯和罗巴克两人开始给农村地区的居民寄邮购商品目录，目录上的商品种类繁多，价格实惠，人人都能买得起。西尔斯和罗巴克采用集中配送的模式，将所有商品集中在芝加哥的一个大仓库里，应用很多新技术，包括真空管，使工作人员可以把订单发送到仓库中正确的地方。后来，第一次世界大战爆发，美国经济开始从农村向城市转移，西尔斯公司去中心化，建立了一个百货商店网络，生意兴隆，繁荣发展了 50 多年。

西尔斯既没有发明邮购目录，也没有发明百货商店，所以严格来说，西尔斯在这两个业务中都不是先行者。然而，西尔斯在这两个业务中都是行动最快速且最具攻击性的。基于这个原因，"先发优势"或许更应该叫"快速行动优势"。HEICO 公司不是第一个制造通用可替换飞机零部件的公司，但拉里父子三人却是针对这个发展机会首次采取快速行动的人。

虽然在股票投资中，寻找这种能快速采取行动的企业是有用的，但你应该小心谨慎，不要仅凭先发优势做出买入决策。因为，先行者可能会由此建立竞争优势，但绝对不会永久保持这种竞争优势。HEICO 公司、GEICO 保险公司、亚马逊和其他优秀的公司都建立了属于次要地位的竞争优势，包括低成本竞争优势、值得信赖的品牌、广泛的分销网络等，以作为先发优势的补充。尽管马斯克对护城河嗤之以鼻，但他仍然利用特斯拉在电动汽车市场发展早期的领先优势，不仅建立了客户忠诚度，还建立了低成本竞争优势。由于特斯拉生产的电动汽车数量比其他公司多得多，其单位生产成本要比行业平均水平低 1/4。

竞争优势（护城河）3.0 之三：网络效应

现在，我开始讲最后一个竞争优势。从很多方面来说，这是所有竞争优势中最强大的一个。这就是网络效应。网络效应这个词用得好，抓住了 21 世纪早期经济充满活力、蓬勃旺盛的特点。

贝宝公司旗下的移动支付软件公司 Venmo 是一个很好的案例，可以让我们看到享有网络效应的企业能发展得多么快。十来年前，Venmo 公司迅速行动，开发出一种技术，让人们可以通过智能手机访问自己的银行账户，相互之间迅速付款转账。不知怎么，Venmo 公司发展出了一批忠实的早期用户，这些铁杆粉丝形成了一个核心，就像地球的核心具有地心引力一样，这些粉丝开始对其他人形成吸引力。加入的人越多，粉丝群体就越大，对外界的吸引力也越大，越能鼓励其他人加入。我是怎么下载 Venmo 这款手机应用的呢？因为我经常和一帮朋友一起吃饭，分摊餐费账单，或者一起看球赛，分摊门票费用，越来越多的朋友说"用 Venmo 付给我吧"，这样次数多了，我也自然而然地下载了 Venmo。

网络效应的传统说法是"良性循环"，不过搞数字技术的人更喜欢形象地称其为"飞轮效应"。飞轮是一个圆形的装置，历史悠久，可以追溯到遥远的石器时代。最早的水磨机就是用飞轮作为驱动装置的。后来，飞轮经过改良用在了工业时代的蒸汽机上。飞轮很重，所以很难转动起来，但飞轮一旦开始转动，要停下来就很困难。研究企业的作家吉姆·柯林斯这样写道："飞轮的每一次转动都建立在之前工作的基础上，使你以前投入的努力形成复利效应。先是加快一千倍，然后加快一万倍，再加快十万倍。巨大而沉重的圆盘向前飞速滚动，势头之猛，几乎不可阻挡。"

社交通信软件公司 WhatsApp 就具备这种飞轮效应，也就是网络效应。2014 年底，我管理的基金业绩很差，我情绪忧郁，在新年前夜独坐在办公桌前看新闻。我看到脸书出资 200 亿美元收购 WhatsApp 这家只有 15 人的小企业，这让我感到十分困惑不解。房屋租赁网站爱彼迎也是如此。纽约房租太贵，人们租房的压力太大，因此爱彼迎公司的创始人开始向游客出租自己租住的公寓房间。拉里父子三人在收购 HEICO 公司之后，早期非常艰难，同样，爱彼迎公司的早期发展也很艰难，但该公司逐渐发现了其他更多想要出租房间的公寓住户。更多的公寓出租房源吸引了更多的人来租房，这又激励更多的人把空闲的房间也放到网上出租，吸引更多的人租房，很快，爱彼迎公司房屋租赁业务的飞轮快速转动起来。正如爱彼迎公司所说的那样："租客吸引房东，房东吸引租客。"

飞轮效应、良性循环、网络效应，随你怎么称呼都行，正是因为这种动态发展机制，许多数字科技市场的产品"赢家通吃"，形成"一家独大"的局面。与饮料和啤酒完全不同，搜索引擎和社交媒体这些数字应用产品的市场往往只由一家公司主导。这种一家独大的市场主导地位就源于网络效应。人人都用脸书，因为其他人也在用脸书。谁还需要第二个社交网络平台呢？人们习惯用谷歌搜索，谷歌搜索很好用。既然用惯了又用得挺好，为什么要换用别的搜索引擎呢？

一个适用于任何市场的公理是：一家拥有网络效应的公司，其价值会随着用户的增长呈指数级增长。作为追逐伟大企业的股票猎手，我们不需要理解支持这个指数级增长公理的数学计算过程，但这个公理仍然对我们的投资很有启发意义。

网络技术的发展就遵循这样一个指数级增长定律，即我们经常说的梅特卡夫定律：网络的价值与网络连接用户数的平方成正比。根据梅特卡夫定律，一台传真机的价值是1的平方，也就是1个单位的价值；由两台传真机连接而成的网络的价值是2的平方，即4个单位的价值；而由4台传真机连接而成的网络的价值是4的平方，即16个单位的价值。爱彼迎这样的房屋租赁网站、脸书这样的社交网络，以及其他任何连接人与人的网络，其价值都等于这个网络连接的用户数的平方。就像每一次转动都会加强飞轮的势能一样，每增加一个用户，网络的力量就会指数级增长。

"网络"这个词早在16世纪30年代就出现了，距今将近500年。那个时代的作家使用网络这个词来描述英国刺绣中互相交织的图案。现代意义的"网络"第一次出现在对20世纪30年代英国河流和运河系统的描述，正是这种相互交织的河运网络，将当时正在工业化进程之中的英国各个地区连接起来。亚历山大·格雷厄姆·贝尔在1885年创建了美国国际电话电报公司（AT&T），建立并运营后来我们所说的电话网络。后来，随着广播和电视的发明，广播电视网络出现。

这些网络当时看起来规模庞大，令人印象很深，但是和现代数字网络一比，就小得简直微不足道了。河运网络、电话网络和电视网络通常只会覆盖一个国家的人，而脸书、WhatsApp、爱彼迎几乎覆盖了全世界所有的人。因此，这些现代数字网络的价值比之前的任何网络都要大好多好多倍，用数学的说法是几何级放大。在 1984 年拆分之前，美国国际电话电报公司的电话和电报网络覆盖了 2.35 亿美国人，每个月的访问量近 30 亿人次。脸书的用户网络规模要比美国国际电话电报公司大 12.5 倍多。按照梅特卡夫定律，假设两个网络的单个用户价值相等，那么脸书网络的价值就是美国国际电话电报公司网络价值的 150 多倍（你算算，150 将近是 12.5 的平方）。

请注意，网络的价值与网络连接用户数的平方成正比，这仅仅是一个理论。就像约翰·伯尔·威廉姆斯的现金流量折现理论一样，我们不能用梅特卡夫定律来评估数字科技企业的价值。然而，梅特卡夫定律能够非常直观地证明，在数字时代诞生的新兴网络科技企业确实具有巨大价值。

即使是梅特卡夫定律也没有完全准确地展示出数字科技的力量，因为这个定律根本没有考虑到一个经济事实，那就是：脸书、谷歌和类似的数字科技企业可以说一美元都没有花，就建立起了巨大的、几乎覆盖全球所有人的网络。数字网络平台可以说是史无前例的，这要归功于这些网络平台能够触达全球所有地区的所有人。数字网络平台在另一个重要方面也是独一无二的：这些网络平台运行在由别人建造且由别人付费的网络基础设施上。

与英国工业化时代早期的水路运输网络不同，网络科技企业并不需要花费数十亿美元去挖掘运河，因为硬件科技企业已经把基础设施建设的活儿干了。而且硬件科技企业之间还彼此竞争，争相制造功能更强大的网络连接设备。与电话网络时代不同的是，数字网络时代的企业不需要再去穿越高山、跨越峡谷，非常艰难地铺建网线和光缆。这些网线和光缆早就铺建好了，形成了全球互联的有线网络。即使是没有网线和光缆的地方，像美国国际电话电报公司和威瑞森通信公司这样的企业也投入了巨大的资金为其建立无线网络，以作为对有线网络的补充。思科、阿尔卡特和朗讯这样的硬件科技企业为人类的进步做出了巨大贡献，是这些企业制造了运行网络所必需的硬件科技设备。但是，因为这些硬件企业生产的产品，包括电线、路由器，等等，都属于大宗商品，只有成本优势，没有品牌优势，所以这导致企业的股东从来没有为此得到回报。现代数字网络所积累的价值大部分都进了软件科技企业的腰包，因为是这些软件科技企业开发的数字应用让我们这些网络用户方便地在网上搜索、购物、聊天，以及在线使用其他重要功能。

现在有好多网络科技企业拥有全球化网络，能够触达全球用户，却可以说几乎不用为此花钱。数字时代之前从来没有这样的事。难怪巴菲特和芒格都为此惊叹，也难怪数字科技企业会发展得么大又那么快。

第 6 章
管理质量（M）：有些事情永远不会改变

为什么亚马逊股价长期表现明显要比谷歌好得多？

我给客户管理的股票投资组合中有谷歌母公司 Alphabet 和亚马逊这两家公司的股票，相比之下，Alphabet 公司的业务质量明显更好。Alphabet 公司的业务基于软件，几乎不需要投入什么运营成本，是价值投资 3.0 版本高质量业务的完美典范。相比之下，亚马逊公司的两大主要业务都具有很明显的旧经济特征。为了给电子商务部门配置实体设施，亚马逊花费数十亿美元。为了给云计算子公司亚马逊网络服务（Amazon Web Services）打造硬件基础设施，亚马逊也做出了类似的大规模投资。按照一般人的想法，在其他方面相同的情况下，Alphabet 公司相对而言资本投入要少得多，因此盈利能力要强得多，所以股价长期表现应该好得多才对。但在图 6-1 中，两家公司股价的历史走势告诉我们，实际上并非如此，亚马逊股价长期表现明显要比 Alphabet 公司好得多。

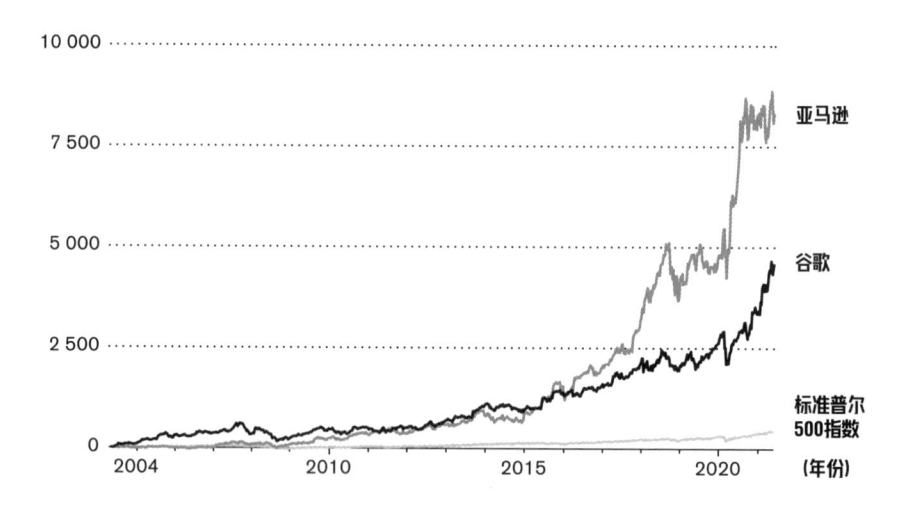

图 6-1　Alphabet 公司自 2004 年 8 月上市以来的总体涨幅

资料来源：FactSet。

为什么亚马逊的股价表现更加出色？答案是，亚马逊的管理好得多。

这两家公司都雄心勃勃地追求高成长，也根本不怕花大钱，但亚马逊的支出更具有针对性，财务操作上也更加老练。Alphabet 公司投资了十几个类似"登月计划"的探险项目，为此每年都要亏上几十亿美元。但是，贝佐斯的"蔚蓝起源"太空探险项目并未列入亚马逊公司的业务，这位创始人花的只是他自己的钱。亚马逊应对问题的方式是一种严格的信息驱动方式，这和那些优秀投资者应对投资问题的方式十分类似。贝佐斯在 2005 年致股东的信中写道："我们在亚马逊的许多重要决策都是根据数据分析做出的。数据分析可以告诉我们明确的结论：这个决策是正确的还是错误的，这个结果是更好的还是更差的。数据分析是我们喜欢的判断和决策方式。"在 Alphabet 公司多年来致股东的信中，你很少能找到如此清晰的表述。[1]贝佐斯每年都会向股东做出如下承诺："我们将继续用数据来衡量我们的项目进展以及投资的有效性，对投资收益率低得不可接受的项目选择放弃，对投资收益率非常高的项目加大投资。"公司的业绩表现与管理层所陈述的这种决策方式直接相关。

管理质量二问：德才兼备

贝佐斯言行一致，其投资管理决策在过去15年间一直表现出高度的严谨性和纪律性。我们如何才能找到贝佐斯这样的企业经理人呢？哪些现象可以证明，一家公司的管理层确实是全心全意在为股东的最高利益服务呢？这些问题可不容易回答。但是，我在研究了拉里·门德尔松管理HEICO公司的案例之后，形成了一个管理质量分析框架，我称其为"管理质量二问"：

> 管理质量二问之一：大德忠诚可靠。企业管理者是否像企业所有者一样思考和行动？
>
> 管理质量二问之二：大才很懂增值。企业管理者是否全面、深入地理解是哪些关键因素驱动企业价值增长？

---

[1] Alphabet公司管理层缺乏专注力的情况正在发生变化，因为公司创始人已经把业务运营的控制权移交给了一位非创始人。正如我在第9章会探讨的那样，这种管理层变动是我们更加看好Alphabet公司股票的一个主要原因。

与分析业务质量和股票价格不同,在分析管理质量时,我们不必因为需要将数字时代的新特征纳入考虑而调整我们的分析方式。尽管很多事情在几十年间都发生了变化,但是我们在分析一个管理团队时应该关注的问题并没有发生变化。前面提到的管理质量二问适用于任何时代,包括现在的数字时代。即使你要评估 2 000 多年前种植小麦的苏美尔农场主,或者 300 多年前中国清朝一家大米商行的负责人,关键也是管理质量二问。按照彼得·林奇关于企业质量的说法,卓越的管理团队肯定比一般的管理团队做得更好,你投资什么水平的管理团队,就会相应地获得什么水平的回报。我们只需要知道一流管理团队需要具备什么特征就行了。

管理质量二问之一:大德忠诚可靠。企业管理者是否像企业所有者一样思考和行动?

对待自己经营管理的企业,优秀的企业经理人应该像对待自己家的企业一样。要是你之前并不了解上市公司的经营管理方式,你可能会惊讶地发现,大多数企业高管都不会这样做事。用卡尔·伊坎那个生动而准确的比喻来说,大多数企业经理人像是庄园的看护人。庄园的主人平时不管庄园的事,可以说山高皇帝远,看护人自由自在,高兴做什么就做什么。看护人管理庄园,主要是为了让自己得到更多好处,而不是为了让庄园的主人得到更多好处。大多数企业经理人也是这样做事的,不为股东谋取更多利益,而为自己谋取更多利益。

可以说,美国上市公司本质上已经变成了官僚机构,这一点可以用于解释企业高管自私自利的行为方式。一个人要想在大公司取得成功,必须用几十年的时间证明自己,要想当上首席执行官,通常得奋斗到 50 来岁。而《财富》世界 500 强企业首席执行官的任期平均只有 10 年左右。当上首席执行官之后,只有 10 年左右的时间做事,这就使得大多数高管不再积极追求公司的长远发展,因为即使前人栽了树,也是后人来乘凉,10 年之后退下来时,自己还吃不到果实呢。这些首席执行官最关心的不是求进,而是求稳,只要让公司继续保持在稳定的发展轨道上不出问题,就行了。这些首席执行官将主要精力放在个人财富的增长上,尽可能想办法让自己变得更加富有,不然一退休就什么好处也捞不到了。

这不是我们长期股东想要的企业经理人。我们这些长期股东想要的企业经理人是那种全心全意为主人服务的大管家,始终把企业利益和股东利益置于个人利益之上。在本章后面,我们将要探讨,你需要找到哪些具体特征,才能确认找到的是这类全心全意为股东服务的企业高管。

管理质量二问之二:大才很懂增值。企业管理人是否全面、深入地理解哪些关键因素驱动企业价值增长?

每个高管都应该执迷于自己管理的企业,但执迷本身并不足以成就一个卓越的经理人。非常优秀的高管与普通高管的区别在于,非常优秀的高管能够非常详细、具体、深入地理解那几个与长期财富创造相关的关键财务指标。企业经理人应该了解我们在第 5 章讲的几个不同类型的竞争优势,并且知道如何用具体的财务指标来衡量企业的竞争优势。这些指标将帮助企业经理人对自己能在多大程度上把公司业务的定性优势转化成定量优势进行客观衡量。也就是说,股票价格能否长期跑赢市场,跑赢的幅度有多大。

如果不具备这些能力，企业经理人无论如何执迷于自己管理的企业，都无法为股东实现卓越的长期回报。不理解驱动企业价值增长的因素，就像外行开火车，尽管想要像火车司机一样思考和行动，但由于并不懂火车是怎么运行的，也不懂该如何操控火车，所以即使人坐在火车驾驶室里，也照样不会开火车。

再说一次，你会惊讶地发现，这种坐在火车驾驶室却不会开火车的无能司机在上市公司里非常普遍，可以说多的是。我在戴维斯精选顾问公司做基金经理时，经常接待来访的上市公司首席执行官。我经常会提出一个问题，以测试这些人是不是真的有财务头脑。这个问题是关于资本收益率的。资本收益率这项财务指标非常关键，每个公司高管都应该深入理解。

我的问题是："在你看来，重点关注哪个财务指标更重要，是营业收入和利润增长率，还是资本收益率？"正确答案是资本收益率，我们将在本章后面详细探讨这个问题。只要有足够多的资本去投资扩张，任何一个企业经理人都可以实现企业营业收入和利润的增长。资本收益率才是最重要的事。

可是这些首席执行官十个有八个都回答错了。有一个嘟嘟囔囔，结结巴巴，说了很长时间，显然听不懂这个问题是什么意思。我都替他尴尬，就转移了话题。另一个回答得果断多了，但答案并不正确，因为他毫不犹豫地说："营业收入和利润增长率。"然而这个首席执行官在回公司之后的第二天打来电话跟我说，他想明白了，"资本收益率才更重要"。

让我高兴的是，他终于找到了正确答案，但让我不高兴的是，他很可能是从首席财务官那里找到的正确答案。首席财务官接受过财务基本原理的系统训练，当然明白这个重要的财务指标，但是，首席财务官往往没有权力在公司的业务管理中应用这些基本原理。

在戴维斯精选顾问公司工作期间，我注意到，最热衷于拜访基金公司的首席执行官往往管理出来的上市公司是最平庸的。这类首席执行官的能力更多地体现在亲切友好地与人沟通交流上。这类首席执行官擅长给别人留下好印象，认为要让自己管理的公司股价跑赢市场，最好走的路线是说服基金经理买入自家公司的股票。这种说得天花乱坠、拼命忽悠基金经理的策略从来都行不通。长期下来，上市公司的股价表现是由其业绩表现驱动的，而业绩表现是由企业高管专注于关键价值驱动指标驱动的。上市公司高管拜访机构投资人，这并不属于驱动企业价值增长的关键指标。

正因如此，我们很少看到那些专注于干实事的企业经理人前来拜访基金公司，因为这些企业经理人天天都忙着经营管理企业，为股东多赚钱呢。戴维斯精选顾问公司偶尔也接待过这类干实事的企业经理人，其中一位是保罗·沃尔什，这位说话非常直率的英国企业经理人管理帝亚吉欧公司（Diageo）多年，让帝亚吉欧公司从一家处于行业中游的企业发展成为啤酒和烈酒领域的龙头企业。我们基金公司只接待过一次他的来访。另一位是瑞克·莱尼，他是100多年来好时公司聘请的第一位外部经理人，他确实会定期拜访我们基金公司，但他每次都是一个人来，没有任何随行人员。我把随行人员数量作为一个非正式的管理质量衡量指标，是因为我发现了一个规律：首席执行官在拜访基金公司时带的随行人员数量越多，这家上市公司的股价表现往往越差，二者之间成反比。惠普公司的首席执行官卡利·菲奥利那每次拜访基金公司，身后总是跟着一个庞大的随行团队。不仅如此，我们基金公司每次都会早在几星期之前就知道菲奥利那要来了，因为菲奥利那的安保人员会提前几星期派出一队警犬，来我们的办公室到处检查有没有藏着炸弹。按照我那个非正式的管理质量衡量指标，我并不惊讶地看到，在菲奥利那任职期间，惠普公司的股价表现严重落后于市场。

管理质量分析如同拼图

通常评估企业管理质量最好的入门方法是先评估你最了解的企业管理团队，比如你自己所在公司的管理团队，或你所在行业的其他公司的管理团队。关注你熟悉的公司高管并不属于违法搜集内幕信息。传奇基金经理彼得·林奇的投资策略就是"投资你懂的东西"。投资自己熟悉、了解的经理人所管理的企业，是彼得·林奇投资策略中必不可少的重要组成部分。你从日常生活和工作经历中获得的信息和见解就像拼图中的一小块。平时，你从这里或那里一小块一小块地将零散的信息搜集起来，随着时间的推移，大量零散的信息会逐步拼成一个完整的图案，让你得出整体性的投资结论。每一小块信息看起来都微不足道，但这些信息聚到一起，就会形成完整的图案。

你甚至不需要身处其中，就可以找到这些小块的信息，以帮助你评估某个行业中某家公司的管理质量。有一个经典例子。20世纪70年代，一家餐厅的服务生果断买入了一家上市公司的股票。这个服务生在上班时为这家公司的团建活动提供过服务。在观察了高管在活动上的表现之后，这个服务生决定买入这家公司的股票。这个服务生注意到，这家公司的高管在活动中体现出的是一种轻松、朴实的企业文化，不像很多其他公司的高管，在聚会上经常有很明显的互拍马屁行为。这家公司的高管之间既相互表扬又相互批评，通过这种方式为集体赋能，这种企业文化非常少见。所以，这个服务生推断，这家公司的股票值得关注。这个服务生后来解释说："这些年来，我服务过很多公司的团建活动，大都会是唯一一家我在活动现场分不清谁是高管的公司。"[1]

我们在第 3 章讲过，大都会公司是一家旗下有很多地方电视台的上市公司，巴菲特曾在 1985 年重仓买入大都会公司的股票。巴菲特重仓买入大都会公司的股票有两个原因。第一个原因与业务质量有关，广播电视在 20 世纪后半叶是非常出色的业务，可以说是一座收费桥梁，消费品厂商必须通过这座桥梁触达消费者。第二个原因与管理质量有关，30 年来，大都会公司一直由汤姆·墨菲管理，巴菲特非常信任这位经理人，甚至把伯克希尔-哈撒韦公司在大都会公司的股东投票权交给汤姆·墨菲代为履行，这可以说是股东信任管理层的最高境界了。

巴菲特曾说："我的管理知识，大部分都是从汤姆·墨菲那里学来的。"也许我们同样能从汤姆·墨菲那儿学到一些管理知识。

管理质量分析案例之一：大都会公司的汤姆·墨菲

为什么巴菲特如此信任和钦佩汤姆·墨菲？

首先是因为，汤姆·墨菲具备巴菲特特别看重的品质：诚实、谦逊、明智。这些也是我们大多数人看重的品质。巴菲特也非常欣赏大都

---

[1] 这个故事，还有本书提到的其他很多企业管理人的故事都来自威廉·桑代克的作品《商界局外人：巴菲特尤为看重的八项企业家特质》。在评估公司首席执行官时应该注意哪些品质这个问题上，我读过的书里，《商界局外人》讲得最好。

会公司那种低调的、分权的企业文化，就像那个餐厅服务生在这家公司的团建活动上所观察到的那样。巴菲特最欣赏的一点是，尽管汤姆·墨菲持有的公司股份从未超过1%，但他的行为表现却像企业所有者一样。汤姆·墨菲好像天生就有那种老派管家的意识，始终把主人的利益放在第一位。

在你的管理质量评估指标清单上，这种把企业所有者即股东的利益放在第一位的态度应该排在第一位。具备这种态度的企业管理人实在是太罕见了，让人一下就能看出来。

以汤姆·墨菲为例，他对股东的忠诚表现为节俭到近乎神经质的程度。在汤姆·墨菲管理大都会公司旗下位于奥尔巴尼的附属电视台WTEN（第10频道）时，由于总部大楼十分破旧，外墙油漆多处脱落，老板下令让汤姆·墨菲给大楼的外墙刷刷漆，维护一下公司的形象。结果，汤姆·墨菲只让人刷了总部大楼朝向街道的两面外墙，根本没管背后面向高速公路的那两面外墙。汤姆·墨菲后来一路晋升，成为大都会公司的首席执行官，后来又领导大都会公司兼并美国广播公司，成为合并后的大都会传媒集团的首席执行官。他的职位越来越高，但是节俭的作风丝毫没有改变。在被大都会公司收购之前，美国广播公司是美国三大全国性电视台之一，总部设在纽约，高管们都乘坐公司配备的豪华专车上下班。汤姆·墨菲在接手管理之后，马上就取消了以前美国广播公司高管的豪华专车待遇，这些人只能坐出租车上下班，而汤姆·墨菲本人也一样只坐出租车上下班。在必须从纽约去洛杉矶出差时，高管们的出差待遇标准和汤姆·墨菲一样：坐经济舱。

汤姆·墨菲的故事很有参考意义，因为他尽管很节俭，却并不吝啬。涉及重要项目时，广播电视行业没有人比汤姆·墨菲更舍得花钱。

这是卓越管理者的另一个重要标志：决策以效益最大化为目标。

在汤姆·墨菲身上，这表现为将爱省小钱与爱花大钱这两种看似矛盾的情况集于一身：不舍得花小钱为总部大楼粉刷全部外墙，却舍得大把花钱为新闻编辑室进行高规格装修并高薪聘请著名主持人。汤姆·墨菲问自己：我怎样才能将电视台的盈利提升到更高水平？削减成本，至少在短期内是可以提升盈利的，但从长期来看，地方电视台的盈利全靠吸引更多广告收入，而在核心业务上削减成本，将会削弱大都会公司吸引广告收入的能力。提升盈利更好的方法是进攻，进攻，再进攻。汤姆·墨菲知道，哪家电视台主导晚间新闻节目的收视率，就会主导整个晚间的收视率。因为电视观众晚上 6 点看的是哪家地方电视台的新闻，就会一直停在哪个频道上，看到上床睡觉。汤姆·墨菲推断，哪家电视台吸引的观众人数最多，从当地汽车经销商、商场、超市吸引到的广告投放收入也会最多。

为了主导晚间新闻节目的收视率，汤姆·墨菲就得大把投入，聘请著名主持人和优秀的记者、编辑，装修最吸引人的直播间。但汤姆·墨菲也知道，一旦人员配置到位，装修到位，这些成本支出就从此固定不变了，之后不用再多投入增量成本从竞争对手那里抢增量广告投放，那么这些增量广告投放给电视台带来的营业收入将 100% 成为增量利润，用专业术语来讲，营业利润率将是 100%。

事实证明，汤姆·墨菲的推断是正确的。虽然大都会公司在新闻编辑业务上的支出是业内最高的，但其营业收入创造的营业利润率也是业内最高的。美国地方电视台平均营业利润率是 25%，但汤姆·墨菲管理的那些地方电视台比平均水平高 1 倍左右。

大都会公司如此高的营业利润率比同行高 1 倍，这表明，汤姆·墨菲很懂如何打造一家盈利表现出色的好公司。汤姆·墨菲不仅领导大都会公司发展成为电视传媒行业巨头，而且在他任职期间，大都会公司股价的年化复合增长率也是市场平均水平的两倍。

然而，具有讽刺意味的是，要想成功打造一台财务增长发动机，管理者首先需要做的是不过度关注细节。卓越管理者和能干管理者的关键区别在于，卓越管理者能够从基本原理上抽象地理解企业价值，能够从数学角度理解和计算企业价值。卓越管理者并不在意企业的业务是在电视行业还是在零部件行业。卓越管理者把自己对企业的感情放在次要位置，而把为企业所有者即股东创造更多财富放在首要位置。抛开个人感情能让企业管理者头脑更加冷静清晰地做出投资决策。在这个方面，卓越的企业经理人就像价值投资者一样，时刻保持纪律性，按规矩做事，十分客观中立，不带个人感情色彩。就像 HEICO 公司的拉里·门德尔松一样，卓越管理者的核心任务就是产生现金流量。

好的企业经理人关注的是这样一个财务指标，这个财务指标既能反映出利润表上的短期费用支出，又能反映出资产负债表上的长期资本支出。这个财务指标就是资本收益率。你不需要知道如何计算资本收益率，因为资本收益率可以用多种方式来计算。然而，如果你是非常严肃认真地想要挑选出值得长期投资的大牛股，你就应该深入理解资本收益率到底是怎么一回事，又为什么如此至关重要。

我们先来看看资本收益率的计算公式。

税后净营业利润（NOPAT）÷ 投入资本 = 资本收益率

资本收益率计算公式的分子是"收益"，是指一家公司目前的盈利水平，这里不考虑利息成本，用税后净营业利润来代表。

资本收益率计算公式的分母是"资本",是公司为了产生回报而必须投入的资本数量。

这里先加一段专业一些的解释,你感受一下那些财务专业术语听起来多么难懂。税后净营业利润(net operating profit after tax,英文缩略词为 NOPAT)是指,公司不包括利息收支的营业利润扣除实付所得税税金,加上折旧及摊销等非现金支出,再减去营运资本追加投资和物业、厂房、设备及其他固定资产方面的投资支出。税后净营业利润实际上是在不涉及资本结构的情况下公司经营所获得的税后利润,即全部投入资本的税后投资收益,反映了公司全部投入资本的盈利能力。

我再举个简单的例子解释说明一下,你就好懂了。我们给孩子们每人 25 美元,让他们周末去街上摆摊卖柠檬茶。25 美元代表孩子们摆摊投入的"资本",他们可以用这些钱买柠檬、糖、纸杯等。大多数父母应该都很乐意放手不管,让孩子想怎么做就怎么做。有的父母如果想培养一下孩子的商业和财务头脑,可能会等到星期日晚上孩子收摊回到家里之后,问孩子一系列关于财务的问题,借这个机会给孩子上一堂实用的财务分析课。

"在摆摊卖柠檬茶这件事上,你投入的资本是 25 美元。那么,这笔资本投入获得的收益有多少?你赚到手的利润是 1 美元、2.5 美元还是 5 美元?"

要是赚到 1 美元的利润,资本收益率就是 4%(1 美元 / 25 美元),这个水平很糟糕。

要是赚到 2.5 美元的利润,资本收益率就是 10%(2.5 美元 / 25 美元),这算是平均水平。

要是赚到 5 美元的利润,资本收益率就是 20%(5 美元 /25 美元),

这就是一流水平了。HEICO 公司的资本收益率就在 20% 左右。

向十来岁的孩子提一连串财务问题，这种父母相当少见，说他们古怪也不为过。然而，他们其实是在和孩子分享做企业的秘诀，这个秘诀只有最优秀的企业经理人才懂，那就是：用最少的资本投入获得最多的利润回报，是一家企业长期成功经营的关键所在。大都会公司的汤姆·墨菲曾经这样说："我们的目标不是扩张规模，成为最长的火车，而是提升效率，用最少的燃料率先到达目的地。"

但是，你要小心，高回报会引来更多的竞争对手。如果你的孩子星期六上街摆摊卖柠檬茶，赚到了 5 美元，用 5 美元除以 25 美元的投资资本，得出资本收益率高达 20%，那么你可能会想："邻居的孩子知道我们摆摊卖柠檬茶这么赚钱吗？他们是不是第二天也要出来摆摊卖柠檬茶，就在街对面直接跟我们竞争？他们会不会卖更低的价格，跟我们抢生意？如果出现这样的情况，我们该如何应对？我们的品牌是不是很强大、很有吸引力？我们是不是得筹集更多的资本来制作广告牌，吸引更多的客户？"

无论是卖柠檬茶的街头小摊还是投资几十亿美元的风力发电厂，还是开发手机约会软件的数字科技公司，对任何企业来说，实现投资回报最大化都是一门艺术。投资行业将这门艺术称为"资本配置"。你不用一听到这个枯燥的专业术语就吓得想跑，其实管理大型企业和在街头摆摊的道理是一样的，都是追求用最少的资本投入实现最大的回报。你必须找到懂得如何做好资本配置的企业经理人。能够经营好日常业务的企业高管多的是，但懂得如何高效利用公司资源来做好资本配置的企业高管却少得很。

资本配置的一个关键部分是并购，并购关键在于以下三大问题：要不要并购？何时并购？如何并购？并购企业涉及大规模的资本支出，影响重大。汤姆·墨菲很懂得如何做好并购。美国广播电视行业的大整合就发生在汤姆·墨菲将大都会公司和美国广播公司合并管理期间。汤姆·墨菲也知道在并购问题上什么时候该出手，什么时候该克制。像一名优秀的投资者一样，汤姆·墨菲经常耐心地等待市场先生低价出售。通常这样的机会出现在经济衰退时期，这时广告市场大幅下滑，广播电视公司一时利润大幅下降，令人沮丧。虽然汤姆·墨菲参与过几十家媒体企业的资产拍卖，但他从未赢得过一次竞价，因为他从来都不是那个出价最高的人，难怪抢不到，不过也肯定亏不了。

一个企业经理人对待自己管理的公司和公司发行的股票是什么态度，是随心所欲还是小心谨慎，这是你应该关注的另一个管理质量评估关键因素。用股票作为并购支付对价，通常既会降低公司的资本收益率，也会摊薄个人股东原来的股权比例。比如我持有一家公司 5 股股票，这家公司的股份总数为 100 股，那么我就拥有这家公司 5% 的股权。但如果该公司再发行 100 股股票用于收购别的企业，分子没变，分母大了 1 倍，那么我的股权占比就从原来的 5% 一下子变成 2.5%，缩水了一半。汤姆·墨菲从未以增发股票的形式收购过别的公司。他选择通过融资进行收购，在完成收购交易之后，再用大都会公司源源不断的现金流来陆续偿还债务。

如果汤姆·墨菲找不到有吸引力的可收购企业，他就会通过买入他自己最熟悉、了解的股票来进行投资，也就是回购自家公司的股票。回购股票与发行股票正好相反：回购会减少流通股数量，分母变小，分子不变，也就会提高股东原来持股所拥有的股权比例。这对公司的资本收益率来说也是大好事，因为一家公司用多余的现金回购股票时，公司的资本基数就会缩小。分母变小了，而作为分子的盈利没有变化，资本收益率自然就会随之提升。在30多年的任期里，汤姆·墨菲从公开市场回购了大都会公司将近50%的股票，他回购自家股票的方式与他买入其他传媒资产的方式完全一样，都是等到市场定价水平偏低时才出手。在低估时买入股票才便宜。

汤姆·墨菲很少给公司高管和员工发放股票期权，对待他自己也是如此。汤姆·墨菲知道，每发放一次股票期权，都会摊薄现有股东的股权比例。公司高管是否经常用股票期权激励员工，特别是激励他们自己，这是对管理团队的另外一个绝佳测试。通过这个测试，你能看出公司高管对股东来说是哪种大管家：是只想多揩主人油的坏管家，还是全心全意为主人谋利益的好管家。巴菲特曾经说过，对任何一家公司来说，每年以股票期权或限制性股票的形式增发的股票数量如果超过公司当前流通股总数的1%，都可以说太多了。和往常一样，巴菲特的推断逻辑很清楚：如果一家公司每年能让股东权益增长10%，而公司高管和员工每年获得的股权占比为2%，那么实际上，他们从当年股东权益增量中拿走的那一块占比就高达20%。所以，在大都会公司任职期间，汤姆·墨菲每年用于员工激励的股票数量平均不超过公司股份总数的1%。这一点并不会让我们感到吃惊，汤姆·墨菲就是这样一个全心全意维护股东利益的忠心管家。

尽管我认为巴菲特的这条"1%法则"很有道理，但我也应该指出，数字科技企业很难完全遵循这个股权激励上限标准。数字科技企业每年向员工发放3%~5%的股份并不是什么罕见的事情。看到企业拿出这么高比例的股票进行股权激励，巴菲特和汤姆·墨菲肯定会气得满脸通红，说不定还会张口大骂。

如此进行股权激励，确实有些太大手笔了。但是我们应该看到，许多数字科技企业都处于初创阶段。在创业初期这个背景下看股权激励这件事，你就能想明白了。大多数初创企业根本没有现金流入账，只有支出支出再支出，所以这些企业在招募人才时无法提供高薪，只能提供股票期权，其实是拿未来的钱吸引现在的人给企业好好干活。数字科技企业的盈利增长速度远远高于美国企业的平均水平，这是另一个缓和因素，减轻了发放股票期权占比过高的问题。发的多，赚的更多。

尽管如此，我们还是应该留意数字科技领域那些荒唐离谱的股权激励。埃隆·马斯克是一位工程制造行业的天才，但是不管马斯克创办哪家企业，我也许永远都不会投资。马斯克和特斯拉公司董事会成员的行为已经表明，他们根本不尊重其他股东。2018年，特斯拉公司董事会批准向马斯克个人发放2 000万股期权，用董事会的话来说，目的是"激励他继续长期领导特斯拉"。这些股票期权按照当时特斯拉股票的市场价格计算价值23亿美元。这一行为稀释掉了现有股东12%的股权，而向马斯克发放这些股权的理由更是荒谬可笑。马斯克已经拥有特斯拉近4 000万股股票，持股占比超过20%，是妥妥的第一大股东，他还需要更多股权激励自己把特斯拉公司经营管理得更好吗？

值得庆幸的是，到目前为止，法院拒绝阻止股东对特斯拉公司提起诉讼，理由之一是特斯拉公司违反信托义务，理由之二是那个律师常用的精妙措辞——不当得利。

管理质量分析案例之二：亚马逊公司的杰夫·贝佐斯

汤姆·墨菲的故事很启发人，也很激励人，但这已经是过去很多年

第二部分 价值投资 3.0 三要素 | 145

前那个时代的故事了。广播电视将永远无法恢复昔日传统媒体无冕之王的地位,再也无法引领世界经济和文化的发展,是在数字时代会被取代而消亡的众多传统业务之一。

幸运的是,有一些数字科技企业的管理者传承了汤姆·墨菲的管理智慧。这些管理者拥有卓越出众的品质,和汤姆·墨菲几乎一样,正直又忠诚,精通如何为股东创造财富。为了帮助你认识数字经济时代杰出企业管理者的优异品质,我要用亚马逊公司的创始人杰夫·贝佐斯为例来详细说明。

贝佐斯与大多数数字科技企业创始人有个很大的不同,他早期走过一段投资管理的职业道路。几乎所有数字科技企业的创始人都是从大学计算机专业一毕业就直接开始创业的,他们对财务和投资的理解往往不是那么全面深入,也难怪,一没学过,二没做过。而贝佐斯的职业生涯却是从一家对冲基金开始的。由于有在华尔街专业投资管理机构工作的这段经历,他学会了熟练运用一些重要的定量分析指标,比如资本收益率,也掌握了一些重要的定性分析概念,比如"市场先生"。贝佐斯是巴菲特的粉丝,他在创办亚马逊公司的时候已经非常熟悉财务和投资的基本原则,同时,他也是一个电子工程专业毕业的理工男,很懂数字世界。左手一把熟练掌握老派财务投资基本原则的屠龙刀,右手一把深入理解现代电子商务的倚天剑,刀剑合一,让贝佐斯管理下的亚马逊公司业务持续高成长,股价持续高增长,这让贝佐斯如今成为世界上最富有的人。

从开始经营管理亚马逊公司的第一天起,贝佐斯就清楚地表示,管理团队不仅要像企业所有者一样思考和行动,而且要知道应该如何思考和行动。贝佐斯在第一封致股东的信中就语出惊人,从信的内容可以看出，他当时尽管只有 33 岁，但是已经能够将现代电子商务与老派财务投资融于一体了。"刀剑合一"，天下无敌。贝佐斯写的第一封致股东的信就像巴菲特 1951 年发表在《商业与金融纪事报》的 GEICO 保险公司分析文章一样，可以说在投资历史上是一份非凡的文件，相当于投资界的《独立宣言》。贝佐斯这封致股东的信可以说是水平高得非同一般，因为一般来说，企业家致股东的信往往会展现出这个企业家在财务投资上明显很无知，在证券市场上明显具有短线思维。贝佐斯本人也认为这封信非常重要，因此在亚马逊之后每一年的年度报告里都会附上这封信。贝佐斯第一封致股东的信确实值得年年读，一读再读。在这封只有 1 500 字的简短信件中，贝佐斯可以说检查分析了管理质量的每一个重要组成部分。

如果你仔细研读以下摘自贝佐斯第一封致股东的信中的精华内容，并理解吸收了其中的财务理念和投资理念，你就会如同装备上了强大的思维工具，能够识别出那些和贝佐斯思维方式一样老练的数字科技企业高管。这类企业高管可以说是凤毛麟角，非常罕见。我把这些内容总结为贝佐斯企业管理六条基本原则：

- 第一条：像企业所有者一样思考和行动。"我们知道，亚马逊公司的成功将在很大程度上取决于员工品质，关键在于我们是否有能力吸引和留住一群充满活力、积极进取的员工。每一个员工都必须像企业所有者一样思考，因此必须真正成为企业所有者之一。"
- 第二条：钱要花得聪明，花在正确的地方。"我们将努力做到把钱花得明智，保持我们精益管理的企业文化。我们懂得不断强化成本意识的重要性，尤其是在我们这个持续存在净亏损的企业里。"

- 第三条：既要深入理解资本收益率等定量分析指标，又要深入理解竞争优势等定性分析指标，还要深入理解两者之间是如何相互作用、相互影响的。"我们既要专注于增长，又要强调长期盈利能力和资本管理，要在几者之间保持平衡。在现在这个阶段，我们选择把发展速度放在第一位，因为我们相信，要让公司的商业模式充分发挥潜力，规模是关键，所以一切以扩大规模为中心。"

- 第四条：全力驱动业务增长以形成先发优势和规模优势，然后利用先发优势和规模优势驱动资本收益率增长到更高水平。"亚马逊的市场领导地位越强大，亚马逊的经济模式就会越强大。市场领导地位可以直接转化为更高的营业收入、更高的盈利能力……相应地也能转化为更高的资本收益率。"

- 第五条：为长期增长而投资。"我们做出投资决策，主要考虑的是有利于提升公司长期市场领导地位，而不是提高公司短期盈利能力，更不是刺激股价短期表现。"

- 第六条：用股价表现的长期成功来评价自身。"我们相信，衡量我们成功的一个基本指标应该是我们多年长期创造出来的股东价值增长。我们创造出来的股东价值增长就是我们强化和巩固当前市场领导地位的直接结果。"

在此后多年的致股东的信中，时不时就会闪耀出贝佐斯那种融合了严明纪律与老练手法的智慧，这在业内难得一见。比如，贝佐斯在2014年致股东的信的开头写道："各位股东，一个梦幻般的理想企业至少要符合四大特征：一是客户喜欢，二是可以发展到非常大的规模，三是能创造出来很高的资本收益率,四是能够长期持续经营。你要是已经找到一家符合以上四大特征的梦幻企业,就不要再左顾右盼了,赶紧出手和这家企业'结婚',相伴到永远吧。"这也正是我们价值投资3.0版本要寻找的理想企业,完全一模一样! 2020年,贝佐斯在致股东的信中写道:"任何企业,如果不能为其触达的人创造价值,即使表面上看起来很成功,也不会在这个世界上长久存活下去。不创造价值,就没存在的价值,就是走在消亡的路上。"

有人抱怨贝佐斯把员工逼得太紧,要求太严格了,这也许是真的。但是反过来看,贝佐斯要求别人做到什么事,他首先要求自己做到同样的事,他不会自己做不到却只要求别人做到。驱动贝佐斯的动力是为股东创造价值,而且他知道如何为股东创造价值。像汤姆·墨菲一样,贝佐斯给自己设置的薪酬和激励措施相当节制。与马斯克不同,贝佐斯从未获得过一股股票期权。贝佐斯肯定想明白了,他持有10%的亚马逊股权,目前的市场价值约1 700亿美元,足够激励他好好经营管理亚马逊了。同样令人印象深刻的是,贝佐斯设法做到控制员工的股票期权发放数量,一直保持在公司股票总数的1%~2%。

至于贝佐斯的年薪,亚马逊公司最新公开披露的文件表明,贝佐斯2020年度的薪酬为170万美元,其中160万美元是安保费用。贝佐斯2020年的实际现金收入为81 480美元,与他25年前的薪酬相比只增长了3%。在贝佐斯经营管理的这25年间,亚马逊公司的股价上涨了2 199倍。平均下来,过去25年里,贝佐斯薪酬的年化增长率为0.1%,而亚马逊公司的股价年化增长率为38%。想想看,贝佐斯持有亚马逊公司10%的股票,这些股票在过去25年里增值了2 199倍,这正是贝佐斯个人财富突破万亿美元,成为世界首富的根本原因。

第7章

股价估值（P）：价值投资3.0估值工具箱

2021年，贝佐斯开始担任亚马逊公司的董事长。此前25年他一直担任首席执行官。这25年期间，贝佐斯像所有精通财务投资的企业高管一样，也是参照一些简单的衡量指标，来追踪记录自己创造的股东价值。资本收益率肯定是衡量指标之一，营业利润率也是。但是，如果贝佐斯掌舵亚马逊靠的是公司公开披露的财务数据，他肯定早就让亚马逊关门停业了。在贝佐斯担任首席执行官的25年间，亚马逊公司财务报表上的利润有近1/3的时间，也就是8个年度是负数，资本收益率自然也是负数。

和很多数字科技企业的高管一样，贝佐斯不得不使用调整后的财务报表数据，以判断企业业务的真实发展情况。我们如果想要评估像亚马逊这类数字科技企业创造的价值，就必须像贝佐斯那样调整财务报表才行。

等到真正实现扭亏为盈，亚马逊根本不用费事就能报告出良好的资本收益率，因为亚马逊在很大程度上靠别人的钱建立起庞大的分销网络。这要归功于一种所谓"负营运资本"的稀罕事，就是公司可以先把货物卖给客户，在从客户那里收到现金货款后，才向供应商支付货款。

亚马逊的客户一下订单就要立即付款，但亚马逊利用其市场影响力会推迟一段时间再付款给图书供应商、电子产品制造厂商和其他供应商。这样做的结果是，亚马逊公司的现金流量形成飞轮效应，现金流入量大于现金流出量，二者之间的差额就形成了负营运资本。公司实力越强、运气越好，现金流入量超过流出量而沉淀下来的现金池越大，这样一来，公司可以不用自己的钱，而是用别人的钱形成自己的营运资本，支持自己的业务发展。

然而，即使亚马逊已经实现了盈利，按照每股收益计算出的市盈率来看，其股价也太贵，估值水平明显偏高。你可以从表7-1中明显看出这一点。表7-1显示的是1997年至2020年亚马逊公司股票的市盈率，是以亚马逊公司年中股价作为当年平均股价，再除以其当年每股收益计算得来的。尽管亚马逊股票的市盈率水平是市场平均市盈率水平的近10倍，但从1997年首次公开募股后的24年间，亚马逊股票累计上涨超过2 300倍。而同期美国股市的总体涨幅只有8倍。

亚马逊公司股票价格的涨幅相当于美国股市整体涨幅水平的近300倍，如此巨大的差距，让人不禁会提出两个疑问：

- 第一个问题：一只以股票市盈率来看估值水平比市场整体水平贵10倍的股票，怎么会大幅跑赢市场，涨幅相当于大盘涨幅的近300倍？
- 第二个问题：作为一名价值投资者，我如何找到充分理由去买入持有这只股票，尽管从市盈率水平来看这只股票明显非常贵？

表 7-1　亚马逊市盈率与美国股市平均市盈率对比

N/A = 没有盈利

	1997	1998	1999	2000	2001	2002	2003	2004
亚马逊	N/A	N/A	N/A	N/A	N/A	N/A	214倍	89倍
标准普尔500指数	22倍	26倍	30倍	27倍	23倍	24倍	20倍	19倍

	2005	2006	2007	2008	2009	2010	2011	2012
亚马逊	36倍	61倍	152倍	65倍	60倍	52倍	81倍	167倍
标准普尔500指数	36倍	61倍	17倍	19倍	18倍	14倍	15倍	14倍

	2013	2014	2015	2016	2017	2018	2019	2020
亚马逊	734倍	529倍	N/A	569倍	197倍	373倍	94倍	120倍
标准普尔500指数	16倍	18倍	18倍	20倍	21倍	20倍	19倍	24倍

	平均
亚马逊	211倍
标准普尔500指数	22倍

资料来源：FactSet。

这两个问题的答案能大大帮助我们解开困扰价值投资圈多年的巨大投资谜团：现有的价值投资分析框架为何评估不出那些数字科技大牛股的巨大投资价值，从而导致投资者错失好多赚大钱的良机。这两个问题的答案还能帮助我们找出改进价值投资选股分析框架的具体方法，好让价值投资也能成为数字时代的有效投资工具。

重新思考股价估值工具

在价值投资 3.0 版本的选股分析框架中，股票价格仍然是必不可少的重要组成部分。我并不认为价值投资者应该像成长投资者那样完全忽视股票价格,只关注企业业务未来的成长潜力。我也不认为,仅仅因为数字科技股的价格持续上涨,我们就应该像一部分动量投资策略提倡的那样,只要持续上涨,就要追涨买入。对价值投资者来说,总会有股票价格贵得离谱的时候,这个时候,即使是最优质的企业也根本不值得买入。比如,房产中介带你来到纽约市区最繁华的地段第五大道,进入一所位于大楼顶层的豪宅,带你参观各个如王宫般装修精美的房间,窗外的中央公园风景美如画,你可能一下子就会觉得,你爱死这套房子了。但是,如果那个房产中介告诉你,卖家要价 50 亿美元,你要是脑子正常,肯定转身就走。

然而,同样重要的是,我们要承认,作为价值投资者,我们缺乏必要的定量分析指标,去衡量数字时代那些数字科技企业创造出的巨大财富。按照传统价值投资估值指标,比如市盈率,亚马逊看起来实在太贵了,但这只股票却能远远跑赢市场。不只是亚马逊这一只数字科技股,还有很多数字科技企业的股票也是这样,表面看起来非常贵,其实贵得有理由,后期的涨幅非常大。有数百家不同规模的数字科技企业,尽管年报披露的盈利很少,甚至根本没有盈利,但股价涨幅长期表现却远远跑赢市场。价值投资者必须承认这个事实。自然,相应地也必须承认的另一个事实就是,价值投资还不具备分析此类数字科技企业必备的估值工具。一旦我们认识到并承认缺乏适合数字科技股的估值工具这个现实,我们就会开始反思。我们需要全面深入地检查一下我们价值投资者的估值分析工具箱,搞搞清楚,要评估数字科技企业,哪些指标能用,哪些指标不能用,哪些指标需要改进一下才能用。

需要扔掉的无效估值分析指标和传统投资理念：
市净率和均值回归

有些传统估值分析指标根本不适合评估数字科技企业，我们应该扔到一边去。第一个是市净率，第二个是均值回归。

应该抛弃市净率及其他基于资产的估值指标

巴菲特将估值分析关注的重点从公司拥有的资产数量转移到公司创造的盈利水平，从而在导师格雷厄姆的价值投资分析框架的基础上更新升级，形成了价值投资 2.0 版本。从那时起，经济增长对有形硬资产的依赖程度越来越低，因而格雷厄姆基于资产的估值分析方法也变得越来越没有什么用了。

然而，你会惊讶地看到，竟然还有那么多价值投资者仍在坚持使用这种现在已经完全过时的、基于资产估值的分析方法。我最近读到一份研究报告，这份报告推荐买入世界上最大的汽车座椅制造商 Adient 公司的股票，其推荐理由是，基于这家企业拥有的工厂等固定资产和存货等流动资产计算出来的每股净资产来看，其股价非常便宜。看来撰写这份研究报告的股票分析师想让我忽略以下几个重要事实：第一，Adient 公司的核心业务是汽车座椅制造，这个行业高度成熟，大宗商品化，竞争非常激烈；第二，Adient 公司营业收入创造的净利润率低得只有个位数；第三，Adient 公司最近几年资本收益率一直低于市场平均水平。在数字经济时代，投资人哪怕只是考虑一下投资这样一个受到数字经济严重打击的古老行业，都像是一个自讨苦吃的受虐狂。

抛弃格雷厄姆基于资产的估值分析方法还有一个附带的好处是，这能让我们一分为二地看待格雷厄姆对价值投资的贡献。我们既要学习格雷厄姆那些永远有效而且将来也不会过时的伟大基本思想，又要抛弃他那些只在当年短期有效而现在早已过时的具体估值分析方法。格雷厄姆传给我们的投资法宝并不是一套投资基本原则，而是他提出的"要坚持投资基本原则"这个理念。

投资要有基本原则，投资者要坚持这些基本原则不动摇。投资原则的重要性在如今这个数字时代仍未改变，但投资基本原则的具体应用方法应该灵活变化。投资基本原则的具体应用应该随着世界的变化而变化，因时而变，因势而变。资本密集型工厂一度为世界经济贡献了大部分价值创造，但如今的情况已远非如此。如今，软件驱动着数字时代经济的大幅增长，因为软件几乎不需要什么实物资产就能产生大量盈利，这导致实物资产在很大程度上与企业创造无关了。[1]

然而，如果说因此我们应该永远放弃基于资产的估值指标，那就错了。有时，市场极度悲观，抛售压力极大，有些公司的股票偶尔会跌到极低的估值水平，即使是相对于其每股资产价值来看，也非常具有投资吸引力。在 21 世纪初互联网泡沫破裂之际，我买入了苹果公司的股票，因为苹果公司的股价跌到低于其现金加上硅谷房地产的清算价值，实在是太便宜了。2009 年，美国股票市场如此恐慌，以至我竟然能买到一只股票，其股价低于每股流动资产清算净值，即流动资产清算价值减去

---

[1] 关于这个主题的书有很多，其中一本是乔纳森·哈斯克尔和斯蒂安·韦斯特莱克合著的《无形经济的崛起》，我推荐这本。

全部负债。这就是 Movado 公司，一家稳健的中端手表制造企业。多亏全球金融危机，我才能找到数字时代股票市场这个生态系统中最罕见的物种：格雷厄姆最经典的低于"净值的净值"的超级便宜股。

因此，在正常情况下，我们做研究分析不应该再用传统的基于资产的估值指标。我们应该把这个传统的估值工具收好，只在市场先生深陷恐慌时才拿出来使用，不用则矣，用则一击必中。

应该抛弃传统投资理念均值回归

传统经济时代，世界经济发展相对较为稳定，通常没有太大变化。所以，"这次不一样"的想法对投资者来说非常危险，出现这个想法代表危险即将来临。在传统经济时代，股市各个行业板块的表现忽冷忽热，有时很热门导致其估值水平偏高，有时又很冷门导致其估值水平偏低，但是，估值最终都会回归到正常水平，这就是价值投资者经常说的均值回归。因此，战胜市场的诀窍是：在各个行业板块之间轮番操作，买入估值偏低而大幅偏离长期历史均值的行业板块，等待其回归均值之后，再寻找另一个估值偏低的行业板块。

然而，数字经济发展到 21 世纪早期的某个时点，用核物理学术语来讲，达到了临界质量（critical mass），即实现核子连锁反应所需要的物质最小量。达到临界质量就会发生核爆炸。这就是我们经常说的"量变引发质变"。这次真的不一样了。数字科技摧毁了传统经济，也摧毁了那些过去非常值得信赖的传统行业正常波动周期，一些板块不再回归历史均值，而是一直下跌再下跌，有时给人的感觉好像是，由于受到数字科技的攻击，传统经济中的大部分行业都在面临消亡。根据普信集团的基金经理大卫·吉鲁计算，标准普尔500指数成分股中，那些非数字科技股的市值目前有1/3面临着被技术变革摧毁的巨大风险。我认为这个比例还太保守，非数字科技股市值的将近一半可能会面临被技术摧毁的风险。

在这样一个快速变化的数字革命新时代，押注企业还会像传统经济时代那样恢复正常，回归均值，怎么会是一个合情合理的投资策略呢？像实体零售商和广播电视公司这些传统产业怎么能在某种程度上"恢复正常"？相反，那些优秀的新兴数字科技企业拥有强大的竞争优势，在目标市场占有的份额非常小，未来增长空间巨大，却因为创立不久只有几年的历史业绩，根本没有什么长期均值。那么，什么才是"正常"？从分析角度，也许这样说更加准确：很多数字科技企业的盈利并不会围绕某种历史均值水平上下波动，而是刚刚达到"逃逸速度"，正在脱离传统经济生态系统的束缚，开始飞速增长。

改进后才能用的估值分析指标：市盈率

与价值投资2.0版本一样，数字时代的价值投资3.0版本也将代表股东收益的自由现金流量作为终极估值指标。80多年前，约翰·伯尔·威廉姆斯在他那本《投资估值理论》中写道：任何一家企业的价值都是其未来所有年度的自由现金流量按照适当利率折现的价值总和。然而，从投资实务操作的角度来说，预测未来几年的现金流量是根本不可能的，没有输入就没有输出，因此，用现金流量折现模型来估值根本不会得到有效的估值结果。未来是完全不可预测的，超过一定时间范围的未来更是完全不可知的。也正是出于这个原因，市盈率成了最流行的简便估值指标：我用 X 元的每股股价，买到了现在能看到的 Y 元每股收益。除了公司最新披露的每股收益，我无法提前准确知道未来任何年度的每股收益。

不过，有一点是明确的，用股价对应当期每股收益计算出来的市盈率并没有反映出数字科技企业创造的真正价值。不然的话，在过去 20 年间，使用价值投资 2.0 版本的价值投资者就应该抓住亚马逊、Alphabet 公司和其他数字科技大牛股，获得非常高的投资业绩。相反，大多数遵循价值投资 2.0 版本投资策略的基金经理业绩表现都相当糟糕，大幅跑输市场。这些基金经理在按照传统的市盈率指标分析后，认为科技股"太贵"，因此一直对数字科技股嗤之以鼻，不予理会。因为我们没有调整我们的估值方法来适应数字时代和数字科技企业，结果我们错过了很多数字科技大牛股。这些数字科技企业持续增长超过 30 年，创造出巨大的价值，推动其股票价格上涨千百倍，为股东创造了巨大的财富。

2015 年前后，我的基金连续几年业绩表现不佳，跑输市场。后来，我在痛苦中反思，开始分析市盈率这个估值工具，想找出市盈率失灵的原因，看看如何修理改造，让市盈率这个估值工具重新有效运转起来。最后，我在两个重要方面调整了市盈率估值指标的架构。

对市盈率估值指标的第一项调整：不只看1年，还要看3年

我对市盈率这个估值指标所做的第一项调整是，我不再只看公司最近 1 年或者未来 1 年的每股收益，而是还看未来几年之后的每股收益。我这样做不是因为我很自大，觉得自己有"天眼"，能够看到遥远

的未来，我知道，预测未来 10 年甚至更多年的每股收益完全是不切实际的幻想。我不打算预测公司未来 10 年的每股收益，甚至也不打算预测公司未来 5 年的每股收益，没人能知道那么遥远的事儿。但是另一方面，某些数字科技企业拥有强大的竞争优势，并且现在还处于飞速增长的早期阶段，未来的增长空间很大，所以我们预测这种高质量数字科技企业三四年后业务会增长到什么水平，是有理有据又合情合理的。Alphabet 公司未来 36 个月业务继续保持增长的可能性有多大？爱彼迎、DocuSign 电子签名、Adobe 公司，还有其他数十家数字科技企业继续扩大市场份额的可能性有多大？我想，大多数理性的人都会同意，这类数字科技企业在未来几年业绩持续增长的可能性相当大。所以我折中一下，将预测范围只限于少数这些非常优秀的数字科技企业，而且预测期间只限于未来 3 年，这样可以做到大致正确。

对市盈率估值指标的第二项调整：不用每股收益，用潜在盈利能力

我对市盈率这个估值指标所做的第二项调整更加激进，也更加引人注目，就是不用公司财务报表公布的每股收益，而是自己调整财务报表，估算公司的潜在盈利能力可以释放出多少每股收益。我在第 4 章比较金宝汤和 Intuit 两家公司的股票时提到过盈利能力这个概念。金宝汤公司的业务非常成熟，未来没有什么增长空间，因此处于"收获"模式，Intuit 公司则相反。面对并不乐观的增长前景，金宝汤选择不再投资于未来的业务增长，而是减少投资，节省费用，尽量让每股收益实现最大化。相反，Intuit 公司陆续投入数十亿美元用于研发、营销、销售，以加快未来的盈利增长速度。这种巨额费用支出基于非常合理的商业逻辑：现在多花1美元，未来能多赚几美元。但是这些费用支出占营业收入的比例很大，自然就会压低Intuit公司财务报表的当期盈利。

这种激进的费用支出行为在数字科技企业中很普遍。脸书、Alphabet公司、亚马逊、苹果、微软，仅仅这5家数字科技龙头企业在2020年的研发支出合计就高达1 250亿美元，这个数字超过美国绝大多数州的年度支出预算，仅仅低于纽约州和加利福尼亚州这两个大州。这样每年在产品研发及营销、销售方面投入巨额资金的结果是，许多数字科技企业的财务报表与Intuit公司一样：受制于目前的会计准则，人为压低了当期盈利。举例来说，沃尔玛公司年报公布的利润率是亚马逊电子商务业务利润率的3倍。难道有人会相信传统实体零售企业营业收入创造的利润率本来就应该是数字零售企业的3倍吗？沃尔玛公司必须维护数千家实体店的运营，支付电费、水费，以及安保费用，还要为在实体店工作的几百万名员工支付工资，而亚马逊是在线销售平台，根本没有这些费用。沃尔玛这个实体零售企业每1美元营业收入创造的利润竟然会是在线零售企业亚马逊的3倍，这怎么可能？你如果选择只关注亚马逊当期报告的盈利数据，就代表你默认这个推论是正确的。

随着数字时代的快速发展，越来越明显的是，当期财务报表并不能可靠地衡量数字科技企业长期产生自由现金流的能力。市盈率仍然是一个很好的估值工具，要让市盈率得到有效的应用，实际反映出数字科技企业的真实价值，我们需要调整数字科技企业的财务报表，以反映其潜藏在报表之下的盈利能力。

Intuit公司和亚马逊等数字科技企业的盈利能力指的是，如果不在研发、营销、销售上投入数十亿美元以追求市场增长，那么盈利会是多少。

许多人嘲笑数字科技企业，认为这些企业将如此巨额的支出用于研发、营销、销售以追求更高市场份额的行为十分鲁莽、草率，没有经过审慎考虑。但是过去 20 年的经验证明，数字科技企业大笔投入资金，用于大力加强研发、营销、销售，以追求市场份额增长，这种行为是完全正确的。数字科技企业在研发、营销、销售上的巨额支出既不愚蠢，也不疯狂，而是完全理性的。数字科技企业的高管是历史上最擅长用数据驱动决策的企业经理人。这些高管投入巨资以加强研发、营销、销售，是因为他们相信，总体来说，在这三方面进行投资最终会带来良好的资本回报。然而，投资者从财务报表上却看不出会有这么高的资本回报，这是因为，这些数字科技企业的财务报表必须按照那些过时的传统会计准则来编制。那些会计准则，也就是我们业内所说的一般公认会计原则（GAAP）在特定的历史背景下具有合理性，但在进入数字时代之后，有些规定就变得很不合理了。

1929 年美国股市大崩盘之后，美国国会于 1933 年和 1934 年分别颁布了《证券法》和《证券交易法》。美国国会还设立了美国证券交易委员会（SEC），并授权美国证券交易委员会制定会计准则。1938 年，美国证券交易委员会把这个重任委托给美国会计师协会，此前，美国会计师协会制定过几个版本的会计实务操作标准。1939 年，美国会计师协会制定了新版会计实务操作标准，这套标准成了第一版一般公认会计原则。

一般公认会计原则历经多次修订，如同一棵大树，虽然枝条不断生长，也不断更新，但是树根却仍然深深扎在工业时代。进入 21 世纪初期，数字新经济大发展，一般公认会计原则却变化迟缓，不能顺应数字时代的新变化。一般公认会计原则诞生于 20 世纪 30 年代，到现在将近 100 岁了。就像一个将近 100 岁的老年投资者一样，一般公认会计原则更适应传统经济企业，却不适应新经济时代的数字科技企业。结果，这套十分传统的会计准则奖励传统企业投资那些传统经济下的传统项目，如修建工厂、购置机器设备，却惩罚数字科技企业投资新经济下的新型项目，如产品研发和市场营销。

具体来说，按照一般公认会计原则，企业的研发、营销、销售支出几乎 100% 会作为当期费用从当期收入中扣除，而厂房、机器、设备等固定资产的支出则会在未来很多年里以折旧的方式分期摊销。固定资产的折旧会分摊到未来 20 年，甚至 30 年，这样一来，对年度盈利的影响幅度就小多了。然而，数字科技企业几乎不需要修建工厂。数字科技企业最大的投资就是软件产品的研发、营销、销售。但是，按照一般公认会计原则，这些支出的绝大部分必须作为当期费用从当期收入中全部扣除，这样一来，当期盈利就会大幅降低。

这种会计核算方式上的差异导致传统经济企业的利润率与数字科技企业的利润率差异大得惊人。比如，一家传统工业企业投资 1 亿美元兴建一座工厂，预计这座工厂的使用寿命是 25 年，这样 1 亿美元可以按照 25 年的期限进行固定资产折旧，在年度利润表上体现出来的支出就只有固定资产折旧费用 400 万美元。相比之下，数字科技企业投入 1 亿美元进行产品研发，却必须马上将这 1 亿美元全部计入当期费用。如果两家企业当年的营业收入都是 1 亿美元，且除以上支出外没有其他支出，那么这家传统工业企业的营业利润就是 1 亿美元营业收入减去 400 万美元固定资产折旧费用，即 9 600 万美元，而这家数字科技企业的营业利润就是 1 亿美元营业收入减去 1 亿美元研发费用，即 0 美元。具体计算如表 7-2 所示。

表 7-2 算法不同 = 结果不同（单位：美元）

	传统工业企业	数字科技企业
营业收入	100 000 000	100 000 000
费用支出	4 000 000	100 000 000
营业利润	96 000 000	0

这样的结果简直太荒谬了，但根据一般公认会计原则，这就是正确的盈利数据。根据如今通行的会计准则，传统经济企业的利润表看起来比实际情况好得多，这很不合理，数字经济企业的利润表看起来比实际情况差得多，这也非常不合理。

经济增加值（EAV）：会计行业调整财务报表以评估企业真实盈利能力的尝试

商界各方人士都认识到，会计核算方式造成的这种会计扭曲程度实在太严重了，于是开始提出补救措施，以推动财务会计核算与时俱进，更加符合经济发展的现实情况。30多年前，咨询师班尼特·斯图尔特提出了经济增加值概念。按照经济增加值原则，企业可以在5年之内摊销大部分研发费用，在3年之内摊销大部分营销与销售费用，投资者可以据此调整财务报表。尽管经济增加值这个估值工具允许投资者自行调整利润表，但是一些会计师依然认为，是时候大破大立了，必须大幅修订一般公认会计原则，只有这样，一般公认会计原则才能在数字时代正确地衡量企业的实际盈亏。巴鲁克·列夫和谷峰两位教授就这个主题写了一本内容很具煽动性的书，书名同样很有煽动性：《会计完蛋了》（*The End of Accounting*）。

CAC / LTV：数字科技企业重新调整财务报表以适合内部使用

我不敢说我知道研发支出的生命周期，也就是能够让企业受益的时间是多长，我也不知道研发支出的合理摊销期限应该是 3 年、5 年，还是 10 年。要搞清楚这一点挺麻烦的，这么高难度的专业工作还是留给那些专门负责制定会计准则的专业人士吧。然而，我确实知道，在数字经济时代，会计准则规定研发支出只能作为当期费用，相当于默认这些研发支出只能发挥 1 年的作用，只有 1 年的生命，这肯定是完全错误的。从历史上看，在传统经济时代，研发支出必须马上记入当期费用，这是因为大家都认为这种支出是投机性的，多数不会带来成功。这对传统经济模式来说是对的。但世界已经变了，我们进入了数字时代的新经济世界。如今，数字科技企业的大量研发支出中，属于"研"，即纯粹研究支出的占比非常小，而属于"发"，即开发支出的占比大得多。开发不是投机性的，从定义上讲，开发是落实已经经过检验的想法，改进产品和服务。Alphabet 公司花在改进搜索引擎服务上的每 1 美元所产生的回报，都只能持续 365 天吗？微软投入大量资金改进其核心产品 Office 办公软件，这给企业带来的好处只能持续 1 年吗？正如律师喜欢说的那样，这种说法人们一听就知道十分荒谬，然而，按照现行一般公认会计原则将这些支出在当期全部费用化，实质上就是一刀切地规定这些费用对企业的受益期限只有 1 年。你看，会计准则就是这么荒谬。

不过，数字科技企业一点儿也不傻，这些企业实事求是，一切从实际出发，忽略一般公认会计原则这种过时的错误核算方式，重新调整财务报表以在企业内部使用。许多数字科技企业使用的是 CAC / LTV 指标，这个指标听起来很复杂，其实很简单。CAC 是 customer acquisition cost 的英文首字母缩略词，指获取客户成本，简称获客成本。LTV 是 lifetime value 的英文首字母缩略词，指客户终身消费给企业创造的价值，简称终身价值。很多数字科技企业使用 CAC / LTV 指标，意在用变通的方法将营销、销售费用转化为投资，不把这两类支出列入利润表的费用支出，而是将其调整为资本支出，列入资产负债表，这样企业内部就可以更加正确地衡量这些支出的有效性。例如，Intuit 公司希望每花 1 美元获客成本，就能获得 3 美元的终身价值。如果营销支出达到这么高的投入产出比，假设公司营业收入创造的净利润率为 20%，那么 Intuit 公司每投入 1 美元的营销资本支出，就能带来 3 美元的营业收入，会产生 0.6 美元的净利润。这 1 美元投资的资本收益率高达 60%。

60% 的资本收益率实在是太出色了，只不过这么高的资本收益率并不能在 Intuit 公司的财务报表上体现出来。因为企业公布的财务报表现在仍然必须按照一般公认会计原则的规定编制，营销费用必须全部计入当期费用。

CAC / LTV 听起来像是一个很新奇的分析指标，我可以想象，那些老派价值投资者皱着眉头抱怨道："你怎么知道客户的终身价值是多少？"然而，这样的估计和调整并不是什么魔法般离奇的想法，反而完全是理性思考的结果。从格雷厄姆到贝佐斯，再到巴菲特，这些投资大师在分析企业财务报表时都讲究实事求是，为了如实反映企业的真实经济情况，就得在需要的时候重新调整财务报表。

重新调整财务报表以反映盈利能力的最佳案例：巴菲特对GEICO公司的研究分析

重新调整财务报表最好的案例之一是巴菲特研究分析 GEICO 公司。巴菲特在 1951 年发表的一篇分析文章中说，GEICO 公司的股票是他最喜欢的股票。巴菲特从 1951 年开始，在 45 年的投资职业生涯中，一直在公开市场持续买入 GEICO 公司的股票，到 1995 年，伯克希尔－哈撒韦公司已经持有 GEICO 公司 51% 的股份。也是在 1995 年，巴菲特又一下子收购了其余 49% 的股份，GEICO 公司从此成为伯克希尔－哈撒韦集团旗下的众多全资子公司之一。

因此，1994 年成了 GEICO 公司股票公开上市交易的最后一年。这一年，GEICO 公司赚到了 2.5 亿美元的净利润，广告和营销费用支出总计 3 300 万美元，其中的每 1 美元都按照一般公认会计原则以当期费用的形式体现在了财务报表中。4 年后，作为伯克希尔－哈撒韦的子公司，GEICO 公司报告称，其年度广告和营销支出增加到接近 2.5 亿美元，这一数字相当于 GEICO 公司 4 年前的全年净利润。这是不是意味着 GEICO 公司 4 年后的年度盈利为零呢？或者，这是否意味着，巴菲特故意压低公司的当期盈利，因为他知道 GEICO 公司当年的广告和营销支出会在未来产出更多利润？

当然，第二种猜测是正确的。巴菲特慧眼识英雄，很早就看出 GEICO 公司是传统经济世界中凤毛麟角般的超级明星公司，既具有长期可持续的竞争优势，又拥有指数级增长机会。巴菲特采取的做法和现在数字科技企业采取的做法一样：实事求是，把经济现实置于会计准则之上，大规模投入资金，加大广告营销力度，加强市场竞争力，追求未来更高的增长。巴菲特明白，现在投入更多资金用于广告和市场营销，未来几年就能获得更多保险客户，从而为公司增加更多利润，这样做是否会压低当前年度盈利的问题只属于一时的得失，无关紧要。巴菲特是这么做的，他在 1999 年致股东的信中也是这么写的。巴菲特写道："尽管 GEICO 公司的内在价值增长速度应该会令人非常满意，但 GEICO 公司的年度盈利表现几乎肯定会萎缩。因为我们将大幅提高营销支出。"

巴菲特的话换成大白话就是：去他的会计准则，我要在市场营销方面大量投资，因为这在经济回报上很有意义。尽管这样做会降低 GEICO 公司财务报表上的当期盈利，但这肯定会让 GEICO 公司未来增加更多内在价值。巴菲特在 30 多年前就做出了理性的决策，宁愿降低当期盈利，也要大规模提高营销支出。同样的道理，现在 Adobe 公司、Zoom 公司等数字科技企业高管做的也是类似的管理决策：宁愿降低当期盈利，也要大规模提高研发、营销、销售支出。两代企业管理人的决策在本质上完全相同，你说对吗？

第8章
从财务报表盈利到潜在盈利能力

在我的投资管理职业生涯中，我多次买入又卖出亚马逊公司的股票，总共有六七个来回。每次买入，都是因为我觉得亚马逊的业务质量和管理质量实在太高了，每次卖出，都是因为我觉得亚马逊的股价估值水平实在太高了。结果很明显：觉得亚马逊公司的业务和管理质量非常高是对的，而觉得亚马逊股价非常贵却是错的。直到后来，我把业务质量和盈利能力两个投资概念结合到一起，我才能够根据股价对应盈利能力计算出来的市盈率来合理评估亚马逊这家公司的股票，评估结果是亚马逊股票既质优又价廉，这样一来，我才能够做到安安稳稳、舒舒服服地长期持有，一动不动。

2020年初，新冠病毒感染疫情暴发，股市大跌，亚马逊公司股价下跌近1/4。尽管如此，以传统的市盈率指标来看，亚马逊的股价还是和往年一样，非常贵。这一时期，亚马逊股票的市场价格约为每股2 000美元。与此同时，根据亚马逊公司公布的2019年度财务报表，按照一般公认会计原则进行核算，其每股收益为23美元。因此，用每股股价除以每股收益进行计算，当时亚马逊股票的市盈率接近90倍，而美国股市所有上市公司的平均市盈率只有18倍左右，也就是说，亚马逊股票的估值水平比市场平均水平高了4倍。

有了盈利能力这个估值新工具，我决定调整亚马逊公布的财务报表，看看这家公司潜藏在表面数据之下的盈利能力有多大。我知道，亚马逊公司为追求未来盈利增长，在研发、营销、销售上投入了大量资金，远远超过美国上市公司这三项费用占营业收入的平均比例。我也知道，现行的一般公认会计原则对亚马逊公司不利，因此，亚马逊的潜在盈利能力可能大大高于其财务报表上显示的每股收益 23 美元。但是会高出多少呢？作为一名价值投资者，我需要进行量化分析，用数据说话，而不能只靠"拍脑门"，凭空进行猜测。

我需要做的盈利能力分析功课共两步，不涉及复杂的数学计算，也不需要依赖什么晦涩难懂的信息。事实上，我分析盈利能力所需的数据几乎全部来自亚马逊 2019 年提交给美国证券交易委员会公开披露的年度报告第 67 页和第 68 页，只要有这两页上的财务数据就足够了。

我的盈利能力分析功课第一步是，预测亚马逊公司未来 3 年的营业收入。

我的盈利能力分析功课第二步是，调整亚马逊公司 2019 年财报显示的每股收益，使其变成对亚马逊每股盈利能力的合理估计。

在这样做的过程中，我既没有大修大改现行的一般公认会计原则，也没有使用班尼特·斯图尔特的经济增加值分析框架。我只是设法尽量充分运用我的常识。我问自己，如果亚马逊公司是一家成熟企业，处于收获盈利的模式，目标是追求每股收益最大化，那么每股收益这个数据将会是多少？通常情况下，我会参照与亚马逊业务相近但处于高度成熟阶段的上市公司，在个人猜测与经济现实之间进行三角定位。

这样估算每股盈利能力并不复杂。将年报公布的每股收益变成合理估算的每股盈利能力，再用每股盈利能力代替每股收益来计算对应的市盈率，我可以清楚地发现，亚马逊公司不仅通过了业务质量和管理质量评估，还通过了股价评估。从 2019 年财务报表上公布的每股收益来看，亚马逊股价对应的市盈率接近 90 倍，估值水平太高。但按照我在调整财务报表之后估算出的每股盈利能力来看，我得出的结论是，亚马逊股价对应的市盈率只有 15 倍左右。这样的市盈率水平不仅明显低于价值投资 3.0 版本 BMP 选股分析框架设定的买入价格门槛，而且比美国股市整体的平均市盈率水平还要低。

盈利能力分析第一步：
预测两大业务板块未来3年的营业收入增长率

2020 年，我在基于亚马逊 2019 年的年度财务报表对亚马逊此后 3 年的营业收入进行预测时，听到我内心那个老派价值投资分析师问我："你怎么能预测出你根本看不到的未来呢？"所有的价值投资者在接受训练之后都会相信：一鸟在手胜过两鸟在林。

然而，我在仔细考虑亚马逊两大主要业务板块之后认为，预测这两大业务板块未来三四年的增长并不是难度多么高的事。理性分析之后，我可以断定，这是正确的做法。

先看第一大业务板块，电子商务。事实上，要是预测亚马逊电子商务未来三年不会有什么销售增长，那才是荒谬的做法。如果亚马逊是一家市场份额已经接近天花板的高度成熟企业，或者亚马逊的业务基础很不稳固，我就没有扎实的依据做出其电子商务营业收入会持续增长的预测。

但是，在网上购物显然要比跑到实体店购物便捷多了，商品价格往往也便宜得多，而亚马逊公司又毫无疑问是电子商务领域的龙头企业。即使在营业收入大幅增长之后，电商零售仍只占美国零售市场总额的一小部分。亚马逊公司的电商业务怎么不会持续增长呢？

亚马逊的另一个主要业务板块是云计算，与电子商务类似，云计算业务未来也有很强劲的增长趋势。云计算是亚马逊增长速度最快的业务，过去 5 年的营业收入平均增长率为 35%。保守预测，我认为云计算业务未来 3 年的营业收入平均增长率为 30%。

亚马逊电子商务业务过去 5 年的营业收入平均增长率为 20%，我预测其未来 3 年的平均增长率保持 20% 不变，因为我认为电子商务业务的竞争优势可持续性更强。我甚至觉得，未来 3 年业务增长率保持不变的这个假设有些保守，因为新冠病毒感染疫情期间，外出购物严重受限，这会加速推动更多人转向在线购物。[1]

盈利能力分析第二步：
调整各大业务板块营业利润率以反映经济现实

和巴菲特控制并管理的伯克希尔-哈撒韦公司一样，贝佐斯控制并管理的亚马逊公司也是一家综合性控股集团，旗下控股多家业务不同

---

[1] 两年之后，回顾当初，我其实是太过保守了，至少以 2020 年到 2022 年的情况来看是这样的。亚马逊云计算业务的营业收入增长了 30%，与我做的 3 年预测一致。然而，由于疫情因素，线上购物迅猛发展，推动亚马逊的电子商务业务增长了近 40%，这是我预测的年化增长率的两倍。只过了短短 1 年的时间，亚马逊电子商务部门的营业收入就已经超过我预测的 3 年后营业收入的一半。

的企业。在亚马逊集团旗下，有包括电子商务、Prime 会员等订阅服务、Alexa 智能助手、Kindle 等硬件设备、云计算、全食超市在内的多种业务。为了让投资者更容易理解旗下所有业务，亚马逊在财务报表中以六大业务板块的形式分类呈现，如表 8-1 所示。

表 8-1 亚马逊公司六大业务板块过去 3 年的营业收入数据（单位：百万美元）

	2017年	2018年	2019年
线上零售	108 354	122 987	141 247
实体店	5 798	17 224	17 192
第三方卖家服务	31 881	42 745	53 762
订阅服务	9 721	14 168	19 210
其他业务	4 653	10 108	14 085
云计算	17 459	25 655	35 026
合计	177 866	232 887	280 522

资料来源：亚马逊公司 2019 年度财务报表。

请注意，亚马逊公司只披露了六大业务板块的营业收入数据，却没有详细披露各个业务板块的具体盈利和费用支出细节，看来是不愿意多说啊。

亚马逊两大核心业务板块之一：云计算

请注意，在六大业务板块中，亚马逊公司只披露了云计算部门亚马逊网络服务的营业利润：92 亿美元。按照 350 亿美元的营业收入计算，云计算业务收入的营业利润率为 25%。

这种利润率水平相当健康，和其他硬件企业旗鼓相当，这些硬件企业和亚马逊的云计算业务一样，都需要投入大量资本。

因此，在我看来，亚马逊的云计算业务已经进入规模化运营阶段，我不需要再费事调整财务数据，可以直接用当期盈利来代表其潜在盈利能力的合理估计值，即 92 亿美元。

亚马逊两大核心业务板块之二：电子商务

如表 8-2 所示，在亚马逊公司披露的 145 亿美元营业利润中，云计算业务占 63%，接近 2/3。因为电子商务和云计算两大业务块板是亚马逊整个集团的核心，也可以说是"左膀右臂"，那么由此推算，亚马逊的另一大核心业务板块电子商务创造的利润为 53 亿美元，占比 37%，比 1/3 多一点儿。用这 53 亿美元的营业利润除以电子商务业务 2 455 亿美元的营业收入就能算出来，亚马逊电子商务业务板块的营业利润率只有 2%。

表 8-2 亚马逊两大核心业务板块 2019 年营业收入和营业利润分析

	云计算业务	公司整体	电子商务业务（推算）
营业收入（单位：十亿美元）	35	280.5	245.5
营业利润（单位：十亿美元）	9.2	14.5	5.3
营业利润率	26%	5%	2%

资料来源：亚马逊公司 2019 年度财务报表。

这是亚马逊 2019 年度财务报表中第一个看起来明显错误的数据。人人都知道，食品零售行业的竞争极其残酷，营业利润率低到不能再低，但是尽管如此，一家线下食品杂货店的营业利润率也有 2%。沃尔玛作为传统线下零售行业的龙头企业，其营业收入创造的营业利润率约

第二部分 价值投资 3.0 三要素 | 173

为6%。而作为全球电子商务的领导者，亚马逊公司线上零售业务营业收入创造的营业利润率却只有2%，只相当于一家线下食品杂货店。情况怎么会是这样呢？

我怀疑这个数据肯定有错误。我有两大理由。第一个理由是，自公开上市以来，亚马逊公司一直对外宣称，其线上零售业务成熟之后可创造的营业利润率应该为10%~13%。第二个理由是，沃尔玛公司有1万多家实体连锁门店需要花钱来维护，而亚马逊公司旗下只有500家全食连锁超市、几家亚马逊品牌店，还有不到1 000个配送中心，加在一起实体网点只有1 500个左右。沃尔玛这1万多家实体门店的营业面积要比亚马逊高10倍以上，日常维护费用自然也会高出至少10倍，按照常识，费用越高利润越薄，沃尔玛线下零售收入的营业利润率怎么可能比亚马逊高3倍呢？

这里，我遇到的是一个答案二选一的问题，这种问题通常很容易解决。要么是亚马逊公司的线上零售经营模式有什么结构性大问题，要么是亚马逊公司的真实盈利能力比财务报表显示的要高得多。无论是以直觉推断，还是从与同类公司的比较来看，我认为答案都很清楚，肯定是亚马逊公司财务报表上的数据太低了。有些其他线上零售商，比如易贝公司，因为并没有像亚马逊那样雄心勃勃地大规模投资以追求未来高成长，其财报显示营业收入创造的营业利润率为25%。

那么，亚马逊电子商务这个大板块营业收入创造的营业利润率到底应该是多少呢？我本来有两个轻松的选择，可以不用自己费事，直接套用参考数据。一个选择是，亚马逊公司多次声明公司追求的整体长期营业利润率目标是10%~13%，我可以直接推而广之，将这个数据应用到5个未公布营业利润率的业务板块。另一个选择是，我可以把易贝公司

25%的营业利润率套用到亚马逊公司。可是我不想这样偷懒，只图省事，我决定自己独立研究，进行更深度的数据挖掘。

亚马逊公司的年报只披露了6个业务的营业收入，却没有披露除云计算业务外其他5个业务的营业利润。这5个业务都属于电子商务这个大板块，可以说是电子商务板块的"五虎上将""五朵金花"。我如果好好研究分析这5个细分业务的相关数据，努力梳理出每个细分业务的盈利能力，就可以更准确地估算出亚马逊公司电子商务业务板块的整体盈利能力。

下面就是我对亚马逊公司电子商务业务之下5个细分业务板块盈利能力数据的梳理过程。

亚马逊电子商务业务的五大细分业务板块之一：线上零售

这是亚马逊规模最大、历史最久的业务，可以追溯到亚马逊创业初期。2019年，线上营业收入占亚马逊公司整体收入总额的一半，因此，准确分析线上零售业务营业收入的利润率很重要。

按照常识，如果卖的货物相同，都是直接从厂家进货，进货规模不相上下，进货成本差别不大，销售价格也差别不大，那么创造的利润率也应该也差别不大。所以我认为，亚马逊线上零售业务营业收入的利润率应该至少与传统线下零售巨头沃尔玛6%的利润率持平。我从几个方面做了研究和数据计算，结论都支持我的这个看法。

但是亚马逊的销售模式是网络销售，没有实体店铺，这导致亚马逊有两项费用与沃尔玛差别很大，需要根据事实情况对其进行调整。

首先是沃尔玛公司的固定资产折旧费用，即维护实体店铺正常经营所必需的支出，相当于其年营业收入的2%。基于亚马逊公司的线上销售模式，我可以合理推断，亚马逊线上业务的固定资产折旧费用几乎为零，完全可以忽略不计。

其次，由于亚马逊是线上运营的，所以根本不必担心"零售损耗"，这个词是零售商店对入店行窃导致的损失的委婉说法。沃尔玛公司一直努力减少店里的偷窃现象，你要知道，那些"迎宾员"的工作可不只是在门口欢迎你，他们还得盯紧那些小偷呢。尽管如此，2020年，沃尔玛由于入店行窃导致的损失仍有50亿美元，这相当于把沃尔玛营业收入创造的6个百分点利润率偷走了1个百分点，整整1/6。

我们假设亚马逊线上零售业务营业收入的利润率至少和沃尔玛一样是6%，然后在此基础上加上线上零售不会发生的两大费用：2%的固定资产折旧费用和1%的零售损耗。这样一算，亚马逊公司线上零售业务的盈利能力将会达到营业收入的9%。这就比沃尔玛营业收入6%的利润率高50%了，基本上接近亚马逊营业利润率目标区间10%~13%的下限。

最终，我决定调整财务报表，给亚马逊历史最悠久的业务，也就是线上零售业务分派10%的营业利润率。这个数字略高于我前面计算出的9%，正好是亚马逊长期追求的营业利润率目标10%~13%的下限。[1]

用10%的营业利润率来推算，亚马逊公司电子商务业务的核心业务线上零售如果有1 400亿美元的营业收入，就有能力释放出140亿美元的利润。这个数据很有意思，几乎相当于亚马逊2019年财务报表上整个公司的全年营业利润总额。怎么样，我这样一调整，一下子

---

[1] 参见亚马逊2000年的年度报告："从长远来看，我们的目标是模拟财务报表营业利润占营业收入比例，即营业利润率的百分点达到两位数，资本收益率的百分点达到三位数。"

就找到了这么多有能力释放出来的利润，能让财务报表上的营业利润翻一番。

接下来，我将分析亚马逊两个收入规模较小的业务板块：实体店板块和订阅服务板块，很明显，我不需要对这两个板块的财务报表数据进行大幅调整。

亚马逊电子商务业务的五大细分业务板块之二：实体店业务

亚马逊的实体店业务主要指其 2017 年收购的全食超市。在这次收购之前，全食超市财报披露的营业利润率在 5% 左右，高于生鲜杂货零售行业的平均水平，这也符合全食超市在业内的一线地位。不过，由于实体店业务的营业收入在亚马逊公司整体营业收入中只占 10%，我推断，实体店业务营业收入的利润率无论是 2%、5%，还是 15%，其实都无关紧要。因为实体店业务的营业收入占比太小了，这一小块的利润贡献并不会显著影响亚马逊公司整体盈利能力这个大局。

这里引出了一个很重要的公司基本面分析原则：分析基本面时，你要确保做到抓大放小，让自己很有兴趣研究分析的业务板块能够通过会计师所说的"重要性标准"。如果你对全食超市很有信心，甚至认为实体店业务可能是亚马逊公司整体价值的重要驱动力量，那么经过上面的一番计算，你也会明白，全食超市的营业收入贡献占比太小，对亚马逊公司整体价值的增长没有多大影响力。研究分析时，你应该时时刻刻小心这种自以为是的陷阱，不能只凭个人感觉，而不看盈利贡献占比的客观数据。要抓大放小，而不能抓小放大。比如，相较于亚马逊，你个人可能更喜欢用谷歌的在线购物平台，然而电子商务业务并不是驱动谷歌母公司 Alphabet 整个集团价值增长的核心力量，搜索业务才是。

亚马逊电子商务业务的五大细分业务板块之三：订阅服务

与其他主要数字科技平台一样，亚马逊并不把会员订阅业务视为利润中心，而是将其视为一种获客手段。这种市场促销手段由来已久，你得拿出一些商品搞减价促销，吸引客户进店购物，有人气，才会有买卖。对数字科技平台企业来说，订阅会员可享受特别优惠，这就是一种促销产品，目的是吸引更多客户进入自己的平台购物消费，一来再来。只要每年付费139美元，就能成为亚马逊Prime会员，享受全年免运费配送服务，这对很多人来说已经是一笔很划算的买卖了，如果还能附带得到一项免费视频服务，就更划算了。亚马逊公司每年花费数十亿美元，用于购买引人注目的视频节目，以充实其会员流媒体服务。由于亚马逊公司的视频服务不收取任何费用，有些人可能会认为，购买视频节目的巨额支出纯属浪费。然而，亚马逊认为，这是一笔很好的投资。因为给会员提供相关订阅服务，就是想要建立"转换成本"护城河。有了专享的免费视频服务，Prime用户往往更不想放弃Prime会员享有的免运费配送服务。用户黏性更强，亚马逊留住的客户更多。并且，亚马逊在电子商务业务上确实很赚钱，会员的日常消费已经让亚马逊赚到大钱，免运费配送服务和免费视频服务其实就相当于便宜的小赠品而已。

考虑到所有这些方面，有买有送，有得有失，这个账不好算，我很难算出来亚马逊订阅服务营业收入的利润率有多高。一方面，为Prime会员提供专享免运费配送服务能吸引更多用户更多购物，从而能够带来数十亿美元的增量营业收入。另一方面，有得必有失，免运费配送服务让亚马逊付出了很大的配送成本，而且Prime会员年度订阅费形成的大部分收入都直接用于购买视频内容了，无法用来补贴配送成本。

有可比的同行数据可供参考吗？只有少数几个数字科技平台在年报

上公布订阅服务业务的营业利润,阿里巴巴是其中之一,但其会员订阅业务是亏损的。另一方面,阿里巴巴并没有亚马逊这种每年支付 139 美元以享受免运费配送等专享服务的会员客户。

综合对比亚马逊与阿里巴巴的会员订阅业务,我认为可以公允地推断,亚马逊公司的会员订阅业务大致可以保持盈亏平衡,因此我决定调整财务报表,给亚马逊订阅服务业务的营业利润率分派为 0。

亚马逊电子商务业务的五大细分业务板块之四:第三方卖家服务

亚马逊刚开始做线上零售业务时,和传统的线下商店一样,都是先进货再卖货。比如,从出版商那里进图书,或从制造商那里进 CD 音乐播放器,然后给这些货物加价,放到自己的线上平台卖,卖掉这些货物,就从中赚到一笔差价,这就是自己的营业利润。然而,渐渐地,亚马逊向其他本身没有网店的商家开放了自己的平台,当然,是收费的。结果证明,这项服务大受欢迎。2000 年,这类第三方卖家给亚马逊创造的营业收入还不大,只占亚马逊线上零售平台营业收入总额的 3%,但是 15 年之后,2015 年,第三方卖家的营业收入占比就超过了总额的一半。如今,亚马逊公司线上零售平台约有 2/3 的营业收入来自第三方卖家。

这些第三方卖家需要向亚马逊付费,才能在亚马逊的平台上出售商品,相当于商家想进大商场开商铺,得按照面积向商场付租金才行,或者从营业收入中给商场提成。这种商业合作机制带来的收入和营业利润对亚马逊的盈利能力有重要影响。你在亚马逊平台上看到的很多商品,从蛋白质能量棒到自拍杆,其实很多是由第三方卖家销售的。第三方卖家支付这些商品的进货费用,这样一来,亚马逊就免掉了零售商进货费用这一笔最大的费用支出。同时，亚马逊还要向这些第三方卖家收取一笔提成，这些卖家才有权在亚马逊平台上做业务。因为亚马逊主导着电子商务行业，这些卖家为了获得亚马逊网站上数以亿计庞大用户的关注，很乐意付费，或者说不得不付费。

这类似于商场把大部分店面出租给商家，既不用支付大多数商品的进货成本，还能向商家收租金，结果客户还都说自己是从商场买的货，这对商场来说真是名利双收。这样一来，亚马逊就转型成为一家平台企业。苹果应用商店向第三方软件开发者抽取商品营业收入的15%~30%作为提成，业内称其为"苹果税"。与此类似，亚马逊公司也对第三方卖家的营业收入收取提成，且几乎没有为此发生任何相关费用。只有收入，没有支出，这意味着这些收入全是利润。

结果是，亚马逊公司像苹果公司一样实现了自我转型，从一个营业利润率相对较低的"硬件"企业，转型成为一个营业利润率相当高的平台企业，这种高利润率一般只有脸书和谷歌等软件企业才能创造出来。用巴菲特那个经典的比喻来说，亚马逊已经变成了一座收费桥梁。"平台是我开，客户冲我来，要上我平台，留下买路财。"2019年，亚马逊从第三方卖家那里收取了540亿美元的"过路费"。

这笔过路费收入流对应的营业利润率是多少？亚马逊对此一个字也没有公开过。但我认为，亚马逊第三方卖家服务业务的利润率会相当高，肯定高于其传统业务线上零售。因为在第三方卖家服务业务中，亚马逊根本不用自己支付商品的进货费用，向第三方卖家收取的营业收入提成全都成了营业利润。不过，亚马逊为大多数第三方卖家提供仓储和物流服务，这些还是需要花费亚马逊很多成本的。

易贝是一个纯粹的第三方经销商，正如我之前提到的那样，易贝营业收入创造的营业利润率为25%。那么我如果由此推断亚马逊公司第三方卖家服务业务的营业利润率也是25%，这个数字符合其实际盈利能力吗？一方面，易贝几乎不提供仓储和物流服务，而是将这些留给第三方经销商自己搞定，因此不用承担相应的费用。这个事实表明，亚马逊第三方卖家服务业务的营业利润率也许应该低于易贝公司的25%。另一方面，易贝最大的支出是市场营销和销售费用。易贝公司由于没有亚马逊那么强大的市场影响力，也没有那么高的品牌认知度和用户忠诚度，因此必须从每1美元的收入中拿出1/4用来推销自己的品牌。亚马逊的品牌太强大了，"地球人都知道"，根本不需要这样花钱推广自己。

最终，我决定调整财务报表，给亚马逊第三方卖家服务业务分派25%的营业利润率，和易贝公司一样。我是这么考虑的，易贝公司需要花费更高的市场营销成本，这大致相当于亚马逊需要花费的仓储与物流成本。这只不过是我个人的猜测，但是我觉得，这样的猜测很有道理。如果亚马逊线上零售业务的营业利润率有10%，那么亚马逊第三方卖家服务业务的营业利润率应该会比这个数字高两三倍。

按照25%的营业利润率计算，亚马逊公司第三方卖家服务业务的营业收入如果为540亿美元，就能产生约140亿美元的营业利润。这是另一个有趣的数字：我通过为亚马逊线上零售业务和第三方卖家服务业务估算合理的营业利润率，以此推算出，亚马逊公司的实际盈利能力相当于其年报披露的年度营业利润总额的两倍左右。要知道，我还没有分析亚马逊公司最赚钱的业务即广告业务潜藏的营业利润。

亚马逊电子商务业务的五大细分业务板块之五：其他业务（广告业务）
亚马逊将其丰富的网络平台展示位置变成了另一座强大的收费桥

梁。亚马逊网站平均每天有 9 000 万人次的访问量，正在成为越来越受欢迎的广告投放平台。亚马逊公司在年报中把广告业务归入"其他业务"板块，2019 年，这个其他业务板块产生了 140 亿美元的营业收入。根据该公司 2019 年提交给美国证券交易委员会的年度财务报告第 68 页注释所示，其他业务板块创造的营业收入大部分来自广告收入。

广告业务肯定要比第三方卖家服务业务更加赚钱。即使是为第三方卖家提供销售平台，亚马逊仍然必须为额外的仓储和物流支付费用。而网络广告只发生在虚拟世界中。亚马逊也许需要支付费用来招聘一批计算机工程师设置广告页面，但是除此之外，广告业务就再也没有其他花费了。

广告业务的营业利润率是多少？可能接近 100%。

实事求是，费用肯定是有的。这里为了讨论方便，我们假设亚马逊广告业务板块需要花费 10 亿美元的运营成本，那么从 140 亿美元营业收入中减去 10 亿美元运营成本，营业利润就是 130 亿美元。营业利润率 = 营业利润 130 亿美元 / 营业收入 140 亿美元 = 93%。

另一方面，这个其他业务板块是个大杂烩，除了广告业务之外还包含一些别的业务，那些业务的营业利润率非常低。我对此表示怀疑，但是谨慎起见，我假设这些不赚钱的其他业务会吃掉广告业务创造的一大块利润，干脆假设能吃掉一半左右，这样我可以调整财务报表，给亚马逊其他业务板块整体业务收入的营业利润率分派为 50%。以此推算，2019 年亚马逊其他业务板块整体 140 亿美元的营业收入能产生 70 亿美元的营业利润。我这样调整财务报表之后，亚马逊可以释放出来的潜在利润又增加了 70 亿美元。

亚马逊电子商务业务板块整体的潜在盈利能力

上面，我分别估算了亚马逊电子商务业务五大细分业务板块各自的潜在盈利能力，那么亚马逊公司电子商务业务板块整体的潜在盈利能力是多少呢？

如表 8-3 所示，亚马逊年度报告中电子商务业务的营业利润为 53 亿美元，但是按照我的估算，亚马逊电子商务业务的潜在盈利能力为 350 亿美元，接近财务报表上营业利润数据的 7 倍。按照电子商务业务 2 450 亿美元的营业收入推算，与其潜在盈利能力相匹配的营业利润率为 14%，这个数字也比按照财务报表计算出来的 2% 的名义营业利润率高 6 倍。

亚马逊公司的潜在盈利能力

总结以上分析，我将亚马逊公司两大核心业务板块的财务报表盈利数据调整如下：

云计算业务板块 2019 年的财务报表数据为：营业收入 350 亿美元，营业利润 92 亿美元，营业利润率 26%。我认为这组数据能够反映其潜在盈利能力，所以不做调整。

电子商务业务板块 2019 年的财务报表数据为：营业收入 2 450 亿美元，营业利润 53 亿美元，营业利润率 2%。我认为这组数据非常不符合实际，因此将电子商务业务板块按照五大细分业务板块进行分析调整，计算得出其潜在盈利能力为：营业利润 350 亿美元，营业利润率 14%。

表 8-3　亚马逊公司披露的电子商务业务盈利报告（2019 年度）

电子商务	营业收入 （单位：十亿美元）	营业利润率	营业利润 （单位：十亿美元）
线上零售	141	未报告	-
实体店	17	未报告	-
订阅服务	19	未报告	-
第三方卖家服务	54	未报告	-
其他业务	14	未报告	-
电子商务合计	245	2%	5.3

	营业收入 （单位：十亿美元）	营业利润率	营业利润 （单位：十亿美元）
电子商务	245	2%	5.3
云计算	35	26%	9.2
合计	280	5%	14.5

每股收益（单位：美元）	23.01
2020年3月每股股价（单位：美元）	2 000
市盈率	87倍

184 ｜ 价值投资 3.0：数字经济时代如何寻找百倍成长股

盈利能力，2019

	合理营业 利润率	营业利润 （单位：十亿美元）
	10%	14
	2%	0.3
	0%	—
	25%	14
	50%	7
	14%	35

盈利能力 2022

预测营业收入 （单位：十亿美元）	合理营业 利润率	营业利润 （单位：十亿美元）
423	14%	60
77	26%	20
500	16%	80
		132
		2 000
		15倍

第二部分 价值投资 3.0 三要素 | 185

综合两大业务板块，亚马逊公司 2019 年度财务报表上的营业利润数据为 145 亿美元。我在调整财务报表后，认为其潜在盈利能力可释放营业利润 442 亿美元。

预测亚马逊3年之后，即2022年度的盈利能力

回顾我前面分析亚马逊盈利能力的两个步骤。第一步，未来 3 年营业收入增长预测：我预测云计算业务板块未来 3 年增长率为 30%，略低于过去 5 年 35% 的历史增长率。

第二步，调整财务报表，分析潜在盈利能力及其对应营业利润率。我调整了亚马逊公司 2019 年度财务报表数据，分析其潜在盈利能力，得出电子商务业务实际营业利润率为 14%，远高于财务报表上 2% 的名义营业利润率。云计算业务不用调整，其财务报表上 26% 的名义营业利润率符合其实际营业利润率。

综合前面两步有关营业收入和营业利润率的预测，可以推断，3 年之后的 2022 年度，亚马逊营业收入为 5 000 亿美元，营业利润为 800 亿美元，营业利润率为 16%，折合每股收益为 132 美元。

2020 年 3 月，亚马逊的股价为每股 2 000 美元，与 2019 年度财务报表披露的每股收益 23 美元对应的市盈率为 87 倍，而与我预测 2022 年度盈利能力每股收益 132 美元对应的市盈率为 15 倍。

可见，用 2020 年 3 月的亚马逊股票价格和经调整财务报表后预测出的 2022 年度每股收益进行计算，得出的市盈率倍数大幅下降。

按照亚马逊 2019 年财务报表年度利润计算，2020 年亚马逊股票的市盈率为 87 倍，但是按照我预测的亚马逊 3 年之后，即 2022 年度每股盈利能力计算，2020年亚马逊股价的市盈率应为15倍。这使得市盈率的倒数，即盈利市价收益率从1%上升到7%。

盈利能力分析基本原则：
大致的正确估算胜过精确的错误计算

如果做完以上研究分析功课之后，你发现财务报表和估值上的不确定性令你内心不安，那就表明这番研究分析功课做得有效果了。作为投资者，你必须习惯一定程度上的模糊不清，未来模糊不清才是正常的。世界是不确定的，未来是不确定的，哪些收入和费用应该计入盈利也是不确定的。

缺乏精确性会让工程师十分抓狂。我儿子就是工程师。工程师以精确为生，凡事追求精确。一行代码写错，就会毁掉整个程序。喷气发动机燃油喷嘴的位置只偏差1毫米，就意味着整架飞机会发生故障。然而，熟悉利润表和资产负债表的人都知道，利润表和资产负债表里充满了各种各样估算出来的模糊数据。

神化财务报表的精确性在数字时代尤其危险，因为一般公认会计原则形成于传统经济时代，1939年就推出了第1版，至今超过80年，有些规定明显不适应现在的数字时代，会严重扭曲数字科技企业财务报表上的数据，导致有些项目大幅偏离真实情况。一家企业的财务报表表面上看是一回事，整整齐齐、规规矩矩，实际上却往往是另一回事，有些地方软塌塌，有些地方又湿又滑，不成样子，你要透过表面看真相。坏账准备金、保修费用、折旧费用，所有这些都无法精确计算。公司必须对这些费用进行近似估算，这就留下了相当大的操纵空间。1937年，本杰明·格雷厄姆在一篇讨论折旧的文章中写道："如果这些项目费用计提过多，企业净利润就容易受到低估，相反，如果这些项目费用计提不足，企业净利润就容易受到高估。"

为了适应这种不确定性，我们可以再次向巴菲特这位投资分析的好榜样学习。巴菲特是适应不确定性的高手，他经常说，"大方向正确"就很好了，而且，就像他早期说过的："大致的正确估算胜过精确的错误计算。"尽管巴菲特可能比世界上任何人都更精通财务报表分析，但他知道人们很容易迷失在数字里，忘记真正重要的是什么。真正重要的是护城河，最重要的分析是判断这家企业经济城堡是拥有护城河，还是缺少护城河。

正是出于这个原因，巴菲特称自己为企业分析师，而不是财务分析师或股票分析师。企业分析师和财务分析师、股票分析师相比虽然文字上差别很小，但在实质意义上却差别巨大。财务分析师相信财务数据驱动股价表现，但企业分析师知道，财务数据、估值指标、股价表现，这三者都源自同一个关键因素：企业质量。

虽然，在确定盈利能力时争取达到合理的准确度很重要，但是，我们首先应该用正确的大局观看待盈利能力估算这个问题。真正重要的是找到质量超一流的企业，这种企业必须拥有长期可持续的竞争优势。一旦做到了这一点，我们就能够合理地大致估计出其报表背后的潜在盈利能力。还有，我们应该记住，估计潜在盈利能力并不意味着要精确计算到小数点后四位，大致正确就行了。如果使用得当，潜在盈利能力可以成为一种很有价值的估值工具，但这不应该是一种追求精确性的数学推算。

在评估亚马逊公司的潜在盈利能力时，我们只要进行一些"大方向正确"的估算，就能看出这家企业的盈利能力有多么强大。假设你认为我给亚马逊线上零售业务分派的 10% 的营业利润率太高了，没问题，你可以下调，下调到 5%，使其低于沃尔玛 6% 的营业利润率水平。这表明你的假设发生了重大变化，但如此重大的调整，对亚马逊股票估值的净影响程度却是微不足道的。这样调整后，我们估算出的亚马逊公司整体潜在盈利能力比之前下降了 15%，其股票价格对应的市盈率就从 15 倍提高到 18 倍。你看，还是便宜得很。相反，假设你认为我对亚马逊公司营业利润率的估计太低了，你改为使用班尼特·斯图尔特的经济增加值估值框架，把亚马逊的研发成本支出摊销到未来 5 年，市场营销成本支出和销售服务成本支出摊销到未来 3 年，这样一来，按照你计算出来的亚马逊公司盈利能力可释放营业利润，其股价对应的市盈率将为 12 倍，比我计算出的 15 倍低了 20%。结果还是一样，这样调整之后计算出来的盈利能力对亚马逊股票的估值水平并没有太大影响。无论亚马逊公司股票 2020 年 3 月的市盈率是 12 倍还是 18 倍，其股价都非常便宜，这只股票非常值得买入。

第9章
BMP选股分析框架应用案例

我们已经讨论了 BMP 选股分析框架，其核心是三大关键因素：业务、管理、价格。目前来看，我们对这三大关键因素的分析流程很清晰，一步接一步，就像艺术家工作室里的马赛克瓷砖一样，每一块都贴在合适的位置，干干净净，整整齐齐。然而，现实生活中的投资过程完全不像这样按部就班，估值分析的马赛克瓷砖不会一开始就排列有序。相反，我们使用的基础数据和资料其实杂乱无章，就像随机、散乱地搬进门来的瓷砖，有时是整整齐齐的一大批，有时只有少量碎片，大小不一，残破散乱。

本章，我将介绍两个数字科技企业股票估值的实际案例，向大家展示我如何把与这两家企业相关的碎片信息重新有序地组合在一起，完成 BMP 选股分析框架三要素分析，最终形成买入股票的投资决策。我对这两只股票的分析可不是纸上谈兵，光说不练，这两只股票真的成了我投资组合中的两大重仓股。

设法将各种碎片信息分门别类地有序组合到一起，进行系统分析，由此发现一只很有吸引力的股票，值得你做出买入决策，这可是件大好事。然而，请注意，根据我过去多年的经验，大好事并不是每次都有，大概 10 次能碰上 1 次。也就是说，你研究 10 只股票，能从中找到 1 只非常值得买入的股票，十里挑一，就挺好了。如果你在做投资研究的时候，相当勤勉用功，相当尽责用心，而且在企业质量上设置很高的选择门槛，对达不到质量标准的企业，你的原则是宁缺毋滥，那么，在这样研究了10家上市公司的股票后，你会发现，通常有9家都达不到你的选股标准。有的是公司的业务质量有问题，有的是管理质量有问题，最常见的是，因为你想找的是高质量企业，其股票价格的估值水平很可能太高。企业质量很高，但是价格也很高，股价太贵，性价比就不高了。没关系，事实上，这是意料之中的事。如果你刚研究了一批企业，就从中找到好多值得买入的理想股票，击球成功率非常高，这反而可能说明你的研究有问题。要么是你太懒，研究的公司数量还不够多，你得研究几十甚至几百家才行，先求数量后求质量；要么是你的质量分析标准有问题，你给自己正在研究的公司设置的企业质量标准过于宽松了，要宽进严出，不能宽进宽出。

既然业务质量是股票投资长期业绩的主要驱动因素，我们就最好从业务质量开始研究分析。然而，每家公司的情况都是不同的，你的研究分析过程应该是灵活的，而不是教条、僵化的。从下面两家公司的案例中你会看到，我按照BMP选股分析框架，分别从三个关键因素对两家企业的股票进行分析，最后确定这两家企业的股票是两只很有吸引力的数字科技大牛股，非常值得买入。

谷歌母公司Alphabet

业务质量：非常高

我开始关注Alphabet公司并将其视为潜在投资目标，是在2016年初。像大多数人一样，我经常使用谷歌公司推出的应用程序，我觉得自己对谷歌还算挺了解。然而，在读了该公司 2015 年提交给美国证券交易委员会的年度报告后，我才了解到一些我原来并不知道的事情：2015 年，Alphabet 公司旗下拥有 7 个不同的平台，每个平台的用户数量都超过 10 亿。其中包括美国人平时经常使用的 5 个应用平台：谷歌搜索、谷歌地图、Chrome 浏览器、优兔视频网站、Gmail 邮箱。还包括两个有些人可能不是特别熟悉的应用平台：安卓智能手机系统和谷歌 Play 应用商店。2015 年至 2022 年，Alphabet 公司又增加了 4 个 10 亿级用户的 应用平台，和前面 7 个应用平台一样，基本上都是免费开放给用户使用的。

显然，Alphabet 公司的这些工程师在开发普通人日常使用的在线产品方面很有天赋。亚马逊只有一个产品拥有超过 10 亿的用户，那就是亚马逊网站，而脸书公司只有 3 个 10 亿级用户的产品：脸书、照片墙、WhatsApp 社交通信软件，然而，后两个产品其实是在达到临界规模时才被脸书收购的。相比之下，在 Alphabet 公司进行收购时，安卓智能手机系统还没有用户，优兔视频网站只有 67 名员工，这两个产品都是在 Alphabet 公司进行收购之后才扩张到 10 亿级用户的。

细分业务之一：安卓智能手机系统

在收购安卓智能手机系统后，Alphabet 公司的高管决定向手机硬件制造商免费提供软件。低利润率的手机硬件制造商免费获得了手机操作系统，而 Alphabet 公司则有机会在谷歌 Play 应用商店中销售游戏和其他高利润率的手机应用程序。如今，安卓智能手机系统拥有近 20 亿全球用户。全球 2/3 的手机使用的都是安卓系统，且安卓系统的市场份额还在持续增长。在习惯于使用免费操作系统之后，全球大多数手机硬件制造商发现自身很难摆脱对安卓的依赖。安卓智能手机系统就这样拥有了好几条护城河。

第一条护城河是成本优势，安卓是智能手机系统的低成本供应商，成本再低也没法比免费更低了。

第二条护城河是品牌优势，手机硬件制造商和用户用的时间越长就越会发现，安卓是一个值得信赖的品牌。

第三条护城河是高转换成本优势，手机硬件制造商和用户长期使用安卓系统，用习惯了，换成其他操作系统的转换成本会很高。

细分业务之二：优兔视频网站

要说有什么不同，优兔视频网站这个业务的竞争优势比安卓智能手机系统更加令对手恐惧。优兔视频网站拥有超过 20 亿的固定用户，从音乐到管道修理技巧，视频的内容极为广泛。这是人们发布各种视频使用最多的平台。优兔视频网站的每日流量在整个移动互联网的每日流量中占比超过 1/3，这个数据高得令人难以置信，是脸书的 3 倍以上。甚至在 6 年前我刚开始研究时，优兔仅仅在移动端触达的美国年轻用户数量就比所有传统广播电视网络触达的美国年轻用户数量加在一起都多。最重要的是，优兔视频网站是一个网络效应的完美案例。到目前为止，优兔平台上的视频观看人数超过了其他任何在线视频平台，吸引了最多的广告投入。优兔公司与制作并上传音乐和管道修理技巧视频的人分享这些广告收入。这种收入分成模式激励了更多人制作并上传更多的视频，这又会吸引更多的用户，进而吸引更多的广告投入，如此循环往复，飞轮不断旋转，飞轮效应不断增强。

细分业务之三：谷歌搜索

然而，在我开始关注并研究 Alphabet 公司时，以上两个业务板块与谷歌搜索相比用户规模都很小。这与其说引发了我对 Alphabet 公司其他业务板块的反思，不如说引发了我对谷歌搜索业务本身庞大程度的思考。谷歌搜索让所有在线业务的规模看起来都显得很小，只有亚马逊网站相比之下还显得比较大一些。

20 世纪 90 年代中期，还在斯坦福大学的宿舍里创业的时候，谷歌公司的两位创始人拉里·佩奇和谢尔盖·布林就开始琢磨如何改进他们开发的搜索引擎，让搜索引擎不仅在世界上速度最快，而且结果相关度最高。从一开始，拉里·佩奇和谢尔盖·布林就知道，在搜索领域拥有过人之处的关键在于，为用户搜索的问题提供的答案必须是最能直接回答他们疑问的答案。其他搜索引擎都是根据用户搜索的关键词在网页上出现的频率来对搜索结果进行排序。比如，如果你输入的是"企鹅"，那么要是有一个网页上全部是这个词，"企鹅企鹅企鹅企鹅企鹅企鹅"，这个网页就会出现在你的搜索结果页面顶部。拉里·佩奇和谢尔盖·布林认识到这种算法在逻辑上存在重大错误，于是他们重新设计算法，不是基于网页提到"企鹅"这个关键词的次数，而是基于其他网页链接到这个网页的次数进行排序。他们推断，其他网页对某个企鹅主题网站的引用次数越多，那么这个网页就越有可能与那些对企鹅很感兴趣的人有关。

2004 年，谷歌搜索在美国在线搜索领域占有 35% 的市场份额，天下三分有其一，相较于其他搜索引擎，谷歌搜索绝对遥遥领先。但是，拉里·佩奇和谢尔盖·布林每年仍然投入大量时间和金钱不断改进升级谷歌搜索，使其速度更快，搜索结果与用户需求更相关。他们的行为相当于把更多鲨鱼和鳄鱼扔进谷歌企业经济城堡的护城河中。2010年，谷歌搜索公司高管阿米特·辛格尔在接受《连线》杂志记者的采访时，当场让工程师对谷歌搜索和必应搜索的结果相关度进行比较。在谷歌搜索网页上输入关键词"迈克 西维克 律师 密歇根"，搜索结果中排名置顶的是一位在密歇根州大急流城执业的律师迈克尔·西维克的网页。然后，工程师在必应搜索网页输入了相同的关键词，结果排名置顶的是足球安全律师米罗伊的网页，搜索结果中没有一个与迈克·西维克律师有关。

2011年，谷歌搜索的市场份额上升至65%，在整个搜索引擎市场的占有率从1/3上升到2/3。2020年，谷歌搜索的市场份额超过90%，天下十分有其九。2022年，谷歌搜索可以说已成为迄今为止网络效应的最佳案例。由于访问谷歌搜索的人比其他任何搜索引擎都多，谷歌搜索吸引了最多的广告收入，谷歌用这些资金进一步改进自己的搜索引擎，使其搜索速度更快、搜索结果相关度更高，进而吸引更多的搜索用户，再进而吸引更多的广告收入，如此循环往复，飞轮不断旋转，飞轮效应不断增强。网络效应让谷歌拥有了强大的竞争优势，查理·芒格曾说，他从未见过像谷歌搜索业务这样如此宽阔的护城河。芒格已经98岁了，所以，我们完全可以说这是一条百年未见的企业护城河。

在过去的10年里，微软花费了近150亿美元，试图将必应搜索打造成对谷歌搜索具有威胁的竞争对手。亚马逊甚至也尝试过搜索业务。但是这两家公司都无法打破谷歌搜索的市场垄断地位。布拉德·斯通在《一网打尽》一书中写道，从2003年开始，贝佐斯陆续聘请了一批在线搜索行业最优秀的人才，但几年后，亚马逊在线搜索团队的领头人却要离开亚马逊，加入谷歌。这惹得贝佐斯大发脾气。贝佐斯告诉手下的亚马逊员工:"把谷歌搜索当作一座山峰吧,你可以爬上山峰,却不能移动山峰分毫。"

微软和亚马逊非常想从在线搜索业务中分一杯羹,因为在线搜索业务可以说是互联网最强大的收费桥梁,也是最赚钱的收费桥梁。毫不夸张地说,搜索就是信息高速公路的入口,人们上互联网,必定要搜索。亚马逊可以说在电子商务领域拥有控制地位,但实体商品只占美国国民经济产出的 25%~30%,比 1/4 多一点儿,而服务占据了美国国民经济产出的 70%~75%,将近 3/4。服务正是谷歌搜索的强项所在。世界上任何人想要找离婚律师办理离婚、找抵押贷款经纪人办理住房贷款,或者想要制订一个去加勒比海的度假计划,都可以用谷歌搜索一下,这意味着,每个离婚律师、每个抵押贷款经纪人、每个与加勒比海相关的旅游企业和个人都必须在谷歌搜索上投放广告。最好的是,这些要投放广告的企业和个人一点儿也不介意给谷歌搜索支付广告费,因为在谷歌搜索网页上投放广告比在传统媒体上投放广告更便宜,而且更有效。企业或个人在电视或当地的报纸上投放广告,并不确定广告信息是否能触达目标受众。而在谷歌搜索页面,广告与关键词绑定,那些搜索某些关键词的人肯定对相关业务有兴趣,他们往往就是广告的目标受众。有些人往往看到搜索结果旁边的广告就会随手点击,其中一些点击就会转化成下单购买。由于谷歌搜索的用户数以亿计,所以即使是相当低的转化率,也能给广告投放主带来相当大的购买量。比如说,1 亿人用谷歌搜索进行点击,哪怕转化率是万分之一,这些点击也能转化成 1 万笔订单。因此,这些按照点击量支付广告费的广告投放主完全可以用点击数据和下单数据来衡量自己的网络广告费支出是否有效,答案通常是有效。

以上这一切已经令人非常印象深刻了，然而，在继续阅读 Alphabet 公司的年报后，我震惊地发现，谷歌搜索在广告市场还嫩得很，离成熟还远得很呢。谷歌搜索的使用率在 2016 年时就已经非常高，业务非常赚钱，这让人们会很自然地认为，谷歌已经完全渗透线上广告市场，但事实并非如此。2021 年，数字广告支出仅占全球广告支出总额的 25%。因为谷歌搜索在数字广告市场所占的份额约为 60%，所以可以推算出，谷歌搜索在全球广告市场所占的份额仅为 15%，只有 1/7。因此，毫无疑问，谷歌在广告市场的增长空间还很大。如果算上邮件推送、店内促销等广告形式，谷歌搜索在广告市场的份额还不到 1/10。在广播和电视进入媒体市场之前，平面广告支出在鼎盛时期占全球广告支出总额的 80%。想想看，10% 到 80%，这里有至少 7 倍的增长空间。

谷歌搜索完全具备我们前面讲过的业务高质量三要素：一是所处行业的市场规模非常大，二是公司所占的市场份额非常小，三是公司具有长期可持续的竞争优势。Alphabet 公司旗下另外两大业务，优兔视频网站和安卓智能手机系统，也完全具备业务高质量三要素。优兔视频网站和谷歌搜索同时在数字广告市场竞争，而安卓智能手机系统则不可避免地会继续保持增长，因为安卓用户已经花了更多的钱购买游戏和其他应用程序，转换成本高。

考虑到这一切，你就会明白，为什么我在初步完成对 Alphabet 公司业务质量的调查研究分析后，就决定投入全部精力来专注研究分析这家公司。一个数字科技平台拥有 10 亿级用户和几条护城河，未来还有几十年的增长期，这称得上是一把屠龙刀，世上罕见。而 Alphabet 公司旗下至少有 3 家这样的超级数字科技平台，相当于同时拥有三把屠龙刀。

管理质量：正在明显改进

我从一开始就可以很明显地看出来，管理质量是 Alphabet 公司的弱项。但是反过来想，这也可能预示着这家公司在管理上有很大的提升空间，现在反而是低位买入的机会。一正一反，孰轻孰重，我难以确定。这就引出了一个有关 BMP 选股分析框架的重要问题。正如我在本章开头所说的那样，BMP 选股分析框架中的几项关键因素整整齐齐，很有秩序，但在实际应用过程中却又显得混乱无序，模糊不清。很少有企业的管理团队能像亚马逊公司那样明显水平很高。有时，管理层尽管确实是企业所有者，但是其行为并不像持股多年的企业所有者那样关注企业长远利益，而是想从企业业务中榨取短期利益给自己脸上贴金。有时，管理层虽然意愿是好的，真的努力想要像企业所有者一样行事，但是实际上却做不到，因为他们并未真正理解是什么因素驱动着企业的价值创造，没有真正理解，又如何能真正做到。Alphabet 公司的情况就是如此，这让我很困惑。拉里·佩奇和谢尔盖·布林都是杰出的工程师，很明显，他们也是真的发自内心地关心 Alphabet 公司的长远发展。但他们两个人在财务和金融上并没有丰富的经验。这对我来说是一个需要解决的分析难题。

数字科技行业完全不像传统的制造行业和金融行业，经理人一个个西装革履，说话一本正经。数字科技行业盛行玩耍嬉戏一般的企业文化，人们穿着随便，说话随意，做事随心。其中，拉里·佩奇和谢尔盖·布林建立的谷歌公司最肆无忌惮，最不循规蹈矩。查理·芒格在伯克希尔－哈撒韦公司的一次年会上说，他去参观谷歌公司总部，感觉很诧异，这哪里像是大企业的总部，简直像个幼儿园。（巴菲特插话道:"一个人人都非常富有的幼儿园。")拉里·佩奇和谢尔盖·布林显然认为,如果公司用非常有吸引力的产品来引领市场,金钱自然就会随之而来。但有时,Alphabet公司的行为看来就像是在故意激怒那些特别在乎实际利益的投资人。Alphabet公司的年报上有一个很大的业务板块,名为"其他赌博性业务(other bets)"。这样直接说自己管理的业务属于赌博性质的管理层还真是少见。我在研究这家公司之后发现,这个业务板块中包括一些高度冒险的风险投资项目,确实称得上是赌博。比如,其中的一个"气球互联网"项目计划将很多气球发射到高空1万米左右的平流层,组成空中无线网络,这样可以让世界上的偏远地区接通互联网。其实就是用便宜的气球替代昂贵的卫星来组建空中无线网络。

在研究拉里·佩奇和谢尔盖·布林这两位核心管理者的过程中,我觉得印象特别深刻的一点是,他们两个在技术创新方面做得非常出色,但除了谷歌搜索以外,他们在用产品赚钱这个方面却做得非常糟糕。Alphabet公司2015年的营业利润率就可以体现出这一点。凭借谷歌搜索这一终极收费桥梁,Alphabet公司本应该在所有基于软件的数字科技企业中利润率水平最高才对,可是实际情况正好相反,Alphabet公司是利润率最低的一家。脸书公司的运营模式与Alphabet公司类似,是轻资本收费桥梁式模式,其营业收入贡献的营业利润率为40%。中国互联网巨头阿里巴巴公司在首次公开募股时的营业利润率接近50%。而Alphabet公司的营业利润率却只有25%。

这从道理上说不通啊。Alphabet公司的营业收入是阿里巴巴和脸书两家公司营业收入总和的5倍。Alphabet公司的营业利润率怎么会比这两家公司低15到25个百分点呢?用数字科技行业的行话来说，软件行业的"规模效应"和其他传统行业不一样，不是营业收入规模越大利润越薄，而是相反，营业收入规模越大，利润越厚，盈利水平越高。软件企业一旦开发好了软件，买好或租好了服务器，之后的每一笔营业收入都有接近100%的营业利润率，可以说营业收入几乎全部都是利润。可是，Alphabet公司的同行企业虽然营业收入比Alphabet公司更低，但创造的营业利润率水平却更高。这完全不符合软件行业的普遍规律。

后来我才知道，这件事的责任全在拉里·佩奇和谢尔盖·布林这两位核心管理层身上。他们本来就对赚钱不太感兴趣，而对软件工程方面的挑战更感兴趣，在成为身家千亿美元的超级富豪之后，他们对赚钱这件事就更加不感兴趣了。与拉里·门德尔松和汤姆·墨菲相比，他们更加热爱自己创办的企业，感情过深过重，以至在看待这家企业时，就像父母看待自己的孩子一样难以保持客观。但是，只有拥有足够客观的态度，才会采取足够务实的措施来系统地增加企业价值。值得赞扬的是，拉里·佩奇和谢尔盖·布林很早就意识到了自身这个明显的缺点，在创立谷歌仅仅3年之后，他们就任命了资深的技术高管埃里克·施密特作为首席执行官。他们说，这将会给公司带来"成年人的监管"。之后，他们回到工程实验室，开始研究人类衰老之类的世界性重大难题。

可是，10年后，拉里·佩奇重新拿回了首席执行官的权杖，尽管此后一段时间内他忙于管理公司方方面面琐碎乏味的日常事务，但他很快又失去了兴趣。按照《彭博商业周刊》后来的报道，每次开会，只要涉及的是商业而不是技术方面的问题，拉里·佩奇的眼神就会变得呆滞无光。有一次，一名员工向拉里·佩奇解释一件他不感兴趣的事情，拉里·佩奇不耐烦地对这名员工说："你做的事真无聊。"直接向拉里·佩奇汇报的那一小部分高管后来被人称为"AlphaFun"，意思是他们经常努力去搞那些拉里·佩奇特别感兴趣的项目，尽管这些项目在商业上根本没有什么发展潜力。

2013年，拉里·佩奇停止参加产品发布会和业绩电话会，2015年，拉里·佩奇成立了控股公司Alphabet，这其实就是正式承认自己对公司商业方面的事务漠不关心。

这可能反而是个大好消息！在新的管理架构下，拉里·佩奇和谢尔盖·布林两个创始人主动将多项核心业务的管理大权交给了一位非创始人，这些业务包括谷歌搜索、优兔视频网站、安卓智能手机系统、新兴的云计算业务等。甩掉那些乏味无聊的管理琐事之后，拉里·佩奇可以自由自在地追求那些像登月计划一样刺激也一样冒险的创新项目。

这样一来，负责Alphabet公司旗下真正商业化产品的人成了桑达尔·皮查伊，一个出身于平凡家庭却做得非常成功的年轻人。桑达尔·皮查伊在印度南部长大，由于家里的公寓实在太小，他和哥哥只能睡在客厅里。小的时候，为了去城里逛逛，桑达尔·皮查伊和哥哥还有爸爸妈妈4个人骑在一辆兰布雷塔小型摩托车上，这可比买票坐公交车便宜多了。在桑达尔·皮查伊长到12岁时，他父亲成了整个家族第一个装上电话的人，但他们并不需要电话本，因为桑达尔·皮查伊能记住家人拨过的每一个电话号码，这种数学头脑去学软件编程简直太适合了。

在我看来，桑达尔·皮查伊晋升为首席执行官显著提高了公司管理的平衡程度。现在Alphabet公司有了一位实际业务负责人，人不但很聪明，而且充满渴望。我读到的关于桑达尔·皮查伊的资料越多，他给我的印象越深刻，我认为他是那种非常专注于利用自己的工程才能来赚钱的人。让桑达尔·皮查伊在 Alphabet 公司出人头地的第一大成就是，他找到了一种能让谷歌地球在所有事情上变现的方法。

当然，桑达尔·皮查伊还没有掌管 Alphabet 公司的全部业务。然而，考虑到拉里·佩奇和谢尔盖·布林逐步退出日常业务管理，我认为，桑达尔·皮查伊获得公司所有业务的全面管理控制权是迟早的事。

由桑达尔·皮查伊这样充满渴望、积极进取的高管来负责之后，Alphabet 公司的盈利能力会发生什么变化？对这个问题的思考让我头脑中的盈利能力概念突然变得具体起来。Alphabet 公司的营业利润率低于平均水平，而业务质量却是超一流水平，如果有一个管理目标与股东利益更加一致的管理团队负责日常业务，Alphabet 公司应该可以很快轻松实现营业利润翻倍。

在任命桑达尔·皮查伊为首席执行官的几个月前，拉里·佩奇和谢尔盖·布林已经迈出了重新建立成年人监管的第一步，就是任命摩根士丹利银行前高管露丝·波拉特为公司首席财务官。在一年之内，这位曾经的华尔街银行家组织公司回购了 50 亿美元的股票，这是一个很好的资本配置举动，尤其是考虑到这些钱原本可能会用于两位创始人搞的那些类似登月计划的高风险创新项目。

我想，首席执行官桑达尔·皮查伊既有卓越的软件工程技术能力，又有身为印度移民追求成就的强大动力，再加上首席财务官露丝·波拉特高超老练的财务管理手段，两个人双剑合璧，可能很快就会让 Alphabet 公司的财务报表体现出更高的盈利水平。用盈利说话，盈利可以证明 Alphabet 公司确实拥有世界上最具竞争优势的业务集群。

股价估值：明显很低

虽然结果证明，运用 BMP 选股分析框架对 Alphabet 公司的管理质量进行分析相当复杂，但对股价进行分析却极其容易。我们不需要仔细思考就知道，Alphabet 公司的盈利能力要大大超过其财务报表利润数据上体现出的水平。Alphabet 公司财务报表上 25% 的名义营业利润率与其潜在盈利能力之间的差距非常大，大到你开着一辆卡车穿过去还绰绰有余。

2016 年，我在计算分析之后发现，Alphabet 公司财务报表上的名义营业利润率在三个方面未能准确反映公司的业务质量水平：

1. 脸书和阿里巴巴这两家数字科技企业和 Alphabet 公司一样，其线上业务都可以说是收费桥梁，而这两家企业的营业利润率分别为 40% 和 50%，这些我们前面已经讲过了。Alphabet 公司的营业收入是脸书和阿里巴巴两家企业营业收入总和的 5 倍，盈利水平却不如脸书和阿里巴巴，这是根本不可能的事。
2. 除了核心业务谷歌搜索，Alphabet 公司选择披露数据的唯一一个业务板块是其他赌博性业务。根据该公司提交给美国证券交易委员会的年度文件，在其他业务中，一些属于赌博性质的风险投资项目在 2015 年损失了 35 亿美元。如果我们从利润表中剔除掉这些高风险投资项目造成的损失，Alphabet 公司的营业利润率就会从 25% 提升到 30%。
3. 优兔视频网站和安卓智能手机系统这两个业务板块虽然在年报上并没有单独体现，但这在股票市场上是一个公开的秘密。大家其实都知道，这两个业务板块尽管具有成为现象级业务的特质，但是目前都在亏损。在桑达尔·皮查伊的领导下，优兔视频网站和安卓智能手机系统这两大业务继续亏损，这简直是不可想象的事情。安卓控制着全球2/3的手机系统。优兔视频网站创造的流量占全球所有移动互联网流量的1/3。如此厉害的两大业务怎么可能不会扭亏为盈？除非有人完全背离商业和财务的基本规则瞎折腾，否则这两大业务迟早会闪闪发光，体现在亮丽的盈利上。

综合考虑以上三个方面的情况，我决定调整财务报表，给 Alphabet 公司分派 40% 的营业利润率，与脸书公司持平。

如表 9-1 所示，在 2016 年我研究 Alphabet 公司时，其每股股价为 735 美元，扣除账上每股 97 美元多余现金之后，每股净股价为 638 美元，对应财务报表的名义每股收益 23 美元，计算得出的市盈率为 28 倍。这与市场平均市盈率 20 倍相比明显高出一大截。

即使是基于上一年度即 2015 年度财务报表上的营业收入，按照前面分析调整财务报表的结论（分派 40% 的营业利润率）来推算，Alphabet 公司的盈利能力也能贡献 40 美元的每股收益。2016 年公司扣除多余现金之后的每股净股价为 638 美元，与此对应的市盈率只有 17 倍。这意味着，即使是只看上一年度的盈利能力，这只股票也相当有投资吸引力，相当值得买入。

按照我做的未来 3 年盈利预测，3 年后即 2018 年 Alphabet 公司的盈利能力能贡献出的每股收益为 64 美元。2016 年股票市场要求我支付的买入价格为每股 735 美元。

表 9-1 Alphabet 公司的盈利能力

	2015年度 财务报表数据	2015年度 估算盈利能力	
营业收入	750亿美元	750亿美元	
营业利润率	25%	40%	营业利润率 与脸书持平
营业利润	190亿美元	300亿美元	
税率	17%	17%	
净收入	160亿美元	250亿美元	
流通股数量	7亿股	7亿股	
每股收益	23.11美元	36.97美元	
每股股价	735美元	735美元	
每股现金流	97美元	97美元	
市净值	6 380亿美元	6 380亿美元	
市盈率	28倍	17倍	

资料来源：Alphabet 公司提交给美国证券交易委员会的报告。

如表 9-2 所示，在我当年做未来 3 年盈利预测时，3 年后即 2018 年 Alphabet 公司的盈利能力可贡献每股收益 64 美元，接近 2015 年度财务报表名义每股收益 23 美元的 3 倍。因此，在 2016 年我研究时，Alphabet 公司的每股股价为 735 美元，扣除预测 2018 年度账上每股多余现金 168 美元之后，每股净股价为 567 美元，对应 3 年后即 2018 年盈利能力预测可贡献的每股收益 64 美元，市盈率只有 9 倍。

与用 2016 年的每股股价对应财务报表披露的名义每股收益计算出来的名义市盈率 28 倍相比，用 2018 年度盈利能力预测可贡献的每股收益计算出来的市盈率只有 9 倍，股价估值水平下降到只有 1/3，简直便宜得很。

在 2016 年我研究 Alphabet 公司时，美国股市的平均市盈率约为 20 倍。因此，我能按照 9 倍市盈率买入，就相当于用只有普通企业一半的估值水平买入 Alphabet 公司旗下谷歌搜索等几个世界上最优秀的数字平台。这让我觉得简直太划算了。我强烈看好 Alphabet 公司的股票，于是我在 2016 年大量买入，重仓持有。[1]

表 9-2 Alphabet 公司的盈利能力

	2015年度实际数据	2018年度预测盈利能力	
营业收入	750亿美元	1 300亿美元	预测营业收入的年增长率为20%，与历史增长率保持一致
营业利润率	25%	40%	
营业利润	190亿美元	520亿美元	营业利润率与脸书持平
税率	17%	17%	
净收入	160亿美元	430亿美元	
流通股数量	7亿股	7亿股	
每股收益	23.11美元	63.89美元	
每股股价	735美元	735美元	预测每股现金的年增长率为20%，与营业收入保持一致
每股现金流	97美元	168美元	
市净值	6 380亿美元	5 670亿美元	
市盈率	28倍	9倍	

资料来源：Alphabet 公司提交给美国证券交易委员会的报告。

Alphabet公司投资3年回顾

2016 年，我重仓买入 Alphabet 公司的股票，2018 年，Alphabet 公

---

[1] 那些纯粹主义者也许会反对我在做研究分析功课时把 Alphabet 公司账上的现金从其每股股价中剔除。在这一点上，就像在所有事情上一样，我遵循的是我的常识，而不是那些教条的公式。和很多企业不同的是，Alphabet 公司几乎不需要什么现金就能保持业务的正常运营，因该公司账上的现金是与业务运营无关的。不仅如此，在新任首席财务官波拉特的领导下，该公司已经开始返还现金给股东。可是，请注意我在第 8 章中提出的重要观点。如果你不喜欢这样调整，没关系，你就不要从 Alphabet 公司的每股股价中扣除每股现金。这样一来，你计算出来的对应市盈率会从 9 倍变成 12 倍，市盈率的倒数即盈利市价收益率会从 11% 变成 8%。这个调整并不会改变我们估值分析的结论：2016 年中，Alphabet 公司的股票非常值得买入。

司财务报告的净利润是 2015 年的 2 倍，但是，营业收入创造的营业利润率却下降了，这是因为 Alphabet 公司继续投资于新的主动创新举措，其中包括大规模投资以推动云计算业务努力赶上亚马逊。Alphabet 公司盈利 3 年涨了两倍，但是与我分析盈利能力时预测的 3 年涨 3 倍相比还有很大差距。但请记住，我们分析企业潜在盈利能力并不是盈利预测，也不是盈利估算，只是力图搞清楚一家数字科技企业最终达到业务完全成熟状态时有潜力释放出来的盈利。

尽管公司营业收入创造的营业利润率有所下降，但是从 2016 年到 2019 年，Alphabet 公司的股价表现仍然跑赢整个股市，因为市场继续看好这家公司的营业收入会持续增长，市场也继续认为这家公司拥有的几个数字应用平台竞争优势超级强大。

2019 年底，Alphabet 公司宣布，桑达尔·皮查伊将接替拉里·佩奇成为整个控股集团的首席执行官。在这一消息公布后不久，桑达尔·皮查伊获得了一笔价值巨大的股权激励，仅次于蒂姆·库克在接任苹果创始人史蒂夫·乔布斯之后获得的股权激励价值。媒体报道桑达尔·皮查伊得到的股权激励市场价值高达 2 亿美元，但这个估计其实基于各种模糊的假设，并不准确。真实的情况是，桑达尔·皮查伊此前持有 1.8 万股 Alphabet 公司的股票，在接受股权激励之后，他持有的股票数量增长了近 13 倍。桑达尔·皮查伊现在是 Alphabet 公司持股数量相当大的个人股东了，也真正成了企业的长期所有者，所有的信号都表明，他准备像一个真正的企业长期所有者那样来经营管理这家企业。

Alphabet 公司的股价从我 2015 年买入以来一直持续跑赢市场，但是在桑达尔·皮查伊接管之后才开始大幅上涨，如图 9-1 所示。首席执行官桑达尔·皮查伊和首席财务官波拉特两人联手努力，提高了公司的整体营业利润率，回购了大量股票，并且叫停了几项像登月计划一样刺激但是高风险的项目。叫停这些项目之后，Alphabet 公司的股价翻了一番还多，大幅领先市场。

当然，在 2016 年重仓买入 Alphabet 公司股票的时候，我其实并不清楚拉里·佩奇和谢尔盖·布林什么时候会把 Alphabet 公司的管理大权交给桑达尔·皮查伊。然而，事实是，Alphabet 公司的许多业务都非常出色，这些超一流业务一定会推动股票价格未来长期跑赢大盘，无论谁来管理 Alphabet 公司，都不会影响这个结果。记住：<u>业务质量的重要程度远远超过管理质量</u>。巴菲特有句名言："我想要投资那些业务质量出色到连白痴都能管理好的企业，因为总有一天真的会有一个白痴来管理企业。"

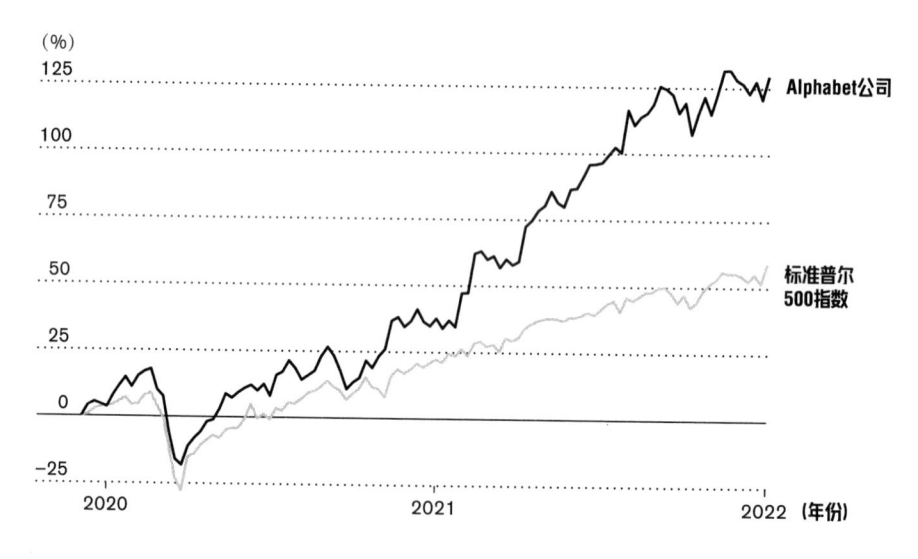

图 9-1　Alphabet 公司自桑达尔·皮查伊接管以来的股票总收益率

资料来源：FactSet。

Intuit公司

我第一次知道 Intuit 这家公司是因为 2017 年底我在《财富》杂志上读到了一篇精彩的文章。杰夫·科尔文在这篇文章中写道："Intuit 公司竟然能做到两翼齐飞，在纳税申报软件和小企业会计软件这两个面向消费者的庞大市场上都占据主导地位。"特别吸引我的是科尔文对 Intuit 公司管理团队的描述："他们深深知道技术变化的速度有多快，所以他们曾经多次进行自我颠覆，而且是'在没有危机驱动的情况下'主动选择自我颠覆。很难找到这样一家软件企业，拥有 40 年的长期发展历史，但市场占有率还远远没有达到饱和程度，管理方式也没有变得僵化。"从科尔文的文章中，我可以清楚地看出 Intuit 公司就是这样一家极其罕见的优秀软件企业。Intuit 公司不断推出新产品，不断改进现有产品，并在条件允许的情况下放弃那些不再适用的老产品。

Intuit 公司的高管用客观数据指标衡量一切，他们鼓励形成一种透明得惊人也诚实得惊人的企业文化。纳税申报软件 TurboTax 的业务负责人萨桑·古达齐曾经想搞一些老套的寻租行为，提高产品价格，却不向客户提供任何增值服务。古达齐后来被迫放弃了这种做法。根据《财富》杂志报道，古达齐在公司内部坦白承认："这个决策仅仅只是我个人的责任。我当时不知道会发生这种事，我要向大家深深致歉。"但是，Intuit 公司并没有因此解雇古达齐，也没有给他降职处分，反而在首席执行官离任时晋升古达齐为新任首席执行官。

我一听就想，任何一家能够如此行事的公司都值得好好研究，尤其是这样一个两大软件都能占据市场主导地位的公司。

表 9-3　Alphabet 公司的 BMP 选股分析框架

1	业务质量	第5章

小份额：公司业务是否只占有很小的市场份额？

大市场：公司是否处于一个规模很大且持续增长的市场？

长优势：公司业务是否具有长期可持续的竞争优势？

2	管理质量	第6章

大德忠诚可靠：企业管理者是否像企业所有者一样思考和行动？

大才很懂增值：企业管理者是否理解哪些因素驱动企业价值增长？

3	股价估值——拥有一票否决权的选股关键因素	第7章

你能得到一个合理的盈利市价收益率吗，比如5%以上？

能。你可以像证券市场那句老话说的那样，用卡车装钱，重仓买入吧。如果你对企业的业务、管理、价格都很满意，那么你找到了一只值得长期投资的超级大牛股。	不能。那么继续等待，继续观察。

Alphabet公司，2016年	是	否
是。2016年，数字广告支出仅占全球广告支出总额的25%。谷歌搜索在数字广告领域的市场份额约为60%，所以，可以推算出谷歌搜索在全球广告市场中所占的份额仅有15%。平面广告支出在鼎盛时期占全球广告支出总额的80%	✔	
是。全球广告支出总额约为5 000亿美元。如果算上邮件推送、店内促销等广告形式，这个市场的总体规模将接近1万亿美元。广告业务的增长与全球GDP增长保持一致	✔	
是。在线搜索是典型的具备网络效应的业务。谷歌搜索引擎的搜索速度最快，搜索结果的相关度最高。可以吸引更多用户，进而吸引更多广告收入，谷歌用这些资金进一步改进搜索引擎，使谷歌搜索的使用体验变得更好。飞轮效应由此产生	✔	
是，也不是。佩奇和布林是非常出色的工程师，拥有打造10亿级用户的超级产品的诀窍。另一方面，他们对赚钱不太感兴趣，对他们来说，"所有权"并不等于财富创造，这对追随他们的公司股东来说并不是一件好事	✔	✔
是，也不是。佩奇和布林喜欢技术领域的试验和创新，但对商业方面的事务缺乏关心。然而，在2016年，有迹象表明，他们会授权精通财务的企业经理人管理公司业务	✔	✔
合计	4	

BMP 计分板	
5项中有4到5个"是"	会是特别好的长期投资对象。可进入下一步，评估股票价格
5项中有3个"是"	现在的"否"以后可能会变成"是"，可继续观察
5项中有0到2个"是"	不可能成为长期投资对象，否决

是。如果你使用经调整后的和脸书公司一致的营业利润率数据，以及你预测的Alphabet公司未来3年营业收入、估算盈利能力可贡献的每股收益、2016年的每股股价，那么你计算出的市盈率为9倍，盈利市价收益率为11%。对于Alphabet公司这家全球最优秀的数字科技平台企业来说，这样的盈利市价收益率简直太诱人了。

第二部分 价值投资 3.0 三要素 | 211

对于 Alphabet 公司来说，业务质量和股价是很容易研究分析的因素，管理质量则比较难研究清楚。而 Intuit 公司的情况有很大不同。研究分析 Intuit 公司的业务质量和管理质量都不难，但是这家公司股票目前的市场价格估值水平实在太高，这让我困惑不解，在相当长的一段时间内不敢买入。结果是，我在观察和研究 Intuit 公司将近两年后才最终搞明白，这只股票表面上太贵，其实按照潜在盈利能力来看相当便宜，值得买入并长期持有。

业务质量和管理质量：非常高

我对 Intuit 公司研究得越多，就越明显地感觉到，把 Intuit 公司的业务质量和管理质量分开研究完全没有意义。因为 Intuit 公司的业务和管理如同藤缠树一样，紧密缠绕在一起，密不可分。Intuit 公司由斯科特·库克于 20 世纪 80 年代创立，库克知道如何给消费者提供他们想要的东西，那是他在宝洁公司工作期间学到的。Intuit 公司的第一款产品是基于 DOS 计算机操作系统的个人财务软件 Quicken，这个产品很快就主导了个人财务软件市场。20 世纪 90 年代初，Intuit 公司推出了第一版基于 Windows 计算机操作系统的 Quicken 软件，斯科特·库克和他的团队惊讶地发现，用户在办公室使用 Quicken 软件的频率很高，几乎和在家里一样频繁。起初，Intuit 公司的管理层以为，用户是在工作时间使用 Quicken 软件给个人记账和理财。但事实表明，其实他们是在使用 Quicken 软件给自己经营的小企业记账。

Intuit 公司后来才知道，这是因为其他小企业专用财务软件不像 Quicken 软件这样好学又好用。于是，QuickBooks 软件就诞生了。这是一个专门用于小企业记账的财务软件包，能够满足一家小企业所有的账务处理需求，且不用像传统会计人员按照复式记账法一笔一笔来做会计分录那样麻烦。斯科特·库克在接受《财富》杂志采访时说："我们开发了一款看起来不用做任何会计核算的会计核算产品。"

但是，Intuit 公司并没有止步于此，而是又研发了 TurboTax 纳税申报软件并将其推向市场。由于在使用体验上对用户非常友好，TurboTax 软件很快成为市场上遥遥领先的个人纳税申报软件。20 世纪 90 年代后期，Intuit 公司推出了 QuickBooks 在线版，客户不需要购买软件安装磁盘，就可以直接在网页上登录和使用 QuickBooks 软件。在线版推出 10 年后，Intuit 公司又推出了 QuickBooks 的手机端应用软件，让人们日常使用起来更加方便。随后又推出了国际版。2015 年，顺应零工经济热潮的兴起，QuickBooks 又推出了零工版，而且与 TurboTax 纳税申报软件捆绑，为自雇人士提供理财与报税的一条龙服务。

斯科特·库克已经从首席执行官岗位退休好多年了，但他仍然是 Intuit 公司最大的个人股东，也是董事会下属执行委员会主席，在董事会休会期间主持日常工作。2016 年，继任者决定出售个人财务软件 Quicken，斯科特·库克没有反对，而 Quicken 正是他在创立 Intuit 公司之初推出的起家产品，他个人对这款产品的感情特别深。

如今，Intuit 公司拥有两个截然不同的业务：一个是纳税申报软件 TurboTax，市场已经基本成熟；另一个是小企业财务软件 QuickBooks，市场还有非常大的增长空间，离成熟还远着呢。TurboTax 纳税申报软件已经为 30% 的美国人提供个人所得税纳税申报服务，天下三分有其一。凭借其良好的品牌声誉和强大的市场营销实力，TurboTax 纳税申报软件业务就像巴菲特价值投资 2.0 版本追寻的典型企业那样，拥有护城河，但是市场份额占比不算小，业务增长缓慢而稳定。像那些处于领先地位的老牌消费品企业一样，TurboTax 纳税申报软件正在努力从产品中获取更高的利润率。

与大多数消费产品不同的是，TurboTax 纳税申报软件每年只使用一次。然而，小企业每天都要使用 QuickBooks 软件来记账。因此，小企业财务软件业务的用户黏性要强得多，转换成本也要高得多。如果一个客户想要放弃使用 QuickBooks 软件，那可是件麻烦事，得把办公室多年来各种各样的原始发票凭证找出来，重新录入新的财务软件，其难度不亚于财务负责人把自己的五脏六腑拿出来，再试图按照原样放进另外一个躯壳里。

除了转换成本很高这条护城河，QuickBooks 小企业财务软件业务还有其他护城河。QuickBooks 软件的用户数量是市场占比排名第二的竞争对手 Xero 的 3 倍，品牌优势和规模优势相比之下要强大得多。更多的订阅用户意味着更多的营业收入，也意味着有更多的资金可以用于市场营销和产品研发。2018 年，我在研究小企业财务软件领域的情况后了解到，Xero 公司每年支出 2.35 亿美元用于小企业财务软件产品的市场营销和产品研发，而 Intuit 公司的市场营销和产品研发支出金额为 28 亿美元，是 Xero 公司的 12 倍。

在市场营销和产品研发上的投入比竞争对手高 11 倍，如此巨大的投入优势保证了 QuickBooks 小企业财务软件业务的市场份额不但不会降低，而且会增长。有更多的费用用于做广告和改进软件，市场份额肯定会继续增长，除此之外，还会有其他结果吗？

在很多方面，QuickBooks 软件的品牌优势和规模效应与 50 年前的百威啤酒是一样的。然而，二者有一个重要的区别。20 世纪后期，百威啤酒面对的市场已经基本饱和，没有更多的增长空间。而 21 世纪初期，QuickBooks 软件面对的小企业财务软件市场还是一个刚刚成长起来的市场，拥有巨大的增长潜力。这个市场现在只是婴儿，未来会是巨人。Intuit 公司估计，全球有 8 亿小企业和自雇人士是 QuickBooks 软件的潜在用户。但是在 2019 年中，QuickBooks 软件的用户数量只有 450 万，这意味着只有不到 1% 的潜在用户使用了 QuickBooks 软件。

许多公司会夸大自身的潜在市场规模（total addressable market，首字母缩略词为 TAM）。我在研究后发现，Intuit 公司也是如此。我在网上查阅了小企业和自雇人士的统计数据，经过一番研究分析，我认为，QuickBooks 软件在全球范围内的潜在市场规模，即潜在用户数量接近 2 亿。尽管和 Intuit 公司估计的 8 亿潜在用户数量相比少了 3/4，但 2 亿潜在用户数量意味着 QuickBooks 软件现有的 450 万用户只覆盖了潜在市场的 2%。这样的市场份额一点儿也不算大，还小得很呢！即使目标是达到 50% 的市场份额，也还有 45 倍的增长空间。

股价估值：太高

2018 年 9 月，Intuit 公司的股价为每股 225 美元，对应上一年度财务报告的每股收益计算得出的市盈率接近 50 倍，而美国股市平均市盈率只有 20 倍左右。遗憾的是，即使我对财务报表进行了调整，2018 年 9 月其股票市场价格对应的市盈率还是相当高，这只股票看起来依然很贵。我非常喜欢 Intuit 公司的业务质量和管理质量，但是在价值投资 3.0 版本中，价格因素拥有一票否决权。我知道，如果我为 Intuit 公司支付过高的买入价格，那么结果会和我用过高的价格买入任何一家公司的股票一样，我的投资收益率只会表现平平。所以我不能高价买入，只能继续观察，继续等待机会。

Intuit 公司每个季度公布的财务报表我都会及时阅读分析。2018 年秋天和 2019 年秋天，连续两年我用心观看了 Intuit 公司分析师日活动的线上直播，信息量很大。在这样追踪研究了将近两年之后，Intuit 公司这只股票的价格在我看来开始变得很有吸引力了，这并不是因为 Intuit 公司的股票价格大跌了，而是因为我的认识改变了，我看到了自己以前眼睛看到但是大脑没有看到的东西，这极大地改变了我对 Intuit 公司盈利能力的看法。

深入分析细分业务并重新估算盈利能力

正如我在研究 Alphabet 公司盈利能力时所做的那样，我一开始梳理 Intuit 公司的盈利能力，就对其未来几年的营业收入增长进行了预测。我还把 Intuit 公司的营业利润率从 25% 调整到了 40%，这和用班尼特·斯图尔特的经济增加值框架分析推算出来的营业利润率水平差不多，因为只要将公司的营销支出和研发费用资本化，摊销到未来几年，不再当期一次性全部摊销掉，营业利润率就会大幅提升。在把 Intuit 公司与金宝汤公司的营业利润率进行公允的比较分析之后，我认为，我应该给 Intuit 公司分派的营业利润率是 60%。但是，这让我觉得很不舒服。60%，这么高，这样的假设也太激进了吧！Intuit 公司肯定不会很快进入成熟企业那种不求增长只求高盈利的收获模式。2019 年的营业利润率为 25%，业务最成熟时营业利润率的理想水平为 60%，因此，我按照大方向正确的原则给其分派了 40% 的营业利润率，介于中间水平（详见表 9-4）。

表 9-4　Intuit 公司的盈利能力

	2019年 实际	2022年 预测	预测 增长率
QuickBooks 在线版			
潜在市场	2亿美元	2.12亿美元	2%
市场渗透率	2%	5%	
QuickBooks 在线版用户数量	450万人	1000万人	30%
平均每个用户可 带来的营业收入	370亿美元	481亿美元	9%
QuickBooks 在线版营业收入	16.63亿美元	47.91亿美元	42%
其他产品营业收入 (TurboTax 报税软件)	51.21亿美元	61.42亿美元	6%
营业收入总额	67.84亿美元	109.33亿美元	17%
营业利润率	**25%**	**40%**	
营业利润	18.54亿美元	43.73亿美元	
企业所得税税率	16%	16%	
税后净利润	**15.54亿美元**	**36.65亿美元**	
流通股数量	2.64亿股	2.37亿股	-3%
每股收益	**5.89美元**	**15.44美元**	
每股股价	300美元	300美元	
市盈率	**51倍**	**19倍**	
备注：QuickBooks 在线版营业收入占公司 销售收入总额的比例	25%	44%	

营业利润率2019年的实际水平为25%，业务最成熟时的理想水平为60%，按照大方向正确的原则调整后推断为中间水平40%

预测每年会减少3%的流通股数量，这项预测是根据管理层多次回购股票的历史情况做出的

因为Intuit公司的合理盈利能力是其财务报表上每股收益的2.5~3倍，以此计算，目前股价对应的市盈率为19倍，而不是51倍

资料来源：Intuit 公司提交给美国证券交易委员会的文件。

然而，在 2019 年底的某个时候，我一下子认识到，我最初做的盈利能力分析功课实在太过简单了。就像我后来进一步深入研究了亚马逊公司的细分业务板块一样，我也更加深入地研究了 Intuit 公司的细分业

务板块。

Intuit 公司有两块完全不同的业务，QuickBooks 小企业财务管理软件和 TurboTax 纳税申报软件，二者差别很大。我在仔细研究了 QuickBooks 小企业财务管理软件之后，又发现这个业务还可以再细分为两个差别很大的产品。一个是 QuickBooks 桌面版，传统小企业经常使用，也非常喜欢用，忠诚度很高。另一个是 QuickBooks 在线版，用户可以在网页端和手机端登录使用。QuickBooks 桌面版的业务已经相当成熟，市场份额相当大，但是 QuickBooks 在线版的业务还远远没有成熟，市场增长空间还大得很。QuickBooks 在线版是这个时代完美的在线财务软件产品，在智能手机和个人计算机上使用起来都相当简单方便。良好的产品质量加上公司在市场营销和产品研发上大规模投入的优势，QuickBooks 在线版的用户数量几乎每两年就能翻一番。然而，其用户数量现在只占潜在市场目标用户总数的 2%，市场份额小得很，增长空间大得很。

我在第一次预测 Intuit 公司的营业收入时，只是参考 Intuit 公司过去 10 年来 9% 的历史年平均营业收入增长率，简单推断其未来 3 年的营业收入增长率会继续保持同一水平。但是，在 Intuit 公司的业务组合中，QuickBooks 在线版的营业收入贡献占比越来越大。2015 年，QuickBooks 在线版的营业收入占 Intuit 公司营业收入总额的 15%，只有约 1/7。2019 年，当我再次关注 Intuit 公司时，QuickBooks 在线版的营业收入占公司营业收入总额的 25%，达到 1/4。如果 QuickBooks 软件在线版保持这样的增长速度，几年之后，其营业收入就会达到 Intuit 公司营业收入总额的 50%，占据半壁江山。

这个新发现太重要了，会给我们分析 Intuit 公司带来两个重要影响。第一个影响是，从业务数量分析的角度来看，随着 QuickBooks 在线版在 Intuit 公司业务中的比重越来越大，Intuit 公司的增长速度将会越来越快。另一个影响是，从业务质量分析的角度来看，QuickBooks 在线版的超高速增长意味着这是 Intuit 公司质量最好的一块业务，拥有好几条宽阔的护城河和巨大的潜在市场，现在只占个位数的市场份额未来有三四十倍的增长空间，所以，这块业务在 Intuit 公司的地位正在变得越来越重要。这一点很重要，会改变我们对 Intuit 公司的整体评估。数字时代价值投资 3.0 版本下的 QuickBooks 在线版就像消费时代巴菲特价值投资 2.0 版本下的可口可乐和吉列一样。如此卓越的企业肯定会长期持续扩大市场份额，持续保持高速增长，这是"未来必然会发生的事"。

这正是之前分析时我没有看出来的一个关键因素：QuickBooks 在线版简直有一股无法抗拒的巨大力量，必将成为绝对主宰 Intuit 公司的王者，一旦如此，也就必将推动 Intuit 公司的营业收入和营业利润增长率大幅提高。最初进行研究分析时，我并没有看到这个关键因素，原因应该是，那时的我还处在从财务分析师向业务分析师转型的过程中，分析企业的功夫还不够老练。可以这么说，那时我首先看的是财务数据，然后看的才是企业业务，我本末倒置了。我现在从专注分析财务数据，变成专注分析企业业务，以业务为本，以业务为重，以业务为先。正确分清主次顺序之后，我把 QuickBooks 在线版定位为公司最重要的业务。大方向对了，具体如何调整财务报表就变得很清晰了。我需要对 Intuit 公司的利润表进行如下调整：

- 我预测 QuickBooks 在线版的订阅用户数量未来年度增长率为 30%，低于历史年度增长率 35%~40% 区间的下限。
- 我预测 QuickBooks 软件在线版每个订阅用户带来的平均收入会每年增长 9%。这与历史平均增长率水平一致，也符合 Intuit 公司力图把 QuickBooks 在线版转变为一个财务平台的努力，这个平台将向企业用户提供工资发放、发票开具等辅助服务。
- 我预测 Intuit 公司其他更加成熟的业务，如 TurboTax 纳税申报软件和 QuickBooks 桌面版，将以每年 6% 的速度增长，与历史平均增长率水平保持一致。
- 根据以上几项预测，我把 Intuit 公司整体的营业利润率从 25% 调整到 40%。
- 我预测 Intuit 公司的流通股数量将会每年减少 3%。这个假设来自我对该公司管理团队多年的观察分析。Intuit 公司的管理团队在财务方面技术高超，经验丰富，历史上曾经多次回购股份。就像大都会公司的汤姆·墨菲一样，他们知道，不需要用于发展业务的每 1 美元现金都应该返还给股东。这样持续回购股份就会提高资本收益率，同时会增加每个持股股东按照持股比例享有的公司股权份额。

在调整盈利能力后重新计算市盈率

经调整后，我估算潜在盈利能力可贡献每股收益 15.44 美元，Intuit 公司 2020 年初的股票市场价格为每股 300 美元，因此对应的市盈率还不到 20 倍。这让我觉得，能以每股 300 美元的价格买入这只股票真是太爽了，我占了大便宜。正如你会从下面的 BMP 选股分析框架（表9-5）中所看到的那样，Intuit 公司的业务质量和管理质量非常高，股价估值水平相当低，真是质优价廉啊。

Intuit公司股票投资两年回顾

2020 年初，在我买入 Intuit 公司股票之后不久，新冠病毒感染疫情就暴发了，这只股票的价格一度跌到每股 200 美元以下。虽然我很想告诉大家，我当时用大量资金大规模加仓了更多股票，但是实际上，我一股也没有再买。当时我只顾得上买亚马逊公司的股票，同时还要忙着买生活用品，到处找在哪里能买到口罩和卫生纸。而且，在市场先生陷入疯狂的这段时间，我还要努力让自己保持理性，坚持持有手上的股票，而非恐慌地抛售。这就已经挺不容易了。

不过，事情发展得还不错。在 2022 年的今天，Intuit 公司的业务在疫情之后继续蓬勃发展。QuickBooks 软件在线版业务的营业收入继续高速增长，现在占 Intuit 公司营业收入总额的 30%。Intuit 公司的股价比我两年前买入时翻了接近一番。

表 9-5　Intuit 公司 BMP 选股分析框架

1	业务质量	第5章

小份额：公司业务是否只占有很小的市场份额？

大市场：公司是否处于一个规模很大且持续增长的市场？

长优势：公司业务是否具有长期可持续的竞争优势？

2	管理质量	第6章

大德忠诚可靠：企业管理者是否像企业所有者一样思考和行动？

大才很懂增值：企业管理者是否理解哪些因素驱动企业价值增长？

3	股价估值——拥有一票否决权的选股关键因素	第7章

你能得到一个合理的盈利市价收益率吗，比如5%以上？

能。 你可以像证券市场那句老话说的那样，用卡车装钱，重仓买入吧。如果你对企业的业务、管理、价格都很满意，那么你找到了一只值得长期投资的超级大牛股。

不能。 那么继续等待，继续观察。

Intuit公司，2019年	是	否
是。Intuit公司的核心产品QuickBooks在线版小企业财务管理软件拥有500万用户。该公司估计的潜在市场规模并不准确，但推测其潜在用户数量会在2亿到8亿之间	✓	
是。除了上面的统计数据，Intuit公司所提供的基于云计算技术的财务管理移动解决方案主要的竞争对手是小企业的传统账目管理方式，即Excel电子表格和用来装各种票据的盒子	✓	
QuickBooks软件已深度渗透进了小企业的日常工作管理，这使得这些企业很难转向使用其他竞品软件。此外，由于Intuit公司拥有比任何竞争对手都多的现金流，可以投入更多的资金来加大市场营销和产品研发	✓	
是。Intuit公司的创始人斯科特·库克和现任高管持有的股票市场价值超过40亿美元，他们把自己很大一部分身家押在了Intuit公司的未来发展上。除了大量持股，成为真正的企业所有者，Intuit公司的高管还展示了与时俱进、不断创新的能力，让客户的财务管理更加方便轻松	✓	
是。管理层已经表现出了高超的财务能力。Intuit的高管用数据衡量一切	✓	
合计	5	

BMP 计分板	
5项中有4到5个"是"	会是特别好的长期投资对象。可进入下一步，评估股票价格
5项中有3"是"	现在的"否"以后可能会变"是"，可继续观察
5项中有0到2个"是"	不可能成为长期投资对象，否决

我后来才想明白，QuickBooks在线版很快将会成为Intuit公司的主要产品，因此，我在2020年初需要支付的股票买入价格还不到Intuit公司2022年盈利能力的20倍，也就是说，实际市盈率不到20倍。

第二部分 价值投资 3.0 三要素 | 223

第 10 章
非数字科技企业投资

　　我的这本书用大部分篇幅论证数字科技股才是股票投资的宝地，但颇具讽刺意味的是，我一直牢记着，帮助我发现数字科技股 BMP 选股分析框架的第一个线索是生产可替换飞机零部件的 HEICO 公司，而 HEICO 公司本身无疑是一家非数字科技企业。HEICO 公司具有明显的低成本优势，处在一个巨大的市场中，却只占有很小的市场份额。这三点让我逐渐领悟到，选择长线大牛股的关键是瞄准那些既有护城河又有指数级增长潜力的高质量企业。碰巧的是，我后来发现，符合 BMP 选股分析框架的上市公司 90% 都是数字科技企业。

　　然而，符合 BMP 选股分析框架的公司中还有 10% 不是数字科技企业。我也持有一些非数字科技企业的股票，有的企业帮助人们驾驶飞机飞行，有的企业帮助人们粉刷房屋，有的企业帮助人们获得贷款。本章将向你介绍其中的一些非数字科技企业。更重要的是，这些案例会帮助你从众多非数字科技企业中识别出非常值得长期投资的高质量企业。

　　和研究新经济企业一样，你在研究传统经济企业时也应该使用 BMP 选股分析框架。为了提醒你，我重复一下：

> 业务（B）：公司业务在大市场里只占小份额，并且具有长期可持续的竞争优势
>
> ＋
>
> 管理（M）：企业管理者像企业所有者一样思考和行动，并且理解哪些因素驱动企业价值增长
>
> ＋
>
> 价格（P）：盈利市价收益率高于 5%，即市盈率低于 20 倍

然而，在评估非数字科技企业时，我们必须额外多问几个问题。数字科技企业通常提供更快、更好、更便宜的产品和服务，所以我们最好假设数字科技企业正在瞄准你研究的非数字科技企业准备发动猛烈攻击。不管你研究的是什么非数字科技企业，都躲不过数字科技企业的攻击。"证明无罪之前先假设有罪"也许不是一个可靠的司法审判原则，但是对投资传统行业来说，这是一个谨慎的原则，能让你的投资更加安全稳健。

为此，我特意总结了非数字科技企业投资三问，用来区分两类非数字科技企业：容易被数字科技击垮的脆弱型传统企业、难以被数字科技击垮且在竞争面前反而会更加强大的强韧型传统企业。对应非数字科技企业投资三问，我将分别介绍三个非数字科技企业案例。这三家企业面对这投资三问都能给出肯定的回答。

非数字科技企业投资三问之一：
企业生产的产品能抵御数字技术的冲击吗？
——案例：宣伟涂料

根据我的经验，投资非数字科技领域最富有成效的投资方法是，寻找一种天生可以抵御数字时代各种大趋势冲击的商业模式。

我持股的所有非数字科技企业基本上都能抵御数字技术的冲击，但是没有一家的抵御能力比宣伟涂料（Sherwin-Williams）更强。没有人能用数字技术造涂料，至少现在还不能。与此同时，人类内心深处有某种东西驱动他们给墙刷涂料，要么是为了装饰，要么是为了防止气候因素对房屋造成破坏。早期的涂料以油漆为主，基础原料是油和水，有些也用贝壳来增加纹理，用浆果来染色。随着时间的推移，把油漆做得既好看又持久耐用的技术受到了整个行业严密的保护。1502年，英国工匠成立了"高级油漆工和染色工协会"。

油漆的流行在美国经历了一个漫长的过程，这是由于受到清教徒的抑制。1632年，清教徒指控马萨诸塞州的一个男人，原因是他建造的一所房屋包含"过多的护墙板和其他装饰"。然而，美国人讲求实用的态度最终还是占了上风。1866年，亨利·谢文和爱德华·威廉姆斯成立了一家公司，推出了世界上第一款可以即刷即用的油漆。

随着工业的发展，油漆产品升级为涂料，可用于涂饰任何需要保护的物品表层，比如汽车、轮船和飞机的外壳。宣伟涂料开发了许多这样的现代涂料产品，并申请了专利，持续进行研发改进，深化产品质量护城河。为了提高宣伟涂料品牌的认知度，公司还在持续加大市场营销方面的投入。

今天，宣伟涂料确实拥有竞争优势，这源自企业150年的持续创新和用户的品牌忠诚度，但真正让这家公司与众不同的是，公司建立了庞大的线下零售网络，门店数量非常多，覆盖范围大得惊人。宣伟涂料拥有近5 000家自营门店。而与其排名最接近的竞争对手PPG涂料公司只有1 000多家门店。

近5 000家自营门店形成的零售网络为什么会给宣伟涂料带来巨大的竞争优势？因为足够密集的门店能够让宣伟涂料做到随时为美国各地的油漆粉刷工提供服务。和许多卓越的企业一样，宣伟涂料在创造竞争优势时首先会自问"我的客户关心什么"，然后以客户的需求为核心发展业务。在机器人学会如何粉刷涂料之前，给房屋粉刷涂料的经济账算起来还是非常简单的：80%的劳务费，20%的涂料费。因为劳务费是大头，所以对粉刷工来说，时间就是金钱。宣伟涂料高度关注这个实际情况。考虑到个人的经济收益，粉刷工难道不会给那些能节省他们宝贵时间的涂料公司更多生意吗？如果是这样，为什么不开设更多门店，让大多数粉刷工可以在每天开车上班的路上顺便买好涂料，而不用再专门绕路去买涂料，从而节省大把宝贵的时间用于多干活儿、多赚钱呢？

这就是宣伟涂料一心想要做成的事。这家公司甚至提供免费的搬货上车服务，粉刷工不仅不用下车进店搬货，还能获得免费的甜甜圈当早餐。宣伟涂料还用一招让自己的销售配送网络更加周密，不留一个缝隙，那就是配备了一个由3 000辆卡车组成的配送车队，提供送货上门服务。这些卡车司机定期前往工地补充涂料库存，随订随送，随叫随到。PPG涂料公司也有近1 000家自营门店，但是只相当于宣伟涂料门店数量的 1/5。门店分布的密度不足,做不到销售网络全覆盖,就不能随时随地提供服务。本杰明摩尔涂料公司(Benjamin Moore)有更多的销售网点,但因为这些销售网点是各自独立经营的,并不是本杰明摩尔涂料公司的自营门店,所以就不能作为一个组织统一运营。只有宣伟涂料能够做到近 5 000 家门店一盘棋,统一管理全美所有客户,也只有宣伟涂料能够在全美范围内持续进行统一的品牌宣传,推广新产品。只有宣伟涂料能有一个手机应用程序,让粉刷工可以前一天晚上用手机操作订购 10 桶蛋壳白涂料,第二天早上在开车去工地的路上途经宣伟门店,就发现订购的涂料已经备好,可以马上装车。

宣伟涂料的近 5 000 家自营门店让公司拥有明显的市场优势,而且这种市场优势还在扩大。每一年,宣伟涂料都会增设近 100 家新门店,而 PPG 涂料公司每年新增门店的数量只能勉强达到两位数。因此,宣伟涂料在北美市场的营业收入每年增长 6%~7%,高出竞争对手两倍,这就一点儿也不奇怪了。

与此同时,在这个规模庞大而且持续增长的涂料市场中,宣伟公司的市场份额还很低。宣伟涂料在全球涂料市场只占约 10% 的份额。全球涂料行业的年均营业收入接近 1 500 亿美元,而且市场增速略高于全球经济增速。

宣伟涂料的管理质量也很出色。亚马逊公司以贝佐斯为核心,大都会公司以汤姆·墨菲为核心,但宣伟涂料并没有这样一个超级明星高管作为核心。然而,在宣伟涂料公司有这样一种文化,就是要像企业所有者一样思考,这是企业管理的基本原则。公司把这种原则反复灌输给每一位员工,下至级别最低的门店管培生,上到首席执行官。与很多公司完全不同的是,对于理解资本收益率和资本配置等财务投资基本原则的工作，宣伟涂料并不只是交给首席财务官一个人，而是布置给整个管理团队。

你不仅可以从宣伟涂料公司高管的语言上看出这一点，还可以从他们的行动上看出这一点。宣伟涂料极少出手收购公司，但是一旦出手收购，这笔收购就会做得非常出色。2017年，宣伟涂料用100%的债务融资收购了业内领先的工业涂料公司威士伯（Valspar）。就像大都会公司的汤姆·墨菲一样，宣伟涂料的管理层经理性思考后认为，公司并不需要使用股票进行收购。他们选择通过融资进行收购，然后利用公司充足的现金流在未来几年之内逐步偿还这笔债务，从而永久享受这家企业创造的盈利增长，且不会因为增发股票而稀释老股东的权益。与其他缺乏纪律性的企业不同，宣伟涂料对现金流的使用有明确的优先顺序，然后坚决按顺序执行。宣伟涂料把每年积累的现金用于再投资，扩大门店网络，加强产品研发，加大品牌宣传力度，将多余的现金以分红或股票回购的形式返还给股东。

非数字科技企业投资三问之二：
数字技术能不能让本来就质量很高的业务变得质量更高？
——案例：征信机构Equifax

如果不是因为创立于1899年，征信机构Equifax完全可以算是一家数字科技企业。这是因为Equifax公司销售的产品是消费者信用信息，不是实物，只是一组数字。

大多数美国人都知道自己在美国个人消费信用评估公司（FICO）的个人信用评分是多少，这直接关系到你购物能不能申请到消费贷款，以及你能申请多少消费贷款。但是很少有人知道,全美只有3家公司提供用于确定个人信用评分的原始数据,Equifax公司是其中之一。

Equifax公司由盖伊·伍尔福德和卡托·伍尔福德兄弟二人于1899年创立。那年,他们挨家挨户走访亚特兰大的企业,向这些企业了解其客户支付账单的习惯性倾向。兄弟二人会用本子记下商家的回复,将消费者支付购物账单的习惯分别列入"迅速""缓慢""支付困难"等几个大类。然后,兄弟俩回到自己的办公室,把这些数字编成一本书,并印刷出版,书名为《商户指南》(*The Merchant's Guide*)。这本书当时的售价是25美元,这在120年多前的20世纪初可是一大笔钱,那时的1美元能买到三四公斤上好的牛肉。按照实际购买力,这本书1899年的定价25美元相当于现在的750美元,但是许多亚特兰大的商家都认为这本书很值得买。在允许客户赊账购物之前知道客户的历史信用情况,这对商家来说确实很有价值。

美国的现代征信机构就这样诞生了。这家民办企业从用纸质版《商户指南》提供个人信用信息发展到现在用数字科技手段提供个人信用信息。然而,征信机构的商业模式一直保持不变。目前美国主要有三大征信机构:Equifax公司及其两大竞争对手TransUnion公司和Experian公司。潜在授信人即债权人主要是银行和其他金融机构,这些机构向三大征信机构提供与消费者信用相关的数据资料。征信机构将这些原始数据进行处理,将其标准化、模块化,当然比一百多年前那种"迅速""缓慢""支付困难"的简单分类处理方式复杂得多。然后,征信机构转手出售这些处理后的数据,通常是卖给那些提供原始数据的银行等金融机构,也包括FICO等个人消费信用评估公司。

要是你的主要客户免费给你提供关键的原材料，然后你对原材料进行加工，形成产品，这些客户再从你那儿把这些产品买回去，不管什么时候，这种生意肯定都是好生意。此外，这项业务还有相当大的进入壁垒，可以阻止竞争对手轻易进入，从而保护你的地位不受冲击。Equifax公司及其两家竞争对手公司都有悠久的历史，Equifax公司的历史最长，已超过120年。各家银行多年来习惯于和这三大征信机构进行生意往来，并且可以从这些征信机构提供的个人信用数据分析中获得很有价值的看法，因此没有兴趣为新成立的征信机构免费提供同样的客户原始信用数据。与此同时，三大征信机构享受着与谷歌、脸书和其他数字科技企业一样的数字经济红利。这些征信机构的产品是非实物的，只是用很多0和1写成的代码，金融机构付费获取这些数据，Equifax公司由此获得新增营业收入，且为此需要新增投入的成本费用却几乎为0，营业利润率可以说是100%。油水油水，没有水，全是肥油啊。

事实证明，征信机构防御数字技术冲击的能力也很强，甚至强得令人吃惊。许多金融服务初创企业也想创新，例如通过仔细检查消费者的社交媒体账户来评估消费者偿还账单的习惯倾向，但这并不能像查看消费者实际信用记录那样准确有效。虽然消费者可能对谁可以看到他们的信用数据很敏感，但几乎所有美国人都希望授予自己信用贷款的那些信用机构能看到这些数据，否则他们购物消费时就无法获得贷款。一家面向年轻投资人的金融服务初创企业以为可以通过承诺不与评级机构分享客户信用数据来吸引客户，但客户却很反对。因为没有这些信用数据，他们就无法获得汽车消费贷款，也无法获得住房抵押贷款。

然而，2017 年，Equifax 公司的内部管理出现重大事故，发生了一个不该发生的数据安全事件，这当然让美国消费者极其愤怒。黑客入侵了 Equifax 公司的信息系统，窃取了接近 1.5 亿人的信用数据，这可是相当于泄露了一半美国人的信用数据。更糟糕的是，这些个人信用数据中有许多涉及"四大安全标识符"（姓名、地址、出生日期、社会保险号码），这些都高度隐私的信息。Equifax 公司的首席执行官被迫"引咎辞职"，最后，公司同意支付近 10 亿美元的罚款和集体诉讼和解金，整个事件才算了结。

黑客入侵导致 1.5 亿客户数据泄露之后，Equifax 公司股价暴跌，这让我有机会大量买进。我认为，这是市场先生给了我一个大好机会，让我可以用合理的价格买进一家优秀企业的股票。这次黑客事件尽管后果很严重，但应该不会导致 Equifax 公司的业务从此陷入瘫痪。美国企业界有一个肮脏的小秘密是，罚款和集体诉讼和解金这种事情很正常，只不过是一项生意成本。当然没有企业愿意支付几亿美元的罚款和集体诉讼和解金，但是这往往只不过相当于企业一两年的盈利，很快就能赚回来。破财消灾，罚款交了，麻烦就没了。对高质量的优秀企业来说，就当是摔了一跤，拍拍身上的灰尘，还可以继续大步向前进。

和我预想的一样，几年之后，Equifax 公司完全处理好了这次数据泄露问题。Equifax 公司付清了罚款，聘用了新的高管来管理 IT 系统，还聘任了新的首席执行官。新任首席执行官将这次危机作为契机，在数字技术方面加倍投资。

找到高质量企业很难，更难的是找到一家还在变得更好的高质量企业，Equifax 公司就是这样一家持续经营了 100 多年，而且还在继续变得更好的高质量企业。Equifax 公司所处的业务领域本来已经有很高的进入壁垒，Equifax 公司又利用数字技术加快收入增长和利润增长，最重要的是，公司强大的竞争优势也在不断持续强化。

然而，要做到这一点，Equifax 公司必须投入资金，而且是投入大量资金。Equifax 公司将在未来几年投资约 15 亿美元，用于将公司数据从室内服务器迁移到谷歌云服务平台。虽然这项大规模投资压低了 Equifax 公司的短期盈利，但一旦完成数据迁移，公司的长期盈利能力将大幅提高。将数据迁移到云服务平台后，业务运营成本会降得更低，向客户提供的分析数据也会更快更好更强大。

与很多数字科技企业如今做的投资选择一样，Equifax 公司正在加大投资，为此宁愿压低短期盈利，以追求长期盈利的更大增长。公司这样做，弃短取长，可能会吓跑看重当前市盈率的短线投资者。但是对长线投资者来说，这是件大好事。从概念上讲，这些长期投资就像 Equifax 公司必须为数据泄露事件支付的罚款一样，这笔费用一旦支付出去，就会成为过去式，再也不会拖累公司，而这些长期投资给公司盈利能力的提升会持续影响未来很多年。

非数字科技企业投资三问之三：
企业能服务众多被数字技术甩在身后的人吗？
——案例：达乐公司

达乐公司（Dollar General）这个名字很容易让人误解成"一元店"，什么东西都卖，什么东西的价格都是 1 美元。达乐公司是一家连锁便利店，出售面包、鸡蛋等食品杂货，店面都不大，位于城市和乡村地区低收入人群的主要聚集地。这是一家优秀得令人震惊的高质量企业，也是一家备受误解的企业。达乐公司是靠给穷人做好事来赚钱的,尽管对美国人来说,遗憾的是,这家公司努力要满足的需求还在继续增长,这意味着美国低收入群体还很庞大。

我前面讲过的那两家非数字科技企业 Equifax 公司和宣伟涂料具备的优秀品质,达乐公司也都具备。就像涂料业务一样,街角的小商店是能抵御数字技术冲击的。你下班后突然想要买些东西来做晚餐,就去附近的杂货店随手买上几样。那些在线零售商无法提供如此便利快捷的购物服务。进入数字时代后生意变得比以往更好的传统企业非常少见,Equifax 公司是其中一家,达乐公司也是其中一家。不过,正如我下面要说的,这背后的原因却不对头,并不是我们想看到的。

达乐公司连锁便利店业务之所以不受数字技术的影响,主要原因是位置便利,另一个重要原因是达乐公司这种社区杂货店的客户都属于低收入人群,根本负担不起亚马逊每年 139 美元的 Prime 会员订阅费,因此他们根本不会在亚马逊网站进行网络购物。达乐公司便利店的顾客年收入水平只有美国人均年收入水平的一半。而且,在达乐公司商店里经常能看到这样的海报:"我们接受补充营养援助计划",这是指以前的联邦救助计划。要理解达乐公司这个经营单位背后的经济机制,你要进入美国这个国家的"赤贫"世界。有一次,我和一位达乐公司高管一起参观一家达乐便利店,他提示我留意达乐公司卖的果汁。那是可以装进儿童午餐盒里的韦尔奇牌果汁,包装是盖子可以重新密封的塑料瓶,而不是标准的利乐包装。这是为什么?他解释说,这种可以随时拧紧瓶盖重新密封的包装可以让孩子在喝完果汁后把空瓶子带回家,这样妈妈就可以重复使用。给一瓶新果汁加些水,稀释后分装成两瓶,这样一来,孩子第二天的午餐就能省下半瓶果汁钱。

一些进步人士批评达乐公司选择摆到货架上的商品种类不合适，加剧了美国人的营养危机，因为达乐便利店的货架上大量摆放着小黛比零食蛋糕，而新鲜水果和蔬菜相对要少得多。但是，这样的批评忽视了问题的根本原因。达乐公司并没有创造食物荒漠，反而是在应对食物荒漠。通常情况下，某个社区里塔吉特公司或克罗格公司旗下的连锁便利店撤店之后，达乐公司会在其旧址上开设一家新店。在这样的低收入社区，除了达乐便利店，再没有其他商店可供居民选择。而且，营养学家现在认为，达乐公司便利店提供的糙米、豆类、全麦面包等食品还稍微改善了低收入群体的饮食健康状况。公共卫生教授伊丽莎白·拉辛在接受《彭博商业周刊》采访时表示："我已经想通了。我很欣赏达乐公司愿意在低收入人群聚集的社区开店，因为很多其他连锁便利店都不愿意到这些穷地方开店。"附近有商店肯定远远好过没有商店。

在很多偏僻的小型低收入社区里，只有达乐一家便利店，因此达乐便利店事实上占有垄断地位。达乐公司本来可以很轻松地效仿早期那些乡村杂货店，卖劣等货，要高价格，因为反正顾客别无选择。然而，达乐公司却并没有这样做。相反，达乐公司主动尽力压低商品价格，比号称"天天低价"的沃尔玛超市还要低 3%~5%，这可不简单。你要知道，达乐公司的进货规模小得多，还不到沃尔玛的 1/10。沃尔玛超市的店铺面积非常大，而达乐便利店都很小，且通常位于很偏僻的地点。达乐公司的资本收益率水平在 20% 左右，这表明公司业务的盈利水平一流，但并不是靠那种掠夺客户以追求暴利的生意方式赚钱的。事实上，达乐公司的商品定价比两个主要竞争对手 CVS 连锁店和 Walgreens 连锁店低

40%。我上次进店实地调研时发现，一加仑[1] Silk 杏仁奶在 CVS 连锁店的售价是 4 美元，而在达乐便利店的售价只有 2.5 美元，低了 1.5 美元，相当于便宜了 40%。

Walgreens 和 CVS 连锁店吸引顾客靠的是便利的位置，而达乐公司既靠便利的位置又靠低廉的价格。正是因为总是站在顾客的角度思考，达乐公司的生意才越做越兴旺，客流量越来越大。虽然主要竞争对手一直在努力保持销售增长势头，但达乐公司的同店营业收入已经连续增长了 31 年。正如我在报社做记者时，我的导师帕特·斯提斯经常说的那样："迟早有一天，大家都会知道你究竟是个什么样的人。"是的，路遥知马力，日久见人心。

达乐公司的营业收入只是美国零售行业龙头沃尔玛公司的 6%，在规模庞大的美国零售市场上所占的市场份额很低。达乐公司集多种竞争优势于一身：成本低、位置便利、客户信任。现在美国社会对达乐连锁便利店的需求还在持续增长，其原因却令人有些悲伤：美国社会继续两极分化，一边是在数字时代如鱼得水的城市居民，受过良好的教育，又懂数字技术，已经跨越了工业鸿沟；而另一边是那些情况正好相反的农村或乡镇居民，他们被数字鸿沟挡在社会发展潮流之外。美国城市里有很多后工业时代的知识工作者，他们工作的领域包括营销、媒体、金融等，当然还有新技术。然而，在这些城市也有一部分地区仍然居住着很多贫困人口，很多人被技术革命剥夺了发展机会。美国工厂向海外转移，严重削弱了美国大片农村地区的发展。

达乐公司把连锁便利店开设在这些市场空白地区，可是每一年市

---

[1] 1 加仑 ≈ 3.785 升。——编者注

场空白地区的面积都在继续扩大。5年前,达乐公司估计整个低价连锁便利店行业可以支撑1万家新增门店。尽管此后已经增加了好几千家门店,但达乐公司现在认为,整个美国还可以再支撑1.2万家达乐公司的新增门店。随着数字鸿沟加速扩大,领先的人更领先,落后的人更落后。低收入群体的逐渐扩大导致市场对达乐连锁便利店的需求随之加速增长。

第三部分

价值投资3.0应用三重点

第11章

关注自己：只投资你真正理解的好企业

很多人问我是从哪里找到这些股票投资好想法的，我想，这个问题背后隐藏的信息是，大家认为找到股票投资好想法肯定很难。但是我告诉你，其实事实正好相反。因为我每天都像猎人寻找猎物一样寻找好的投资目标，这样持续寻找了25年，所以投资的困难并不在于获得更多投资想法，而在于对众多投资想法进行筛选分类，去芜存精，沙里淘金。我记得很清楚，在我的投资选股职业生涯刚开始时，我问了自己一个问题，你可能也问过自己这个问题：我应该从哪里开始？我记得我当时想的是，肯定会有一条满是投资想法的大河就在某个地方流淌，我可以跳进这条大河，让河水带我漂向远方。我的想法是对的，但因为我是新手，我还不知道投资想法的大河究竟在何方。

为了帮助你找到那条投资想法大河，我会先给你一个建议，这个建议来自彼得·林奇。彼得·林奇在作品《彼得·林奇的成功投资》中写道：从你眼皮底下最熟悉的事物开始。不要认为你从亲身经历中获得的经验都是理所当然的，不值得研究，要好好利用你的工作经验和生活经验才对。好好利用你的工作经验和生活经验，至少会让你得到一个值得深入研究的投资想法。虽然这个投资想法可能做不成，但这个投资想法会引导你找到另外两个投资想法，另外两个投资想法又会引导你找到一个能启发你的人，他会启发你再找到几个投资想法，如此这般连锁反应，你的投资想法就会越来越多。如果你从自己的工作经验和生活经验中持续寻找，总有一天，你会发现自己身处一条充满投资想法的大河，投资想法波浪滚滚，你得用力挣扎才能让自己的脑袋露出水面。

当你开始寻找很有吸引力的投资时，你应该好好利用你从亲身经历中获得的生活经验和工作经验。这两方面的经验都很有价值，也各有其优点和缺点，下面我们来进一步详细探讨。

利用你的工作经验寻找高质量B2B企业

我们常说"熟视无睹"，正是"熟视"带来"无睹"。你可能根本没有意识到，你平时多年积累的工作经验就是你自己在投资方面的过人之处。你工作所在的行业对整个宏观经济来说只是一个小小的角落，但是，这里是你的地盘，你比99%的投资者都更了解这个行业，你知道哪些公司的业务增长迅速，哪些公司的业务增长缓慢。巴菲特把我们个人由于工作多年而形成的行业专长称为"能力圈"，利用你在多年的工作经验中积累形成的能力圈寻找高质量企业的股票并进行长期投资，你就有机会获得非常丰厚的回报。

很多专业投资者都不愿意承认这一点，但是其实专业投资者都非常羡慕那些多年深深扎根在一个领域的行业专家。尽管随着做研究分析的年数多了，专业投资者可能会在几个不同的行业形成自己的能力圈，但他们对各个行业板块的理解相对于行业专家来说相当肤浅，就像来到一个小镇旅游的外地人，来了几天，逛了几天，确实了解了一些东西，但是和在镇上居住多年的本地居民根本没法比。作为本地居民，你知道哪些社区安全，哪些社区危险，哪些本地人靠谱，哪些本地人不靠谱。你知道外地人根本不知道的东西，这就是你的过人之处。投资专家就是来旅游的外地人，行业专家是住了很多年的本地人。

让彼得·林奇感到非常痛心的是，大多数业余投资者并没有运用自己多年积累的工作经验，反而认为这根本算不上什么优势。他在《彼得·林奇的成功投资》里这样写道："一般来说，如果你调查访问医生投资于哪些行业的股票，我敢打赌，肯定只有一小部分医生投资了医药股，大部分医生投资的是石油股。如果你调查访问鞋店老板投资于哪些行业的股票，你会发现，鞋店老板投资的航空航天股要大大多于他们特别熟悉的制鞋企业的股票，反而是航空航天工程师更多地投资于制鞋企业的股票，而不是自己熟悉的航空航天股。"彼得·林奇认为，放弃自己熟悉的行业，投资陌生行业的股票，这种"避长扬短"的做法是错误的。今天，这种做法更是大错特错。现在，技术变革的脚步走得飞快，这会让你从多年的工作中积累的知识和经验更有价值。技术变革越快，少数行业专家和大多数外行之间的差距会变得越大。

所以，牢牢抓住你自己的能力圈，深入挖掘你自身的经验，就有可能从你工作的行业中发现高质量企业大牛股，而且往往是只有你这样的行业老手才能发现的高质量企业大牛股。比如，你从事销售和市场营销工作，你就可以说比任何一位专业投资者都更了解客户关系管理软件供应商 Salesforce 公司。这家公司是否在主动拓宽护城河？是否有竞争对手在这家公司的护城河下面挖地道要对其发起突然袭击？在庞大且利润丰厚的客户关系管理软件市场中，新进入者如果能比 Salesforce 公司更加灵活、更有特色，能不能抢到很大的发展空间？我这个做投资的人肯定不会知道这些问题的答案，但是你这个做销售的人可能会知道。

电子商务企业的业务按照企业面向的客户类型不同，可以分成两大类：B2C（Business to Customer）企业和 B2B（Business to Business）企业。简单地说，B2C 就是企业面向个人客户销售，B2B 就是企业面向企业客户销售。两种类型的企业都是通过互联网进行产品、服务、信息的交易。

Salesforce 公司属于 B2B 企业，Autodesk 设计软件公司、Splunk 数据分析平台、Ansys 计算机辅助工程软件公司等软件企业也属于 B2B 企业，所以上面讲的道理同样适用于这些企业。分析这些 B2B 企业，有行业经验的人特别有优势。如果你从事工业设计工作，经常使用计算机辅助工程软件测试你们公司开发的新产品原型，你就会比任何人都更清楚 Ansys 公司的产品是否有护城河。

Salesforce 公司和 Ansys 公司都是 B2B 企业，只向其他企业销售产品和服务。分析这类 B2B 数字科技企业时，有一点很危险，你要非常警惕才行：一般来说，这些所谓 B2B 企业的客户忠诚度要远远低于那些 B2C 企业的客户忠诚度。与 B2C 企业不同，B2B 企业通常无法依赖消费者偏好、客户习惯和品牌的力量加强客户黏性。B2B 市场是由产品价格和性能驱动的，这就让 B2B 企业保持竞争优势的难度大大高于 B2C 企业。

如何"更快、更好、更便宜"，这是 B2B 领域里所有企业都关心的问题。B2B 生态系统中不存在品牌护城河，大多数情况下，B2B 企业的过人之处就像 HEICO 公司那样：成为某种必不可少的产品的低成本生产商。即使如此，低成本护城河也未必靠得住，因为竞争对手几乎总是忙个不停地用尽办法突破这条低成本护城河，对此你应该小心警惕。

正是因为这样，在B2B领域，只有当你确信一家企业的护城河很深，而且可以长期持续保持时，你才可以根据你对这家企业的看法采取合适的投资行动。我有个朋友叫亨利克，他是一位审计师，经常和我一起打牌。亨利克最近问我是否知道一家名为Alteryx的软件公司。Alteryx公司主要研发组织和分析大型数据集的软件工具，以满足会计企业和其他企业的数据分析需要。我根本不知道Alteryx公司，但是分析企业我是内行。于是我问了亨利克几个关键问题。

我问：Alteryx公司是市场领导者吗？

亨利克回答：是的。

我问：你能想象，没有Alteryx公司提供的这种软件，你这样的审计师还能照常做你日常的数据分析工作吗？

亨利克说：绝对不行。

亨利克解释说，尽管Alteryx公司并不是低成本生产商，产品价格并不比同行便宜，但市场上那些价格更加便宜的产品性能差太多了，根本不好用。最重要的是，使用Alteryx公司的软件工具可以大大提升会计公司的生产力，简直太划算了。而且，亨利克想不到会有哪家竞争对手比Alteryx公司做得更好。

听完亨利克讲的这些话，我就放心了。我鼓励亨利克进一步深入研究Alteryx这家企业的股票。

利用你作为消费者的生活经验寻找高质量B2C企业

　　研究面向消费者的高质量 B2C 数字科技企业与研究你在工作领域发现的高质量 B2B 数字科技企业有所不同。几十亿人每天都在使用苹果和谷歌的产品，也就是说，地球上大多数人都知道这些产品，也知道这些产品有多么重要。在这种地球人都知道的事情上，我们很难形成比大多数人更深入、更有价值的见识。

　　然而，在研究面向消费者的数字科技企业方面见识过人尽管很难，却并非完全不可能。研究面向消费者的 B2C 数字科技企业，我们的研究分析通常需要比大多数人更深一层，甚至更深两层。

　　每个人都知道亚马逊是电子商务行业的龙头企业，而且大多数人都知道，很多小型独立商户使用亚马逊的在线平台来销售自家商品。但是，很少有人认识到，许多这样的第三方卖家由于必须为此向亚马逊支付很高的销售提成，正在转向另一个在线销售平台 Shopify。Shopify 平台可以让小型企业创建自己的虚拟店面。在亚马逊平台上能做的事情大多数在 Shopify 平台上也能做，而且费用低得多。有人称 Shopify 平台为"反亚马逊平台"，Shopify 平台为第三方卖家提供了替代平台，并且确实为这些卖家客户服务得非常好。客户高兴，营业收入增长，盈利就增长了，股价也就随之增长，这对 Shopify 公司的股东来说也是大好事。从首次公开募股至今的近 7 年时间里，Shopify 公司的股价上涨了 40 倍。

　　同样，大多数人都知道，网飞公司主导美国视频流媒体行业，但很少有人关注这个事实情况：Roku 视频播放器公司主导网飞视频与电视端之间的连接设备市场。Roku 公司一开始只是一家普通的硬件产品生产商，但是后来从市场份额领先的中间人变成了 21 世纪早期的收费桥梁。现在，美国家庭安装的 Roku 视频播放器数量太多了，以至 Roku 公司可以"挟广大用户数量以令诸候"，迫使流媒体频道把家庭用户的订阅费分出来一部分，以换取 Roku 视频播放界面上的展示位置。股市已经注意到了 Roku 公司这个网络时代的收费桥梁企业：自首次公开募股以来，Roku 公司的股价表现在 4 年中大幅跑赢市场。

即使是最知名的 B2C 数字科技企业，偶尔也会出现相当便宜的买入良机，这样的良机暴露在众目睽睽之下，大众却视而不见，真可谓大隐隐于市。通常只有在股市大崩盘的时候才会出现这样捡便宜的大好机会。互联网泡沫破裂时，我才能够以超低的估值水平买入苹果公司的股票，这还要得益于格雷厄姆的价值投资 1.0 版本估值工具箱。我买入股票的价格只相当于苹果公司的资产清算价值。在正常的市场行情下，盈利能力是一个重要的估值工具，能帮助你发现那种很有投资价值的数字科技企业股票。所有人都知道，亚马逊是一家在电子商务行业占据市场主导地位的龙头企业，但很少有人知道，如果只是用财报披露的每股收益进行计算，亚马逊的市盈率非常高，但是如果用 3 年后的潜在盈利能力预测可贡献的每股收益进行计算，亚马逊的市盈率比市场平均水平还要低。这样一分析，亚马逊股票就很有投资吸引力了。

"数字鸿沟"这个词是用来描述数字新技术如何造成美国社会两极分化的。数字技术让那些原本更加富有、受教育程度更高的人更加领先，而让原本更加贫穷、受教育程度更低的人更加落后。其实，数字鸿沟也存在于两代人之间。上一代投资者受到的是彼得·林奇等老一辈投资大师的教育，他们运用的是传统的股票投资策略，并因此获得了丰厚的回报。但是进入数字经济时代后，他们却没有接受过如何在数字经济时代进行股票投资的培训。年轻的投资者就完全不同了，他们就在数字时代出生和长大，非常熟悉、了解数字技术，在使用数字技术方面根本不需要任何培训。然而，这些年轻人却连续经历了三次股市大崩盘：第一次是 2000 年到 2001 年的网络股大崩盘，第二次是 2008 年到 2009 年全球金融危机导致的股市大崩盘，第三次是 2020 年开始的新冠病毒感染疫情导致的股市大崩盘。一而再，再而三，这让年轻投资者对股市投资的信心完全崩溃了。自从 20 世纪 30 年代的大萧条以来，美国年青一代从来没有对股市投资如此丧失信心。这也正常，你要是被炸弹炸了三次，你也这样。

因此，进入数字时代，年长投资者缺乏数字技术知识，年轻投资者缺乏股票投资信心，二者的投资心智都不全面，各有欠缺。这导致他们的投资分析能力也都不够全面，无法在数字时代看清整个股票投资流程的全景，无法建立正确的数字时代投资大局观。因此，"投资你真正理解的企业"这个彼得·林奇的股票投资策略在数字时代必须与时俱进，因时而变。你要根据自己的实际情况进行变通才行。正如我在本书引言中所说的那样，年长投资者懂股票市场，但是不懂数字技术，年轻投资者懂数字技术，却不懂股票市场。这两个投资者群体都要弥补自己在数字时代股票投资上有所欠缺但又必不可少的知识，他们才能充分利用今天充满活力的数字经济发展大潮所提供的投资良机，获得丰厚的投资收益。

给年轻股票投资者的两个常识性投资建议

第一，多看客观数据，多做理性分析

年轻投资者亲身经历过三次股市大崩盘，股价跌得那么惨，导致股

票投资亏得那么惨，进而导致个人的财务状况变得那么惨，因此，年轻人确实有理由根本不信任美国经济和美国股市这两大体系。有些年轻人还背负着学生贷款的压力，却又没有方法来偿还。这些年轻人确实有合理的理由相信，美国不再是一个由精英统治的国家，股票投资不再是能者上不能者下的公平比赛，股票投资这个比赛受到严重操纵，普通人最好不要进入股市，因为你只会输，不会赢。

然而，如果三次股市崩盘带来的惨重损失把你给吓坏了，你从此退出股市，进入模因股票和狗狗币那些完全不理性的另类投资世界，那你就太愚蠢了。加密货币可能会让你赚到一些钱（我会在第12章进一步讨论加密货币的问题），但在你进入这个新奇怪异的前沿投资市场之前，我建议你三思而后行，先好好看看美国股市这个古老成熟的投资市场，再做决定也不迟。在过去100年里，美国股市创造的财富比历史上任何其他投资市场都多。我知道，年轻人在经历过三次股市大崩盘之后不会这么认为，但是数据不会说谎，即便是在股市大幅震荡的前30年中，美国股市的投资收益率整体来看也是非常出色的。自1988年，也就是"千禧一代"出生年份的中间点到如今2022年，这30多年间，尽管经历了好几次大涨大跌，美国股市平均来看仍然实现了约11%的年化增长率，明显高于标准普尔500指数过去100年间平均9%的年化增长率。另外一个传统投资的主要选择是美国房地产，但从1988年到2022年这30多年间，美国房地产市场的平均年化升值幅度只有4%。如果你在1988年把1万美元投资到美国房地产上，并一直持有到2022年，如果不考虑使用任何贷款作为投资杠杆，你的这笔投资能升值到3.5万美元。但是，如果你将这1万美元投资到代表整个美国股票市场的指数基金上，这1万美元将会升值到10万美元以上。如果你能找到跑赢市场的高质量企业大牛股，你赚到的还会更多。

我承认，股票市场有时会大幅下跌，跌得让人非常难受。新冠病毒感染疫情暴发后，美国股市在不到 1 个月的时间里就暴跌了 30%，这是历史上速度最快的一次暴跌。股市暴跌 30% 甚至更多，这让投资者十分恐惧，这是很自然的事。但正是在这种股市大幅暴跌的大熊市里，你最需要保持理性，最需要牢牢记住格雷厄姆说的那位"市场先生"是个什么样的人。在这种股市大幅暴跌的大熊市里，你要问问你自己：股票市场是个什么样的地方？然后你要回答自己：股票市场是一个随着时间的推移会逐步展示出企业真正价值的地方。如果你能牢牢记住这句股市投资箴言，将其内化于心，外化于行，那么在别人都以为股票市场大幅回调是大坏事时，你却能看明白这其实是大好事。你可以像在商场大促销时大量囤货一样，用十分便宜的价格大量买入非常优秀的高质量企业。

第二，你从小就懂数字技术，只要掌握估值分析技术，你就能"两条腿走路"

年轻投资者生在数字时代，长在数字时代，从小与数字技术亲密接触，这是他们相较于年长投资者来说天生具备的优势。但只有知道如何利用优势，才能充分发挥优势，将优势转化为正确的数字科技股投资行动，化优势为收益。对数字科技有一般性的了解距离能靠投资数字科技股赚钱还差得远呢。你必须深入研究分析数字科技企业才行。你必须理解拥有何种护城河的企业才称得上拥有高质量业务，你也必须理解企业管理团队具备什么特征才称得上符合高质量管理，另外，你还需要理解基本的股价估值分析工具，这样你才可以识别出质优又价廉的卓越企业：不但业务高质量、管理高质量，而且股票价格便宜，有投资吸引力。这既是本书第二部分的核心内容 BMP 选股分析框架，也是价值投资 3.0 版本选股策略的核心。如果你在阅读本书时跳过了第二部分，那么我建议你翻回去好好读一读。

忽略现代数字生活中的大量噪声对你做股票投资来说也很重要。出生在数字时代有一件特别令人讨厌的事情，就是你会时时刻刻受到各种数字信息的轰炸。我们小时候受到的教育是，早上要读晨报，晚上要收看晚间新闻播报，不然我们就无法了解最新的信息。数字时代可好，大量信息主动送上门来，从你的手机里不断地流出，就像水从消防水龙头里流出一样，你不主动关闭，水就会一直流，能多到把你淹个半死。所以，关掉你的信息水龙头吧，至少过滤一下信息，只让那些经过筛选之后确实较有质量的信息进入你的视野。否则的话，你将会得到一大堆低质量信息。用工程术语来讲，噪声是 100%，信号是 0。

另一个让你容易分心的主要原因是股票投资变得"游戏化"。引领投资交易游戏化浪潮的是 Robinhood 等聚集众多年轻人的股票交易平台。Robinhood 股票交易平台能够快速成长，靠的是大规模营销一款很花里胡哨的手机 App，以年轻人为目标疯狂进行广告轰炸。在广告里，年轻的主角说着诸如此类的话："我是一名身无分文的大学生，投资可能会对我未来的发展大有帮助。"就像千禧一代喜欢说的那句口头禅一样：等一下，这是怎么回事啊？我毫不怀疑投资是一种游戏，这也是让投资既有乐趣又有挑战性的一部分原因所在。但是，投资是一种特殊的游戏，误解投资这种游戏的本质将导致你用错误的方式参与这场游戏。投资完全不是像轮盘赌那样纯粹拼运气的游戏。投资是一种长期的游戏，在几分钟、几天甚至几个月的时间内根本无法决出赢家。用流行的话说，投资是长跑，赢得胜利的关键是技能和策略。坚持最重要。

当然，在美国这个自由的国家，在股票市场这个自由的市场，你可以自由选择自己的游戏方式。但是，在股市上通过努力慢慢积累起来的财富比频繁进行短线交易所获得的财富要多得多。慢就是快，慢胜于快。那些梦想快速发大财的人大多数都以梦想幻灭告终，甚至会因此大祸临头，身败名裂，惨不忍睹。举个非常有名的例子。有一位当年负责在证券公司公告牌上用粉笔抄写最新股价的男孩，名叫杰西·利弗莫尔，他就是我们今天所说的短线日内交易者，当天进，当天出，持有股票从来不过夜。利弗莫尔是一个很有天赋的投机者，在他不到20岁时，波士顿所有的股票经纪公司都在和他对手交易的过程中亏大了，干脆个个禁止他进场交易。利弗莫尔在股票市场发了大财，靠的是在1907年股市大恐慌和1929年股市大崩盘期间两次做空。但是，他也不止一次因短线投机失败而破产。破产的滋味，尝一次就够了。1940年，利弗莫尔又因为短线投机失败再次陷入个人破产危机。他不愿再次面对，选择用一把柯尔特手枪朝自己头部开了一枪，死在了酒店的衣帽间里。

年轻人千万不要做利弗莫尔这种人。因为短线投机而把命送掉也太不值了吧。无论你投资什么，都要秉持价值投资者的耐心和自律，追求长期投资制胜，追求慢慢变富。自本杰明·格雷厄姆开创价值投资这个投资流派以来，所有价值投资者都秉持着这样的耐心和自律，一百多年来从未改变。

给年长投资者的两个常识性投资建议

第一，放下老观念，用心研究数字科技企业

如果你的年龄足够大，在彼得·林奇写的第一本投资书刚刚出版时就读过，那么我不需要再去说服你把钱投资到股票市场上了。彼得·林奇告诉我们，要让我们的财富随着时间的推移实现大幅增长，股票市场是一块宝地，尤其是在我们能够发现高质量企业并以便宜的价格买入其股票的情况下。我们会获得大幅领先市场的长期业绩。然而，自彼得·林奇写的第一本投资书出版以来，互联网、手机、社交媒体相继诞生。数字科技企业就像印度神话中的毁灭之神湿婆一样，既摧毁旧产业，又创造新产业，结果导致彼得·林奇在书中讲的许多高成长企业大牛股的经典案例都变得过时失效了。

年纪大的投资者如果想在未来30年继续成功投资，就必须承认"世界变了"这个现实。传统旧世界衰落消亡了，数字新世界发展壮大了。但是，如果你已经一大把年纪了，你很可能拒绝承认现实，拒绝改变。这种顽固的做法在有些方面是可以理解的，甚至可以说是理性的，投资那些在价值投资2.0版本下的高质量企业，比如可口可乐和辉瑞公司，一直很有效。改变是很难的，尤其是大幅改变。这意味着你要了解一个新行业，学习一些新术语，理解一种对自己来说完全陌生的数字新文化。老派商界人士的做派是，西装革履，穿戴整齐地去上班，坐在大楼拐角风景最好的办公室里一本正经地谈业务。吃饭要按照级别排位置，敬酒要按照主宾讲礼仪。可是看看现在这些年轻的孩子，他们穿着连帽衫和

运动鞋，牵着宠物狗去上班。Square 游戏公司的首席执行官甚至戴着鼻环。老一代人怎么能相信这些穿着随便又看起来玩世不恭的年轻人是在认认真真地做业务呢？

虽然各位大叔大婶大爷大妈有这种想法很自然，但是这种想法却是错的，大错特错。由这些穿着打扮像"小孩子"的年轻人经营的公司可赚钱了，而且是很多很多钱。穿着连帽衫的软件工程师掌管着有史以来最强大的经济增长引擎。可口可乐公司从 1886 年创立到现在已经有 130 多年的历史了，但是年度盈利从来没有超过 100 亿美元。谷歌公司在 2004 年才首次公开募股，但是谷歌公司的年度盈利却是可口可乐的 4 倍以上。谷歌公司的座右铭是"不作恶"，非常强调利他主义，通俗地说，就是非常强调为大众服务。

巴菲特和芒格这两位当时七八十岁的老投资者已经重仓持股可口可乐十几年了。对比可口可乐与谷歌的年报盈利数据，两人只能惊叹，新经济太厉害了，数字科技企业的盈利能力太厉害了。巴菲特和芒格后来重仓持股了苹果公司这家超大型数字科技企业，很明显，他们这两个老人认真研究了数字科技企业生态系统。这两个老人不是一般的老，2022 年巴菲特已经 90 多岁了，芒格马上就满 100 岁了，如果 90 多岁的投资人都能改变，放下老观念，研究数字科技企业，我们这些年轻得多的投资者也能改变。无论你是 40 多岁、50 多岁还是 60 多岁，你都比 90 多岁的巴菲特和芒格年轻多了。

第二，放下面子，多向年轻人学习

年长的投资者要想深入理解数字技术，就需要年轻人的帮助。年纪越大越不愿意学习新东西,这是我们必须克服的大自然给我们造成的障碍。我们不像我们的孩子那样生在数字时代,长在数字时代,天生就理解数字技术。有些事年轻人一看就会,我们却是学了半天也学不会,这会让我们自卑,更糟的是,这会让我们觉得自己老了,脑子不中用了。诸如此类的挫败感叠加到一起,会导致很多年纪大的投资者变得厌恶数字技术,然后"恨乌及乌",厌恶数字科技股。这些年长的投资者会认为,既然不懂,那就干脆不投资,数字科技股不是我的"菜",我根本没有能力投资数字科技股。

为了避免掉入这样的投资陷阱,年纪大的投资者必须思想解放,心态开放,心胸开阔,放下面子,多向年轻人学习,甚至是向小孩子学习。通常情况下,向年轻人学习数字技术的机会是随机出现的,而且往往是间接的,你应该时时留意,一有机会就主动向年轻人学习。巴菲特说,有一次,他带着十几个曾孙辈的孩子去冰雪皇后冷饮店吃冰激凌,这次经历让他真正认识到了苹果作为一个消费品牌的力量有多么强大。这些十几岁的孩子都只顾低头玩儿苹果手机,甚至连在巴菲特问他们想吃哪种冰激凌时都不抬一下头。当然,巴菲特后来又对苹果公司做了更多深入研究,但是,正是那次带小孩子去吃冰激凌的经历点燃了巴菲特投资苹果公司股票的熊熊大火。苹果这只重仓股至今已为伯克希尔-哈撒韦公司带来超过 1 000 亿美元的收益,相当于伯克希尔-哈撒韦公司其他所有持股的投资浮盈之和。

我本人也有过一次类似的经历。受到小孩子的启发,我发现了一只数字科技大牛股。我儿子在大学里有个朋友叫梅拉兹,梅拉兹给我解释了 Chegg 公司的业务模式,我才真正明白这家美国在线教科书供应商的市场占有率凭什么遥遥领先。在我上大学的时候,学生只能在大学书店买老师指定的教科书。要是胆子大的话，也可以按照电线杆上贴的小广告去找个人买二手教科书。如今，Chegg 公司利用互联网平台提供教科书租赁或销售服务，既有新书也有二手书，既有实体书也有电子书。Chegg 公司在线上教科书市场占据领先份额，充分利用自己的品牌知名度发展成为一家综合性的在线教育服务平台。在 Chegg 公司的在线平台上，你可以请家教，也可以参加微积分或生物学的小组讨论，来解决你作业上遇到的难题。你甚至可以找到一个暑期实习工作，当然，你是要支付中介费的。

Chegg 公司的名称听起来很无厘头，但在教育服务行业，Chegg 公司可是响当当的品牌企业。如今，Chegg 公司的营业收入已经能比得上著名传统教科书出版商霍顿米夫林出版公司（Houghton Mifflin Harcourt）了，可以说能与其平起平坐。这只是当下的静态数据，我们再看看更长期的动态数据。事实是，在过去 5 年里，Chegg 公司的营业收入增长了两倍，而霍顿米夫林出版公司的营业收入却下降了近 30%。由于股票市场认识到，Chegg 公司的发展前途是光明的，而霍顿米夫林出版公司的发展前途是暗淡的，因此 Chegg 公司的股票市值几乎是霍顿米夫林这家传统竞争对手的两倍。

数字世界是和传统世界完全不同的世界，但数字世界也是可以理解的世界，是我们的儿子、女儿、侄子、侄女和他们的朋友可以给我们解释说明的世界。为了深入理解数字世界，你需要允许那些你教导过的下一代年轻人成为你的老师。从传统世界的老师变成数字世界的学生，这样大的角色调整对你来说可能很困难，但一旦克服了内心最初的尴尬不安，你就会享受其中的乐趣。我和我的儿子就一起经历了这个角色大反转的过程，原来是老子教儿子，现在是儿子教老子。我儿子是个 26 岁的软件工程师，他常常嘲笑我这个50多岁的老人家对数字技术一知半解，太笨了。我学了半天才能搞懂的数字技术，他一看就懂了。两代人之间的对立随之而来。我这个老爸还是要面子的呀。但是，在某个时刻，我忽然决定放弃死要面子的自我防御心理，既然不懂，就应该向懂的人学习，儿子比我懂，我就应该向儿子学习，知识面前人人平等。一旦我放下面子，放下过度的自尊，虚心向年青一代学习，我对数字技术的认识理解就会大大进步。

第 12 章

关注流程：投资流程和优先考虑事项

完善投资流程的七条建议

关于如何寻找一流的股票投资主意，你已经知道应该从哪里开始：你的实际生活经验。你也知道如何结束：按 BMP 选股分析框架逐一分析企业的业务、管理、价格。但是，从开始到结束之间的时间相当长，如果你还不能确定是否投资这家企业，你应该做些什么？在分析并做出投资决策之后，你又应该做些什么？换句话说，21 世纪初期，一个成功股票投资者的投资全流程应该是什么样的？

就像园艺、冥想、养育孩子一样，投资这件事要做到最好，关键是保持整个流程的流畅，步骤分明，有条不紊。投资流程要和工厂连续生产一样流畅。断断续续、时断时续、走走停停、猛停猛走，这样肯定做不出什么成果。你最好让自己进入一种节奏，保持一种韵律，才能持续不断、有节有序地长期做下去。每一个园丁、每一个冥想者、每一个为人父母者都会告诉你，关键是讲规矩、讲纪律、讲流程。每天按固定的流程做事，养成好习惯。应该做的事情及时做。

本着这种讲规矩、讲纪律、讲流程的精神，我在这一章给各位股票投资者提供一些实用的建议，这些建议可以帮助你建立一些良好的工作习惯，正是这些习惯支撑着我每一天的投资工作顺利进行。然后，我还会和你分享一些我的个人思考，关于如何看待几个日渐流行但存在危险性的"投资新风潮"。太关注这些投资新风潮对你有害，会分散你的注意力，让你无法在当今时代成为一个讲规矩、讲纪律、讲流程的财富积累者。

1. 行动要快，但不要急。冷静冷静再冷静，理性理性再理性。

"行动要快，但不要急。"这是美国大学篮球教练约翰·伍登的名言。这句话普遍适用于我们人生的方方面面，也适用于股票投资。你读了我写的这本书，心中激起一股投资热情，这时你更要牢记约翰·伍登的这句忠告：行动要快，但不要急。

找到一个股票投资好想法之后，你不要急着把所有的钱都投进去，全部押在这一只股票上。你要运用价值投资者普遍运用的研究分析流程，既要严谨，又要耐心，一步一步地进行全面、深入的分析。自本杰明·格雷厄姆创立价值投资至今，众多价值投资者已经运用这套价值投资分析流程100多年了。你要按照BMP选股分析框架，一个问题接一个问题地进行研究分析，一定注意，要冷静冷静再冷静，不要让过度兴奋的情绪影响你的理性判断。

做投资研究分析的人应该像科学家那样，冷静冷静再冷静，理性理性再理性，分析分析再分析。达尔文在构建进化论时把更多的注意力放在了那些否定而不是肯定他论点的数据资料上。达尔文知道，只有对自己特别严厉，他建立起的论据才会最有力。

2. 多请教，多交流，多探讨，多总结。要拓展你的能力圈，就得主动开口请教别人，不要因为害羞而不敢开口。

要想做股票投资，从数字经济中获利，你先要好好利用自己的生活经验，但也不应局限于此。你还应该好好利用别人的生活经验，这样一下子，你的能力圈就大得多了。朋友、亲戚、同事，所有这些人都能帮助你产生投资好主意，也能帮助你做出投资分析好结论。如果你是一名销售员，你可以问问你的同事认为 Salesforce 公司的财务管理软件怎么样，与其他同类软件相比强在哪里，看看他们说的竞争优势是否和你想的一样。如果你从事的是会计工作，很喜欢 Intuit 公司的小企业财务管理软件，那么你也可以问问你的同事，看看他们的评价是否和你的一样。

同样重要的是，不要限制自己的调查范围。你不仅要询问你认识的人，还要抓住机会问问你不认识的陌生人。参加贸易展览会，或者参加行业会议时，你都可以抓住机会做一些股票投资方面的调查研究。你可以问问会场遇到的人最近发现了什么新的发展趋势，听听那些比你更专业的人有什么看法。多请教，多交流，多探讨，多总结。这些调查研究得到的信息不管是正面的还是负面的，都能让你的投资想法有更高的可信度。

如果你经常这样多调查、多请教、多交流，让你的股票研究更全面、更深入，天长日久，复利的神奇力量就会开始发挥作用。不只是你的财富会像滚雪球一样加速累积，你的知识也会像滚雪球一样加速增长，你的人脉圈也会像滚雪球一样加速扩张。

3. 多阅读，而且是大量阅读。阅读阅读再阅读，思考思考再思考。

巴菲特如此小心谨慎地安排日程是有原因的。巴菲特每天都要留出好几个小时的时间来阅读。你也应该效仿巴菲特，留出大块时间深入阅读。要深入了解投资领域，你就必须保证每天有一大块固定的时间用于广泛阅读，阅读内容包括报纸、期刊、博客、公司公告、商业和投资方面的书籍等等。阅读会让你获得大量投资想法。这些投资想法会在你的脑海中聚合成一条大河。你跳进这条大河，在河水中荡漾。多个投资想法在你脑海中互相激荡，这对你产生新的投资想法很重要，对你充分了解你持股的那些企业也很重要。

4. 利用市场先生的愚蠢，逆向投资。股价暴跌大恐慌，加仓加仓再加仓。

我不会建议你等到危机来临才去投资你发现的优秀企业的股票。如果你在研究分析后认为某家企业的业务质量合适、管理质量合适、股价合适，那么现在出手也合适。巴菲特差点儿放弃收购喜诗糖果，就是因为双方为几百万美元讨价还价，争执不下。巴菲特也没有在沃尔玛公司发展初期买入大量股票，因为在巴菲特买入一小部分股票之后不久，沃尔玛的股价就开始大涨了，于是他停手不再买入，想等股价回调后再买，结果后来股价没回调，他就一直没有再重仓买入，只好看着股价长期持续上涨，后悔少赚了好多钱。

不过，市场先生有时也会主动把投资机会送上门来。有时市场先生过度悲观，对于一家质量非常优异的企业竟然也会报出非常便宜的股票出售价格，这个时候你应该强烈关注，你可能还应该积极进攻，大量投资买入。但是这件事说起来容易，做起来难。在过去25年的投资生涯中，我经历过无数次股市小崩盘和三次股市大崩盘。我可以告诉你，股价暴跌时，所有消息都是坏消息，这个时候把钱投入股市，买入你选择的企业的股票，这种事从来都不会容易做到。杰里米·格兰瑟姆将这个过程描述得非常准确："股市暴跌大恐慌，加仓加仓再加仓。"慢慢练吧，时间久了，次数多了，你就可以训练自己逐步学会做到这一点：股市暴跌大恐慌，加仓加仓再加仓。

认清这样一个客观事实会对你的投资大有帮助：尽管每一次市场暴跌期发生的具体事件都有所不同，但是每次市场暴跌在本质上完全相同：人们认为世界正在走向灭亡。金融体系将会完全崩溃，新型冠状病毒将会永远持续，人类活动将会永远停止。事后看来这些完全是胡说八道，根本没有道理，但当局者迷，我们往往会感觉这种故事情节非常合理。这样绝对悲观的叙事为明智的投资者提供了极其容易做出判断的决策树：要么世界真的正在走向灭亡，要么我们会在混乱中挣扎摸索，走出危机。到目前为止，所有重大危机人类都挺过去了，都走出来了，这意味着"股市暴跌大恐慌，加仓加仓再加仓"这个逆向投资策略到目前为止一直都是正确的。

5. 集中集中再集中，不要分散投资，而要高度集中投资。

现代投资组合理论在学术圈非常流行，主张分散投资，对此巴菲特嗤之以鼻，彼得·林奇也嗤之以鼻。彼得·林奇说，这种无脑多元化其实是"多元恶化"，说得真对。由100只质量平庸的股票构成的多元化投资组合只会产生多元化但整体平庸的投资业绩。

我建议你不要分散投资，而要高度集中投资，充分利用你个人的过人之处，去寻找在行业内确实有过人之处的好企业。运用 BMP 选股分析框架一个企业一个企业地研究，一个问题接一个问题地分析。一旦确定哪几家企业的股票过关，就马上大量买入，然后长期持有，就像我的朋友阿里一直长期持有苹果公司的股票一样。有数据，有证据，有逻辑，结论就很有说服力，就能让你充满投资信心。信心能战胜恐惧，有了充分的信心，你就不用担心自己的投资过度集中在少数几只股票上了。信心就是黄金。自从安德鲁·卡内基建立了他的钢铁帝国之后，世界发生了很大的变化，但让卡内基成功的一个基本原则始终没有变。安德鲁·卡内基 1885 年在匹兹堡库里商学院的毕业典礼上说："不要把所有的鸡蛋放在一个篮子里，这个传统说法完全错误。我告诉你们，正确的做法是，把所有的鸡蛋都放在一个篮子里，然后小心照看好你这个篮子。"

6. 集中集中再集中，找到你对投资组合中股票数量的最低接受程度，以达到你的最高集中投资程度。

有些人就是无法忍受集中投资带来的巨大心理压力。很多人都做不到像阿里那样把所有资金都放进苹果股票这一个篮子里。大多数人没有信心把一生积攒的钱都投资到少数几只股票上。这也正常，没关系，尽量集中就好。搞清楚自己得把鸡蛋放在几个篮子里才会心安，就能搞清楚你是个具有什么性格特征的股票投资者。最高集中投资程度是一个投资者非常重要的投资特征。

所以，弄清楚你的最高集中投资程度，并据此投资。这件事只能边干边学，只用言语说不清楚。你只能在实际的投资操作中体验和感受，逐步找到适合自己的最低股票数量。只有集中持股一家企业的股票，你才会真正体会到在这只股票的价格下跌 30% 时你多么害怕。就像我的朋友阿里把所有鸡蛋，也就是所有个人身家都放进苹果股票这一个篮子里一样，苹果的股价下跌 1/3，就意味着他的个人财富一下子少了 1/3。

不过，有个方法可以助推你的集中投资进程，这个方法就是养老投资规划三问。你可以拿出一张纸，自问自答三个问题，大致规划一下你的养老投资配置。

第一问：你为退休养老总共储蓄了多少钱？

第二问：你每月的工资收入扣除你日常生活必需开支之后还能剩下多少闲钱用于投资股票？

第三问：养老储蓄和工资收入中可自由支配的这两部分资金各拿出多大比例去投资少数几只你有高度信心的高质量企业股票，你会觉得比较安心自在？好好算算，用数字说话。也许你可以从养老储蓄中拿出 70%，但只能从每月工资收入可支配部分中拿出 25%。也有可能你对这两部分资金的股票投资配置比例正好相反。无论你的配置比例是多少，确定一个比例，开始行动，然后边试边调整。随着时间的推移看看你的实际感觉如何，过上几年，你就会找到一个合适的股票配置比例，内心感到平衡。

对于那些你没有用于投资个别股票的资金，你应该通过指数基金投入股市，要么投资于代表整个美国股市的标准普尔 500 指数，要么投资于追踪数字科技股板块的开放式交易所交易基金（ETFs），要么投资于长期业绩表现出色的数字科技股板块公募基金。我更偏好投资数字科技股 ETFs。这种投资数字科技股基金的方式将扩大你的投资赢面，让你能用并非集中投资的组合获得高于市场整体平均水平的投资业绩。

7. 长期长期再长期，加仓加仓再加仓。无论你用哪种方式，都要像彼得·林奇说的那样，长期持有股票，并随着时间的推移定期追加资金。

林奇非常有信心地认为，业余投资者自己做股票投资也能做得相当好，其中一个主要原因是：与基金经理不同的是，业余投资者不需要向任何人报告短期业绩。不用和同行公开比较短期业绩，这让业余投资者可以放开手脚，把目光放在长期业绩上，专注于寻找高成长企业，就是那些可以增长而且是像滚雪球一样持续增长好多年的伟大企业。作为一个专业投资者，我可以告诉你，彼得·林奇说的绝对正确。基金经理真的很难在长期业绩和短期业绩之间取得平衡，一只好股票可能未来 3 年的长期预期表现很好，但是未来 3 个月的短期预期表现很差，这会破坏基金经理的年度业绩排名。想要长期业绩，就得牺牲短期业绩，而年度业绩排名对基金经理的年终奖金有重大影响。要保住短期业绩，基金经理就得放弃这只好股票，结果这会破坏基金经理未来 3 年的长期业绩，影响长期业绩排名，影响投资声誉。业余投资者不会面临这样进退两难的困境，你应该充分利用这个事实，发挥你作为业余投资者的天然优势。你能坚定地持有你有高度信心的高质量企业股票，而且如果情况表明这些股票的质量一直很高，你就可以继续坚定地持有下去。市场不可避免地会周期性波动，但任它东西南北风，我自岿然不动。比持股不动还要好的做法是少花些钱，多攒些钱，每个月领到工资，就把多余的钱拿出来投入股市，去买你经过全面、深入地分析后觉得有高度信心的高质量企业股票。有规律地定期追加投资就像顺着山坡向下滚雪球，雪球一边滚，你一边主动往雪球上加雪。雪球本来就会越滚越大，你再主动加雪，雪球会加速变大，也就是投资的复合增长率加速提高。

优先考虑事项只有一个：高质量企业

作为长期投资者，我们应该优先考虑的事项很明确，只有一个：高质量企业，高质量企业，还是高质量企业。我们要稳定地、有纪律地努力去识别、买入、持有高质量企业的股票。高质量企业的股票不是彩票，如果想买彩票，我们应该去便利店和彩票站。我们本来懂得如何明智地投资，却还拿个人财产去投机，去碰运气，这就像我们本来婚姻挺幸福，却还要去搞婚外情一样。我们永远无法挽回我们的不忠对婚姻造成的伤害，同样，我们也永远无法挽回我们在投机中损失的钱。

不幸的是，现在有很多类似婚外情的投机诱惑，这些诱惑会分散我们的注意力，导致我们偏离真正的投资目标：以稳健可靠的方式逐步积累长期财富。

当然，我们不应该拒绝所有新机会。世界在变化，我们应该保持开放的态度，不只局限于公开上市的数字科技企业的股票。现在十分流行的投资新风潮有三个：加密货币、模因股票和社会责任投资。我会对这些新风潮一一理性地进行评估，就像评估其他股票投资机会一样。以下是我对这三大投资新风潮进行研究分析后得出的初步结论，还有一些个人建议，供讲规矩、讲纪律、讲流程的理性投资者参考。

理性分析三大投资新风潮：加密货币、模因股票、社会责任投资

加密货币

在 2020 年初春，新冠病毒感染疫情导致美股崩盘的那天，我买入了少量比特币。我很好奇加密货币是如何运作的，以及加密货币是否可能以失败告终。通过买入比特币，我实现了我的一个老板经常说的一句话："先少买一些试试，看看感觉怎么样。"这是个很好的投资建议。光想像不行，真实买入才会让你抽象的投资想法变得具体实在。你把东西拿到手里，才能真正有感觉。

18 个月后，我的比特币投资大赚 6 倍。我会因为我买入比特币一年半就大赚 6 倍感到骄傲吗？不！比特币也肯定能用价值投资 3.0 版本的分析框架来研究分析。世界已经变了，我们得与时俱进，拥抱新事物才行。但是如果用 BMP 选股分析框架一个问题接一个问题地进行检查分析，比特币肯定通不过筛选，我买入比特币的投资行为肯定完全偏离了分析结论。我很高兴赚到了钱，我的比特币投资比我辛辛苦苦选出来的 Intuit 公司、亚马逊、Alphabet 公司表现都好。但这只是噪声，不是信号。这只代表运气，不代表实力。买比特币就像买彩票，而 BMP 选股分析框架是我在多年的深思熟虑之后精心构建出来的，目的是让你我专注于达成投资根本目标：有系统地战胜市场。业务质量、管理质量、股价估值，这三件事是投资选股最重要的事，而且一直总是投资选股最重要的事。

我并不是那种老派的价值投资者，只因为加密货币是新事物，就不假思索地拒绝考虑。比特币等加密货币已经通过了新型货币需要克服的第一个障碍：得到公众的接受。然而我认为，虽然加密货币可能会让你赚钱，但是任何货币本身都不会创造出持久的财富。那些促进加密货币生态系统发展的公司才会创造出持久的财富，因为那些公司的业务让加密货币使用起来更快速、更便宜、更容易，就像Alphabet公司、亚马逊和其他数字科技公司使人们的网络生活变得更快速、更便宜、更容易一样。

我虽然和加密货币打交道才一年半，还处于了解加密货币的早期阶段，但我边学、边干、边思考，形成了一些看法。我在这里分享一下我的看法，也谈谈加密货币会对我们未来的投资产生什么样的影响。

先说说什么是加密货币。加密货币是一种新型支付方式。加密货币是匿名的，也是加密的，是在一个叫作区块链的数据库中建立起来的。区块链在许多方面改进了传统的金融交易系统。没有成本，没有中间人，因此没有任何一双眼睛来窥探你和你的交易对手如何交易。以上所有这些好处都是使用比特币等加密货币来替代现有货币完成交易的有力理由。

另一方面，用加密货币作为交换媒介背后的整个想法是可循环的。当某人用具体的加密货币执行区块链交易时，这个人得到的是一枚没有内在价值的"硬币"。但这些硬币必须有价值才行，否则大家就没有动力用加密货币在区块链上执行交易和验证交易。因此，要开始一个具体加密货币的良性循环，必须有足够多的人认同这种加密货币是有价值的。如果大家都认同，越来越多的人就会加入，通过各种各样的工作使区块链运转起来，发挥作用。

加密货币的成功最终将依赖于飞轮效应的形成，换句话说，这完全依赖于人们在心智上把价值归于何处。如果没有足够多的人相信加密货币具有价值，人们就没有足够强烈的动机去获得加密货币。如果没有足够多的人希望获得加密货币，区块链就不能正常运转了。

许多人认为，给10多年前创造出来的东西赋予价值是一件荒谬的事。然而，这件事并没有给我带来困扰。事实上是，所有货币，无论是新的还是老的，都是由人赋予其价值的。几个世纪以来，人类一直囤积黄金，掠夺黄金，梦想得到黄金，并且用黄金作为商品交换的媒介。这是为什么？因为在遥远的过去，我们的祖先发现了这种闪闪发光的黄色金属，大声叫道："哇，太美了！"世界上不同地区、不同民族的人发现了不同的物品作为货币，这些物品都像黄金一样既美丽又稀有。可可豆和贝壳曾经是早期流行的两种货币。

然而，到某个时间点，世界各地的文明社会开始统一把黄金作为衡量价值和储存价值的标准工具。加密货币也发生了同样的质变。有一个惊人的不同之处是，我们的祖先花了几千年的时间才达成共识，统一使用黄金作为全球通用货币，而现代文明用了不到10年的时间就达成共识，使用比特币和以太坊作为全球通用的货币。

人们相信比特币和以太坊，因为这使我们能够在做商业交易时既保留隐私又降低成本。这当然是一件大好事。但是，加密货币本身是值得投资的东西吗？即使我们相信加密货币可以作为一种交换媒介，加密货币的本质也不过就是货币，就像黄金和美元一样。所有的货币，无论是新的还是老的，天生都是劣等的投资，因为货币与企业不同，企业是动态发展的，而货币是静态不变的，是完全惰性的。货币只有储存价值和代表价值，本身没有生产力，不能创造价值，不能像企业那样创造新产品，进入新市场，从而为所有者创造出更多的财富。就像巴菲特对货币的评价一样：就货币而言，如果你拥有它，那么你能做的事情只有一件，就是待在房间里，你看着货币，货币也看着你。再过一千年，这些货币的数量也不会变。即使黄金如山，也会相看两厌。

早期大胆拥抱加密货币的人赚到了大钱，这些人其实和加州淘金热中第一批找到金矿的人是一样的。错过这样赚大钱的机会，你不应该感到遗憾，而应该感到高兴。我的那笔比特币投资完全是天上掉下来的运气而已，不值得我骄傲。

事实上，如果相信加密货币将继续火爆下去，你应该研究一下淘金热期间发生了什么事情。虽然有少数矿工幸运地淘到很多黄金，发了大财，但大多数矿工最终身无分文，梦破心碎。与此同时，聪明的企业家却借这股淘金热潮积累起了实实在在的一大笔财富，因为他们能让很多加入淘金热潮的人干活儿干得更快、更好、更便宜。

李维斯·施特劳斯原本在旧金山开了一家干货店，生意还算不错。后来，李维斯资助了一个人搞研究发明，这个人设计出了铆钉牛仔裤。这种牛仔裤结实耐磨，很适合矿工在采石挖矿时穿着，十分畅销。后来，淘金热潮退去，李维斯牛仔裤却越来越流行，畅销全球，这自然让李维斯·施特劳斯这个企业创始人发了大财。

约翰·斯图德贝克在来到美国西部时也想淘金，但他很快意识到，制造矿工必须要用的独轮手推车能赚更多钱。斯图德贝克用他制造和销售独轮手推车赚到的钱投资了一家生产货运马车的公司，后来，这家公司发展成为美国标志性的斯图德贝克汽车公司，在二战期间一度是美国生产规模最大的汽车公司。

亨利·威尔斯和威廉·法戈创办了一家运输公司，用蒸汽船把黄金从加州运到纽约。1852 年，他们在旧金山开设了一家分支机构做银行业务，一手收购金粉，一手向采矿人发放贷款。这家银行分支机构逐步发展出全球银行业的巨无霸——富国银行。

你应该看出来了，今天的加密货币热潮与当年的淘金热潮有很多相似之处。如果你想在加密货币热潮中赚大钱，那么你应该寻找加密货币时代的李维斯牛仔裤、斯图德贝克独轮手推车、富国蒸汽船。我还没有想出具体应该投资哪些初创企业，但是上市公司中已经有了投资候选企业。全球最大的数字货币交易所 Coinbase 就是其中之一。交易所天生就是一门好生意，如果有足够多的人到这家交易所进行交易，网络效应就会开始形成。许多其他与 Coinbase 类似的生态系统赋能者可能会随后效仿，群雄并起，各霸一方。这些后发制人的企业是我们应该关注的潜在投资目标。

模因股票

模因股票如今实在太火，火到简直疯狂。相比之下，加密货币市场都可以说是井然有序。在红迪网的股票论坛里，众多散户联手投资一只股票，形成"阻击华尔街"事件，随后这些股票疯狂上涨。这是一场毫无理性的狂欢，这场疯狂投机狂潮让我们不禁想到 20 世纪 20 年代美国股市早期的那场投机狂潮。那时人们聚集在路边进行证券交易，戴着五颜六色的帽子，好让交易员容易辨认自己。由于今天的技术比以前强大得多，投机者的装备从帽子升级成了高科技，这让投机狂潮放大了很多倍。不用说，投资狂潮几乎肯定会以惨重亏损的眼泪而收场。上帝欲使其灭亡，必先使其疯狂。

模因股票出现于 2021 年初，就在特朗普总统支持者中的一批暴力分子冲击美国国会大厦之后不久。我并不认为这两个事件在同一时间发生纯属巧合。这两件事都代表了一种狂热又激进的世界观，很像电影《猩球崛起》中猩猩暴动反抗人类的场景，而不像现实。在红迪网的股票论坛上，几百万股民聚集在"对赌华尔街"话题区。有一些"民间股神"发帖推荐股票，许多股民跟风，一哄而上，加入股票买卖的战团。几百万个投资经验有限的业余股票爱好者联合起来，挑战和惩罚专业做空的机构投资者。

一些对冲基金对赌游戏驿站公司（GameStop）、AMC 娱乐公司和其他几家公司的股票会下跌，于是先从券商那里融券借入股票，然后卖空股票。这些对冲基金这样的卖空操作没有别的动机，只有证券市场上最常见的那一个动机：赚钱。这些对冲基金经理认为这些企业发展前景惨淡。他们预期将来某个时点股价会下跌，然后他们就可以用更低的价格买回股票，还给券商。这样先高价卖出，后低价买入，就能赚到一笔差价。

然而，聚集在红迪网股票论坛上的许多暴躁股民都是在金融危机股市大崩盘中受到过重创的年轻投资者，他们把对冲基金的卖空行为视为针对自己个人的行为。简单地说，他们认为这些对冲基金就是以大欺小，专门来割他们这些小"韭菜"的。这些暴躁股民对"美国受到操纵的市场体系"充满愤怒和失望，好不容易找到一个出气筒，就把一腔怒火发泄在了这些做空机构的身上。他们忘记了，其实对冲基金与金融危机几乎没有一点儿关系，金融危机是那些银行犯下错误而政府金融监管机构又未能监管好银行而导致的。红迪网股票论坛上那些暴躁股民决心实施报复。

虽然单独来看，每一个股民的资金规模都很小，投资能力也很弱，但聚合在一起，就像他们喜欢形容自己的说法，他们就像电影《猩球崛起》中的猩猩聚集到一起一样强大。有人声称，对赌华尔街这个话题区聚集了近300万名散户投资者，每个人的账户平均余额都超过6 000美元。"这个话题区从来看不到一份无聊的研究报告"，不要理智，只要激情。300万个账户×6 000美元=180亿美元。这么多弹药集中起来的火力相当于一只超大的股票基金！这些暴躁股民抱团之后，和电影《猩球崛起》的猩猩抱团之后一样强大。他们把180亿美元资金的毁灭性利用得非常好，通过抱团购买，在不到5个月的时间里把游戏驿站公司的股价推高了15倍，把AMC娱乐公司的股价推高了30倍。这样就形成了轧空，也叫逼空，逼迫那些押注股价会下跌的做空机构必须补交保证金，不然就要强行平仓。有一家做空这几只股票的对冲基金需要补交30亿美元保证金，才能保住空头仓位不被强行平仓。

红迪网股票论坛的股民这样抱团买入股票，持续推高股价，可能构成市场操纵，也可能不构成市场操纵，但有一件事是肯定的：就在我今天写这篇文章的时候，他们抱团持续买入的那几家公司的股价已经高得非常离谱，完全脱离了现实基本面。我们来看看其中的一家公司——AMC娱乐公司。用BMP选股分析框架分析一下，你就能很清楚地看出来了。

第一步，先看业务质量。AMC娱乐公司确实是美国影院行业的市场领导者。美国影院的上座率在2002年达到了顶峰，之后逐年下滑，因为新冠病毒感染疫情的暴发，加速了人们待在家里用大屏电视观影的趋势。与此同时，AMC娱乐公司的债务和长期租赁费用合计超过100亿美元。一边是影院观众数量不断减少导致收入不断减少，另一边是沉重的抵押贷款和租赁费用负担导致财务压力持续增大，如同两条绳子合到一起勒脖子，这导致在过去的几年里AMC娱乐公司有好几次差点儿宣布破产。

第二步，分析管理质量。AMC娱乐公司的管理团队由首席执行官亚当·阿隆领军。他就像是教科书上定义的那种标准的雇佣兵式杀手。在过去的30年里，亚当·阿隆担任过4家上市公司的首席执行官，但从来没有大量持有过其中任何一家公司的股票。亚当·阿隆任职时间最长的公司是美国山区度假村运营商维乐度假公司（Vail Resorts），这家企业拥有滑雪胜地的特许经营权，业务质量优于一般企业。但在亚当·阿隆任职的10年里，维乐度假公司的股价表现只是追平了市场指数的平均涨幅水平。卸任维乐公司首席执行官之后，亚当·阿隆担任了著名私募股权基金阿波罗基金的高级合伙人。阿波罗基金是华尔街最典型的内部人士企业之一。红迪网股票论坛上那些股民最讨厌这样的公司，简直对其恨之入骨。事实上，2020年底，就是阿波罗基金鼓励AMC娱乐公司申请破产的，这样的话，作为债权人，阿波罗基金就能获得AMC娱乐公司的控制权。

第三步，看股价估值。可以确定的是，AMC娱乐公司在股价筛选上没有过关。当然，受疫情影响，影院的上座率大幅下滑，AMC娱乐公司2020年度是亏损的，所以我们根本不能根据当期每股收益计算出的市盈率来对AMC公司的股票进行估值。由于巨额债务负担，AMC公司2019年度也是亏损的。AMC公司2018年度是盈利的，略高于1亿美元，所以我们可以使用这个盈利数据来计算市盈率。用AMC公司2020年的股票市值150亿美元除以2018年度的盈利1亿美元，我们会发现，AMC公司股票的市盈率高达150倍，市盈率的倒数盈利市价收益率只有0.66%，是10年期美国国债的1/3左右。我为什么不选择投资安全得多而且收益率高得多的美国国债呢？

我很乐意调整 AMC 娱乐公司财报上的数据，以反映公司的实际盈利能力。但是面对这样一家正在慢慢走向消亡的连锁影院企业，我们如何调整利润表才算合理？我们能指望出现什么样的流行大趋势，让影院的空座位都坐满屁股呢？在股民的投机狂热达到顶点时，《巴伦周刊》想要展望 AMC 娱乐公司股票的上涨空间，但即便使用最乐观的盈利增长假设，也无法支撑当下这么高的股价水平。《巴伦周刊》是这样估算的：假设 AMC 娱乐公司的营业收入增长到历史最高水平的两倍，推动盈利增长 3 倍，每股收益自然也随之增长 3 倍，股价对应的市盈率水平仍然高达 50 倍。

我设定的股价估值门槛是市盈率最高不能超过 20 倍。按照最乐观的盈利增长假设计算出来的市盈率还有 50 倍，距离我的最高 20 倍市盈率门槛还差得太远。即使是达到我设定的 20 倍市盈率门槛，所依赖的预测盈利增长水平也高得吓人，任何正常人都不敢这样大胆预测。当然，AMC 娱乐公司的首席执行官亚当·阿隆和其他高管也不会做出高得如此离谱的盈利预测。2021 年 5 月，AMC 娱乐公司公开发行新股以筹资支撑其财务状况，管理层在其股票发行申报文件中写下这样一段话："我们认为……我们公司股票当前的市场价格反映的是与我们业务基本面无关的市场和交易动态发展情况……我们警告投资者不要投资我们的 A 类普通股，除非你做好了损失全部本金或大部分本金的准备。"

AMC 娱乐公司管理层的这段话实质上就是他们对自家公司的股票按照 BMP 选股分析框架进行分析后得出的结论。管理层告诉我们，AMC 娱乐公司股票的市场价格与企业基本面完全无关。他们进一步告诉我们，AMC 娱乐公司股票的市场价格包含太多投机成分，我们如果投资买入，可能会损失所有本金。最糟糕的是，这段话听起来很刺耳，很难听，完全不是那种企业希望股票发行备案审查顺利通过而写的套话。就在AMC娱乐公司管理层在股票发行申报文件中写下这段话的同时，许多高管正在卖出手上持有的AMC公司股票。

非常可悲的是，尽管红迪网股票论坛上那些抱团买入股票的暴躁股民都有合理的理由表示不满，但他们把愤怒的情绪发泄到了错误的地方。"我清楚地记得，华尔街那些机构毫不顾及后果的卖空行为对我个人和我身边其他人的生活造成了多么巨大的影响。"有个人在对赌华尔街话题区上发帖这样写道，以解释他为什么把一辈子的积蓄都用于买入游戏驿站公司的股票。"用学校自助餐厅免费的番茄酱调料包做出来的番茄汤，你知道吃起来是什么味道吗？我学校里的那些朋友都知道。因为当年炒股亏光了钱，他们只好这样自制免费番茄汤喝。"他继续写道，"致1946年初至1964年底出生的婴儿潮一代，或者接近这个年龄的人：你们这些50多岁甚至70多岁的人不要听信那些媒体的宣传，把我们看作市场毁灭者，你们反而应该支持我们，因为我们有一个一生难得一遇的机会，可以狠狠惩罚那些华尔街金融机构里的坏人。是这些人在金融危机中大量做空股票，给我们这些散户造成了如此巨大的痛苦和压力。我们正在抓住这个机会好好收拾他们，让他们也受到同样巨大的痛苦和压力。"

这套请求大家支持的话尽管听起来很真诚，但是却有一个大问题：试图用股市来惩罚别人，就像派猎狗去捕章鱼，这种做法根本行不通。股票市场并不是一个实体的公共广场，我们可以把坏人用铁链锁起来，绑到十字架上，狠狠地鞭打他们来进行公开惩治。股票市场就只是一个市场。在股票市场中，股票价格持续上下波动，随着时间的推移逐步体现企业真正的内在价值。老话说得好，"路遥知马力，日久见人心"。时间长了，AMC 娱乐公司、游戏驿站公司和其他公司就会显露出真面目，投资人就会知道这些企业真实的长期盈利水平。其股价也会回归企业真实的内在价值水平，那些抱团大量买入这些股票的人，尽管一时之间觉得自己像电影《猩球崛起》里团结起来的猩猩战士一样强大，但是烂泥终究扶不上墙，市场的浪潮最终必定会摧毁这些股票，也必定会摧毁那些抱团高价买入这些股票的暴躁股民。[1]

社会责任投资

想要利用市场作为大众聚集的广场公开惩罚那些做过坏事的家伙，这是一个坏主意。同样，想要利用市场作为大众聚集的广场公开集资大做好事，这也是一个坏主意。市场既不是一个道德的地方，也不是一个不道德的地方，市场是一个与道德无关的地方。如果是为了一个非常明确的具体目的，比如投资人公开谴责那些在南非实行种族隔离时期仍与南非有业务往来的企业，全部卖出这些企业的股票，这当然可以理解。除了这种极少数情况，想要在股市上做好事，就是另一种形式的"用猎狗抓章鱼"，费力却没效。

然而，最近，华尔街发现了这样一个事实：许多美国人和欧洲人发现自己的日子过得实在太好了，感到内疚，想要赎罪。他们想把自己的资源用来做些善事，回馈世界，而不再只是追求积累更多的财富。过去 10 年来，华尔街开始鼓捣出很多产品来满足这些客户的赎

---

[1] > 滚滚长江东逝水，浪花淘尽烂股。虚高股价转成空，抱团团不在，本金都成空。白发渔樵股市上，惯看秋月春风。一地鸡毛又贫穷。悔恨多少事，都怪太冲动。——译者评

罪需求，美其名曰：社会责任投资、影响力投资、ESG 投资。ESG 是 environmental、social、governance 三个词的英文首字母缩写，代表环境、社会、治理。这些产品的目标是让客户一举两得，在资金得到增值的同时获得成就感。这类投资产品有各种各样的卖点和噱头，但都有两个共同特点：一是操纵你的负罪感，让你感觉不买这些产品就是让世界变得更丑恶；二是为那些销售这些投资产品的机构赚到高于市场平均水平的回报，却让那些买入这类产品的投资者获得低于市场平均水平的回报。

《华尔街日报》最近有一篇文章说，社会责任 ETFs 的运营成本其实不比一般的 ETFs 高，但是其收费标准却比其他 ETFs 高出近 50%。与此同时，太平洋研究所的一个分析报告发现，ESG 基金过去 10 年的业绩表现跑输代表市场的标准普尔 500 指数近 50%。

我当然也很支持让这个世界变得更美好，但社会责任基金和 ESG 基金这类投资工具做不到让世界更美好。社会责任投资的逻辑结构十分脆弱，站不住脚，不可能会实现你希望实现的目标。你理性地思考一下：哪些企业是"对社会负责的"？哪些企业是"对环境友好的"？哪些企业两者都不是？只有对极少数的公司，比如煤炭公司来说，这些问题的答案黑白分明，显而易见。但是对于绝大多数公司来说，这些问题的答案并不是黑白分明的，而是处于灰色地带，非常模糊难辨，简直模糊得令人吃惊。先锋领航集团旗下的社会责任欧洲股票基金目前重仓持有的股票包括全球最大的石油勘探公司之一 TotalEnergies 公司，还有大型铜矿和铀矿开采公司 Rio Tinto。这些公司的业务对环境友好吗？你希望通过系统性努力找出那些用做好事的方式来把业务做好的公司，却可能会发掘出一些业务让你完全意想不到的企业。《巴伦周刊》2018 年对美国大型企业按照可持续性进行排名，通过 6 家外部咨询公司，采用

300个绩效指标，按照5个主要利益相关者类别分析了美国1 000家最大的上市公司。最后获胜者是哪家上市公司呢？高乐氏消费品公司。其主要产品是漂白剂。

我们生活在一个善恶难分的世界里，要判断哪些公司"为善"，哪些公司"作恶"，确实是一件非常困难的事情。比特币和其他加密货币是为善还是作恶呢？这些加密货币本身有社会责任感吗？比特币让人们在交易时更加简单方便，一不让政府介入，二不让银行介入，这样交易双方不用再被迫忍受银行像抢劫一样收取很高的手续费。因为比特币似乎会让世界变得更美好，埃隆·马斯克在2020年底为特斯拉公司买进了价值15亿美元的比特币，并且把首席财务官的头衔改为货币大师。然而，不到一年之后，马斯克开始重新考虑自己的这个做法是否妥当。马斯克决定不再接受用比特币购买特斯拉汽车，除非将来这种加密货币变得对环境更加友好。结果表明，运营比特币一年所消耗的电力相当于世界第十七大经济体荷兰一年的用电量。如果全球继续接受比特币作为支付货币，比特币消耗的电力将很快与世界前十大经济强国之一持平。

在这种善恶难分的混沌之中，美国资本市场那些证券投资机构介入进来，给基金产品贴上一个标签，称其为社会责任投资，然后把社会责任投资当作万灵神药一样到处推销。然而，买者责任自负。就像100多年前美国几乎没有法律法规监管蛇油推销员一样，那些销售ESG产品的证券投资机构受到的监管也很松散，而且通常不会有政府部门跟踪这些机构所销售的ESG基金产品的实际成效。据《华尔街日报》报道，在所有进行所谓影响力投资的私募股权基金中，近70%都没有要求ESG基金经理提供具体明确的衡量指标或报告。

考虑到这一切，你最好还是自己靠自己管理投资吧，自己去做研究分析，辨别哪些上市公司才是非常出色的高质量企业。这样，你不仅有可能获得更高的投资回报，而且会自然而然地发现那些比一般企业更有良心的企业。因为价值投资 3.0 版本的 BMP 选股分析框架着眼于未来，重点分析企业未来 3 年的盈利增长情况，这样自然会过滤掉所有数字鸿沟另一边的传统经济企业。化石燃料公司，化工公司、造纸公司、国防承包商，这些公司没有一个能够通过 BMP 选股分析框架的业务质量筛选，因为这些业务没有什么光明的未来。管理质量分析也可以揭示企业存在的潜在问题。任何一位对当前的时代思潮稍加留意的高管都会明白，一些全球性的大问题，比如气候变化、童工、性别、种族等等，对于企业所服务的客户来说非常重要。这就是为什么杰夫·贝佐斯在 2019 年承诺，亚马逊将在 2040 年实现碳中和，这要比各国政府在《巴黎协定》中达成共识的实现碳中和时间早 10 年。另外几十家大型企业，包括微软和优步在内，也加入了实现碳中和的承诺。

这让我回到了本书"大钱在哪里"这个主题：你不必依赖那些专家告诉你该做什么，很多咨询专家要收很高的咨询费才提供"建议"。你自己做出良好的判断就足够了。运用你本来就具有的基本常识，再做一些研究分析功课，你就会找到那些德才兼备的好企业。这些企业的经营业绩表现很好，行为又很有社会责任感，其生产经营行为不会给我们这个世界制造更多问题。毕竟我们这个世界本来就已经有太多问题了。如果你非常关注企业的社会责任，你就可以为你自己设计定制版的 BMP 选股分析框架，把社会责任这个因素加进去，甚至让社会责任因素拥有一票否决权。如果一家上市公司通过了普通版 BMP 选股分析框架的筛选，但没有通过你自己的定制版的筛选，你就可以直接放弃这只股票。

谁知道呢？也许你可以完善自己的股票分析流程，成立一只ESG股票投资基金，真正实现承诺，让社会变得更美好。也许我也会这样做。价值投资3.0版本自然会让你投资那些对社会负责任的企业。

第13章
关注企业：数字平台企业发展危与机

大危险：政府可能强制拆分数字平台企业

在大约30年的时间里，数字技术已经发展到主导我们的经济，主导我们的日常生活，主导我们的政治议题。数字科技企业发展得如此之大，又如此之快，以至于美国政界人士达成了唯一一个共识，那就是，大型数字科技企业是"坏人"。密苏里州共和党参议员乔希·霍利曾支持特朗普推翻拜登当选总统的大选结果，最近，乔希·霍利提议加强反垄断立法："对于那些提供搜索引擎、市场、交易平台的大型企业，禁止其扩大势力，禁止其制造压制竞争的利益冲突……"马萨诸塞州民主党人伊丽莎白·沃伦曾评价特朗普"彻头彻尾的腐败"，她发布了一份新闻稿，使用的是几乎相同的激烈言辞，其中的一个子标题是："是时候拆分亚马逊、谷歌和脸书了"。

作为一名投资者，这样的威胁根本吓不倒我。美国人喜欢听大卫打败巨人歌利亚这样以弱胜强的传奇故事，"大型数字科技企业是大坏蛋"这种故事一讲，大型数字科技企业就成了巨人歌利亚，对抗大型数字科技企业的政客就成了英雄大卫，这就使得左翼和右翼政客都很难抗拒这个故事的诱惑。结果，这个故事讲得越多，大家越信大型数字科技企业是大坏蛋。然而，美国政界人士这种捶胸顿足、大肆抨击大型数字科技企业的做法很有可能90%都是噪声，10%才是信号。到目前为止，关于监管和拆分大型数字科技企业的大量头条新闻已经创造出极好的买入机会，而且很可能会继续创造出极好的买入机会。每当一个行业面临这样巨大的政治压力，"市场先生"就会感到十分焦虑。强烈的焦虑不安会让市场先生以很不理性的价格大量卖出股票。

市场最担心政府加强对大型数字平台企业的管制，甚至对其进行强行拆分。其实你根本不用担心这个，我有以下三个具体的理由：

- 一讲法律：撇开那些政客的政治辞令，理性分析其内在逻辑，你就会发现，有关反垄断立法和拆分大型数字平台企业的立法观点往好了说十分蹩脚，往坏了说就是完全错误。
- 二讲用户：要从任何一个实质性方面改变大型数字平台企业的业务运营模式，政府就必须打破消费者已经养成多年的日常生活习惯。消费者每天使用那些世界上最受欢迎的数字科技应用，二者之间的纽带坚如钢铁。经过近30年的锤炼，任何政治团体都无法断开亿万用户与数字技术平台的紧密联系。
- 三讲股市：即使政府成功拆分了这些数字科技巨头中的几家，这些拆分出来的小型企业也可能会蓬勃发展，日益壮大，成为新的数字科技巨头。事实上，拆分出来的小型企业的市值之和可能会大于拆分之前的平台企业。

这些话题可能会转移我们的注意力，所以，我要声明，我既不是给数字平台企业百般辩护的铁粉，也不是给数字平台企业加油助威的啦啦队员。相反，我作为分析师、投资者，一直希望能努力做到头脑冷静、客观公正、不偏不倚。我清楚地看到了数字科技企业的缺点和不足。我记得谷歌曾经承诺不会在搜索结果周围设置广告位，但谷歌后来打破了这个承诺，从逐渐打破到彻底打破，最后围绕搜索结果大卖广告。然而，违反承诺并不是违犯法律，作为股东，我赞同谷歌这种新的业务策略。

同样，我也密切关注是否有信号表明我持股的数字科技企业有寻租行为的倾向。我之所以高度警惕数字科技企业的寻租行为，并不是因为我是一个道德家，而是因为寻租行为是一种懒惰懈怠、不思进取的表现。寻租行为代表这家企业没有走正道、追求创新、为客户提供更多价值，而是走歪路、多收费、不为客户提供相应的价值。这对业务发展来说是坏事。在自由市场体系中，客户最终会发现这种寻租行为。Intuit公司的QuickBooks软件是一个非常棒的小企业财务管理软件，其业务规模一直在快速增长。但是，Intuit公司的高管也承认，他们在公司另一个更成熟的产品TurboTax纳税申报软件上曾经存在寻租行为。如果这种情况再次发生，我会重新考虑是否继续投资Intuit公司的股票。

我们的社会有专门的法律来规范垄断行业和掠夺性行为，我很高兴有这些法律存在。政府应该监督企业，惩罚企业滥用权力的行为。政府应该是一个强有力的裁判，确保比赛公平，保障赛场不受破坏。然而，除此之外，政府应该完全放手，让球员能够全身心地投入比赛。作为一名记者，我看到公共部门被用作行善的工具，但作为一名投资者，我也看到，政府部门在力图解决市场问题时是多么缺乏必要的技能。资本主义市场经济这个竞技场太开放了，也太残酷了，滥用权力的企业无法轻易逃脱惩罚，因为客户会起来反抗。通常情况下，惩罚寻租企业的并不是政府权力部门，而是消费者。企业如果不能为消费者提供更低的价格、更好的产品，或者两者都不能提供，就会被大批消费者抛弃，销量大幅下滑。

如今，经济和技术的变化如此迅速，好事传播得快，坏事传播得更快。现在使用谷歌、苹果以及其他一些企业的数字产品是一种流行，但如果这些企业真的滥用自己的技术力量与市场地位践踏客户利益，大批客户就会马上转身离开。客户来得快，去得更快。

一讲法律：数字平台企业没有损害消费者利益

具体到技术监管，目前美国的反垄断法律原则上要求原告证明自己所谓的"消费者权益"受到了损害。通常这种证明有两种形式：价格过高、缺乏可供选择的商品。这符合我们今天生活的数字时代的真实情况吗？

谷歌搜索、脸书、WhatsApp 社交通信软件都是免费的，我们无法找到比免费还便宜的东西。

与此同时，麻省理工学院的一项研究发现，消费者对使用数字软件一年的估值分别是：脸书 550 美元、WhatsApp 7 000 美元、谷歌搜索 17 500 美元。

同样，现在绝对不是大型数字平台企业占主导地位会导致可选商品稀缺的时代。事实上，也许可以说，正是亚马逊平台销售的丰富的商品给我们提供了如此多的选择，以致加剧了消费主义的泛滥和环境破坏。这件事令人遗憾，但并没有违犯法律，特别是没有违犯有关反垄断的法律。

鉴于这些事实，新一代反垄断人士坚持认为，消费者福利不再是正确的反垄断标准。他们认为，尽管目前我们还看不出来脸书主导社交媒体、亚马逊主导电子商务会带来什么明显损害消费者福利的问题，但是政府应该采取预防行动，以防止这些企业未来可能出现损害消费者福利的行为。

28岁的法律系学生利纳·可汗于2017年在《耶鲁法律杂志》上发表的一篇反垄断文章广为流传，利纳在这篇文章中写道："如果我们主要通过价格和产量来衡量竞争程度，我们就无法认识到亚马逊的市场主导地位对竞争造成的潜在危害……当前的立法原则低估了掠夺性定价的风险……平台市场刺激公司追求增长胜过追求利润的经济机制得到了投资者的奖赏。"

利纳·可汗说的没错，亚马逊这家数字平台企业追求增长胜过追求利润，投资者也奖赏了亚马逊的这种发展战略，亚马逊股价持续大幅上涨。这就是我特别强调的盈利能力的全部意义：由于数字科技企业为了扩大市场规模而大量支出研发、营销、销售费用，压低了当期盈利，因此我们需要通过估算其潜在盈利能力，发现其财务数据之下的内在价值。另一方面，利纳·可汗的分析结论大错特错。利纳认为亚马逊的最终目的是掠夺性定价，这种观点暴露了大众如何无视这个事实真相：具体到亚马逊一家公司，或延伸到整个数字科技行业，只有努力追求发展，才有可能继续保持成功。要么增长，要么灭亡。

亚马逊距离垄断电子商务市场还差得远呢。亚马逊即使想要垄断电子商务市场，也绝对不会选择抬高价格这种方式。今天，亚马逊是世界上最值得信赖的品牌之一。如果滥用这种信任，欺诈消费者，以次充好，价高质劣，消费者就会选择抛弃亚马逊，这马上就会损害亚马逊的长期利益，而且这种损害可能无法逆转。亚马逊的价值主张是更快、更好、更便宜，努力做到三者合一。围绕这样的基本经营原则，亚马逊将自身打造成为世界上最有价值的企业之一。为什么亚马逊会改变自己这么多年来赖以生存发展的基本原则呢？

大型数字科技企业不再创新的观点只从表面上看就十分荒谬。事实清楚地表明，与富国银行和可口可乐等那些成熟企业不同，大型数字科技企业并没有只坐在护城河后面，等待竞争优势自动结出硕果。相反，大型数字科技企业每年都在研究发展项目上投入数十亿美元，从增强现实到抗衰老，项目范围很广。不仅是大型数字科技企业在创新，规模较小的数字科技企业也在激烈竞争中求新求变。如果大型数字科技企业真的在压制竞争，那么像 Shopify 公司这样知名度相对较低的数字科技企业就不会发展壮大，但这些公司确实正在发展壮大。Shopify 公司是一家反亚马逊的企业，为小商户提供了可替代的在线零售平台选择。Shopify 公司的市值为 850 亿美元，相当于克罗格、Autozone 和 Dollar General 等大型传统零售企业的两倍，比连锁百货公司 TJ Maxx 的股票市值更高，与连锁超市塔吉特（Target）几乎持平。据《经济学人》最近的报道，独角兽企业，也就是企业上市首日市值超过 10 亿美元的初创科技企业，8 年前只有 12 家，如今已经增加到了 750 多家。

二讲用户：政府能够强制拆分企业，却无法强制拆分用户

美国现在由民主党掌权，因此对数字平台企业采取某种形式的监管措施可能会提上政府立法议事日程。

前面说的那位在 28 岁时批判亚马逊的法律系大学生利纳·可汗现在 32 岁了，当上了美国联邦贸易委员会主席。

另一位学者蒂姆·吴撰写了一本书叫《大的诅咒：新镀金时代的反垄断》(The Curse of Bigness: Antitrust in the New Gilded Age)，他现在是美国总统的技术和竞争政策特别助理。

这些官员毫无疑问会努力工作，以证明大型数字科技企业确实是一个威胁。

与此同时，生活还在继续，数十亿人每天继续使用大型数字科技企业的产品。很难想象监管机构会如何干预人们和数字应用之间紧密的关系。正因为如此，也很难想象监管机构的干预会对这些大型数字科技企业的竞争优势产生影响，比如网络效应、转换成本等等，这些竞争优势都是由于几十亿消费者每天使用而逐步形成紧密关系才给企业带来的。

如果数字科技企业和用户之间的关系不是那么良性，我会对政府加强监管更加警惕。数字科技企业提供消费者确实想用而且确实会用的服务，作为回报，要么是消费者同意付钱购买这些服务，比如 Intuit 小企业记账软件和 Spotify 网络销售平台，要么是消费者同意观看广告，用自己的关注来交换这些免费服务，比如脸书和谷歌搜索。批评者试图用具有挑衅性的言辞让我们产生一种错觉，觉得自己在某种程度上被利用和操纵了。俄亥俄州总检察长戴夫·约斯特最近这样挑动大众情绪："你在使用谷歌进行搜索的时候，你其实并不是客户，而是产品。"这句话说得很聪明，但最终我和谷歌只有简单的交易关系：我用谷歌搜索鞋子，谷歌给我推送鞋子的广告。浏览广告是我在享受谷歌的免费搜索服务之后给对方的回报。我会不断地做这种心甘情愿的交易，我搜索，看广告，再搜索，再看广告。我要享受免费搜索，就得接受广告。

不要误解我的意思。我们应该继续强调，必须解决数据隐私等重大问题，这样才不会让那些大型数字科技企业和庞大的政府机构成为控制我们每个人的"老大哥"。但作为一个谷歌搜索服务的消费者，我在搜索鞋子之后，看到谷歌给我推送一个鞋子广告，我并不会觉得受到了严重冒犯。我感觉这要比电视节目中那些强制性的插播广告强多了。那些电视节目总是会插播一长串的饮料或啤酒广告，烦死了。相比之下，我更喜欢谷歌推送的广告，事实上，因为谷歌给我提供过搜索鞋子的服务，知道我对鞋子感兴趣，所以推送的起码是我有兴趣看的广告。

除非有事实证明，我们这些消费者与数字平台企业之间的这种利益交换确实是邪恶的、有害的，否则我们大家还是会继续天天使用这些数字技术平台。

那些发起斗争的政客特别痛恨无功而返，这自然让人很没面子，因此他们至少会赢得一些胜利，这就能让他们体面地退出战场，大声宣称大卫确实打败了巨人歌利亚。但美国政客有些政策建议以及这些政策建议背后的逻辑简直是疯了，愚蠢至极。参议员霍利想要把亚马逊的电子商务业务和云计算业务拆分开来，他声称，这是因为亚马逊拥有的数字技术大部分都是"建设互联网本身所依赖的基础性技术"。如此断言，肯定会让蒂姆·伯纳斯-李爵士大吃一惊，他受封为爵士，就是由于他在20世纪80年代后期发明了互联网。而亚马逊公司在互联网发明约6年之后才成立，在互联网发明约20年之后才推出云计算业务。真是欲加之罪，何患无辞。

三讲股市：拆分数字平台企业可能对股市投资是好事，1+1>2

相比之下，其他针对数字平台企业的立法监管措施听起来合理多了，因此可能会成功通过。

谷歌母公司 Alphabet 可能并不应该同时控制全球最大的网络搜索平台和广告经纪公司。

收购一家竞争对手企业，使其再也无法成为自己的竞争对手，这种行为违犯了反垄断法。脸书收购 WhatsApp 公司和照片墙就是这样。马克·扎克伯格 2008 年在一封电子邮件中就这一问题发表的看法是："收购对手，要比和对手竞争更好。"这可以说是监管机构希望找到的最确凿的证据。

然而，在其核心业务上，大型数字科技企业的服务在亿万用户看来实在太有价值了。大众的意见如此强硬，以至监管机构根本无法改变。

如果脸书把旗下的三款应用拆分出来，使其成为三家独立的上市企业，那么假设你在拆分之前是脸书的股东，你在拆分之后就会同时持股三款深受消费者喜爱的强大应用。

如果亚马逊公司拆分成一家电子商务企业和一家云计算企业，那么假设你在拆分之前是亚马逊的股东，你在拆分之后就将同时持股这两个细分行业的龙头企业。

我们经常说整体大于部分之和，事实上，在很多情况下，大型数字科技企业的各大业务板块加在一起会比集团整体更有价值，部分价值之和确实大于整体价值。原因是，一家数字科技企业被迫拆分成几个独立的业务板块，那么每个业务板块的生存压力就会大大增加，必须拿出更多实实在在的盈利才行，而不能只展示未来的盈利潜力。

部分之和大于整体，这一点也适用于亚马逊，其云计算业务板块创造的营业收入在集团整体营业收入中占比只有 10%，但营业利润占比却有 60%。

部分之和大于整体，这一点还尤其适用于谷歌母公司 Alphabet。尽管 Alphabet 公司拥有优兔视频网站和安卓智能手机操作系统等多个明星业务，这些业务个个都有潜力每年赚上几十亿美元，但是目前其中盈利最好的也只能做到盈亏平衡。这些业务都是靠谷歌搜索赚的钱来养着的。谷歌搜索是有史以来最赚钱的业务之一。谷歌搜索就像天下第一大奶牛，能产很多很多奶，这一头奶牛的产奶量相当于好几十头普通奶牛，这样一来农夫只挤这一头大奶牛的奶就足够了，不需要再费事去让其他奶牛产奶。如果把 Alphabet 公司拆分开来，这种只靠一头大奶牛产奶来养活所有奶牛的情况肯定会改变，因为每头奶牛都得独立生存了，只有多产奶，主人才会给草吃。在新任首席执行官的领导下，Alphabet 公司已经开始推动其新兴业务部门加快发展，一旦业务拆分，各业务板块提高盈利水平的进程将会大大加速。作为独立的实体，优兔视频网站和安卓手机操作系统必须展现出之前藏而不露的潜在盈利能力。

我认为，Alphabet 公司要是拆分，会非常类似于标准石油公司在 100 多年前拆分成为 34 个独立实体的情况。

1910 年，美国最高法院支持联邦政府下令要求约翰·洛克菲勒拆分标准石油公司这个他一手打造的庞大企业集团。

听到这个消息时，洛克菲勒正在和列侬神父打高尔夫球。

洛克菲勒问列侬神父："神父，你手上有闲钱吗？"

列侬神父说："有一点儿。"

洛克菲勒说："去买标准石油公司的股票吧。"

洛克菲勒的直觉非常准确，一如既往。在标准石油公司拆分后的10年间，拆分出来的34家独立上市企业的市场价值平均增长了5倍，真的是部分之和大于整体。

大机会：数字化发展是指数级增长，越到后面速度越快

强制拆分大型数字平台企业的风险有多大？美国政府新的反垄断机构推出各式监管行动的可能性有多大？从现在这个时间点来看，这些危险都还只是推测。作为投资者，我们不应该忽视这些风险，但是也不应该全信，要在心里打个折扣。在美国政府推出实质性监管措施之前，我们应该看清那些风险警告头条新闻的真相：大多是噪声，而不是信号。通俗地说，这些渲染监管风险的头条新闻大都是胡说八道，完全不应该当真。

什么才是确定无疑的？什么是我们可以作为行动依据的信号？是大趋势，在我们眼皮底下正在发生的大趋势。

可以百分之百确定的是，算力将会持续增强。另外可以百分之百确定的是，算力的持续增强将带来更多的技术创新和行业颠覆。

摩尔定律在20世纪50年代给我们带来了超级计算机，在20世纪60年代让人类登上了月球，在20世纪八九十年代让小型台式计算机摆在了个人的书桌上、将笔记本电脑放在了我们的腿上。在21世纪初，摩尔定律又给我们带来了比任何超级计算机都强大的手机。

然而，在过去的20年里，数字科技行业的雄心壮志似乎变弱了，视野大大收窄。数字科技行业现在关注和解决的问题只是小问题，甚至

是微不足道的小问题。数字技术的发展让我们能够在网上搜索鞋子，在线上与朋友聊天，不用踏进酒吧就能交到朋友。数字科技企业在提供这些服务的过程中为股东创造了数万亿美元的财富，但并没有产生什么发明创造可以称得上是对人类文明的重大贡献。正如全球领先的旅游网站Booking Holdings的首席执行官格伦·福格尔最近发出的质问那样："互联网为我们做了什么？真正为我们做了什么？只不过是让我们做起来更容易而已，预订酒店房间更容易，买机票更容易，购物更容易，除此之外还有什么呢？"

福格尔的评论听起来很肤浅，但也很深刻。这句评论指出了重要的一点：算力大大增强这件事内含着创造人类巨大成就的可能性，但这种可能性仍然尚未成为现实。目前还在我们投资视野之外的突破性创新正在迅速接近实现。无人驾驶汽车、量子计算、太空移民、人工智能的实际应用、增强现实，这些都是未来肯定会实现的重大突破性创新，而且这些只是一部分而已。算力的指数级增长将会保证这些突破性创新的实现。

未来学家经常会说"棋盘的下半部分"。这个说法来自伊斯兰学者伊本·哈利坎，他在1256年第一次讲述了关于棋盘下半部分的故事。这个故事有可能是他虚构的。故事是这样的：

有一个国王，他聘请了一位宫廷数学家，这位数学家既聪明又风趣。有一天，数学家向国王提议做一个游戏。

数学家说："你看，国际象棋有64个小方格。我先把一粒小麦放在棋盘的第1个方格里。第2个方格里，我放的小麦粒数会比第1个方格翻一番。第3个方格里，小麦粒数再翻一番，以此类推，一直放到第64个方格为止。我按照这样每一格翻一番的规则把64个方格都放上足够多的小麦。国王陛下,您能把棋盘上所有的小麦都赏赐给我吗?"

国王并不擅长数学,他心想,一个小小的棋盘能放多少粒小麦呢?于是国王随口答应了。结果后来国王才发现,按照这样每一格翻一番的规则,他总共要给数学家 9 223 372 036 854 780 000 粒小麦。

这相当于全球小麦年产量的 1 000 倍。

这个故事说明了为什么爱因斯坦会将复利称为世界第八大奇迹。无论是财富的增长还是技术的进步,当我们来到棋盘的下半部分时,复利的神奇力量就会更加充分地展现出来,因为这时,数字开始变得非常大。

巴菲特在接近 60 岁时才成为拥有 10 亿美元的富豪,也就是说,巴菲特积累人生的第一个 10 亿美元用了接近 60 年。但是之后,他来到了棋盘的下半部分。又过了 10 年,巴菲特的财富增长了 17 倍,达到 170 亿美元。后面这 10 年的财富增长相当于他前面 60 年财富增长总和的 17 倍。

晶体管首次问世以来的 63 年间,算力增长了 2 750 亿倍,这肯定是一个很大的数字。但是仅仅未来两年,算力就会再次增长 2 750 亿倍。后面两年的算力增长幅度相当于前面 63 年的累计增长(如图 13-1 所示)。

数字应用经过 10 至 15 年的发展才达到临界规模,开始爆发式增长,这并非巧合。正是在这个时期,我们才到达了棋盘的下半部分。在 1997 年到 1999 年的互联网大繁荣时期和 2000 年到 2002 年的互联网泡沫破裂时期,算力尽管已经持续增长了 40 多年,但还不足以让苹果公司生产出苹果手机。但是,只是再过了 5 年,到 2007 年,算力就强大到足以让苹果公司推出苹果手机了。只有进入棋盘下半部分后,数字技术才发展到足够强大的水平,足以支持数字企业推出普及大众的数字技术应用,这反过来又会为数字科技股赋能,带来 30 年长期大牛市。纳斯达克综合指数 1991 年到 2022 年上涨了 48 倍,数字科技股为投资者创造出了历史上从未有过的财富增长。

1959：方格1
集成电路诞生了，摩尔定律也随之诞生

1961：方格2
20个月后，芯片的计算能力翻了一番

1999—2001：方格26
芯片的计算能力比1959年强大3 000万倍，但还不足以促成智能手机和宽带等技术的大规模使用

2007：方格30
芯片的计算能力是1959年的5.5亿倍，接近临界点；苹果公司发布首部苹果手机

"棋盘的下半部分"
数字开始变得非常大

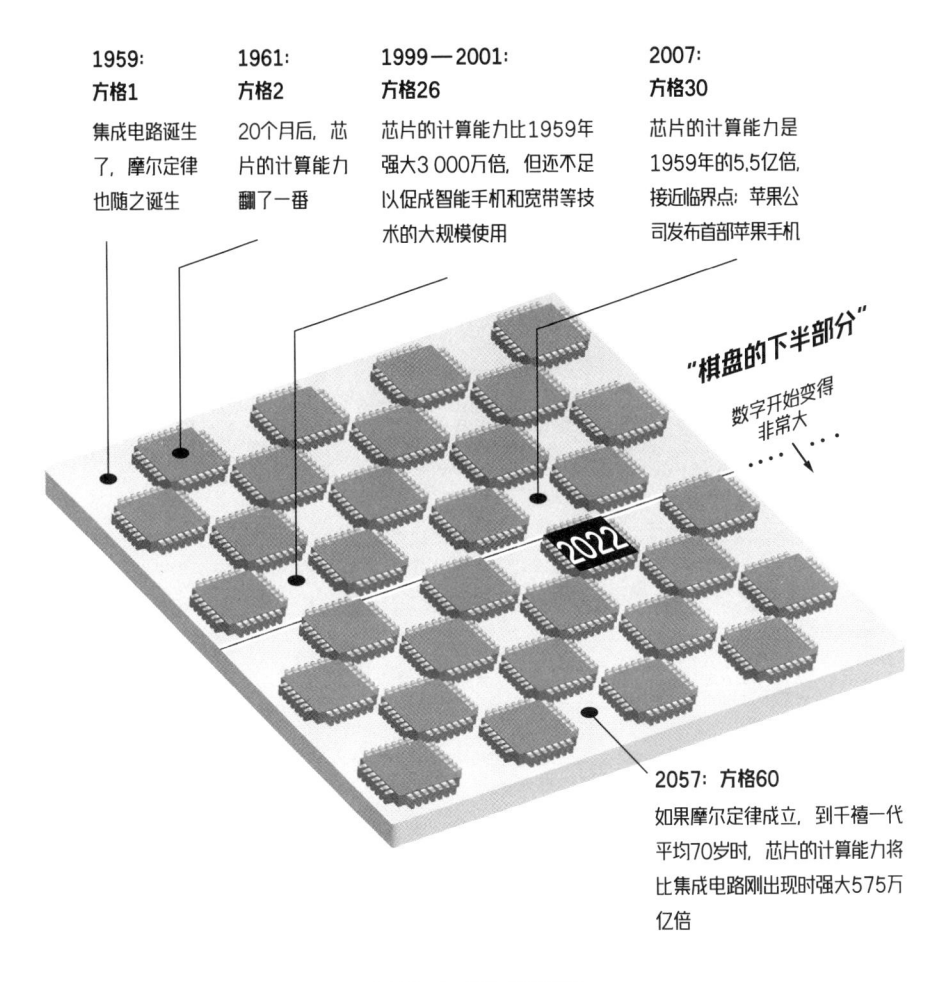

2022

2057：方格60
如果摩尔定律成立，到千禧一代平均70岁时，芯片的计算能力将比集成电路刚出现时强大575万亿倍

图 13-1 摩尔定律棋盘

现在我们就处于棋盘的下半部分，更激进的变革和创新看起来不可避免。那些对这一论断持怀疑态度的人应该回顾一下历史。上一次人类文明经历这种技术大革命是在大约100年前，当时机械动力技术呈现滚雪球一样的指数级复合增长，催生了一个又一个工业创新。

图 13-2 和图 13-3 都是纽约复活节大巡游的照片。第一张照片拍摄于 1900 年，在一片马车的海洋中只有一辆汽车。第二张照片拍摄于 1913 年，在一片汽车的海洋中只有一匹马。

图 13-2　1900 年纽约复活节大巡游

图 13-2　1913 年纽约复活节大巡游

当我们沿着国际象棋棋盘上的方格一格一格地向前移动时，新的产业将会诞生，而这些新的产业将会带来一波又一波新的颠覆浪潮。有些数字科技企业，比苹果、谷歌、脸书等，目前正在向传统企业发起进攻，但是将来这些企业也很快会变成传统企业，将不得不防守自己的经济城堡，应对那些产品和服务更快、更好、更便宜的新型数字科技企业一次又一次的攻击。总有一天，苹果、谷歌、脸书这些今天的数字科技巨无霸企业也会被竞争对手攻破护城河。很难预测新国王取代老国王这种剧变何时会发生，但这是不可避免的。江山代有才人出，各领风骚数百年。没办法，长江后浪推前浪，今天的前浪会在明天被后浪拍死在沙滩上。

我长期持有手上这些数字科技企业股票的原因之一是，这些数字科技企业都表现出了自我颠覆的意愿和行动力，还没等竞争对手来颠覆呢，这些企业自己就把自己颠覆了。比如，Intuit 公司主动自我颠覆，剥离了公司创业初期时推出的产品 Quicken 个人财务管理软件。有些技术属于下一场大革命，比如无人驾驶汽车和人工智能等，谷歌母公司 Alphabet 在这些前沿领域明显处于大幅领先地位。技术变革不可避免，技术变革的速度飞快，正是因为这个原因，我还会大量持有许多非数字科技企业的股票，我认为，这些属于传统行业的企业能够抵御数字技术变革带来的冲击。短期之内，恐怕还没有哪家数字科技企业能用代码来给你们家的墙刷上涂料。

尽管我很有信心地认为我所持股的这些企业目前来看都拥有强大的竞争优势，但是我也得小心，因为永久的竞争优势其实并不存在。沃伦·巴菲特说，成功投资的关键是找到拥有持久竞争优势的企业，而不是找到拥有永久竞争优势的企业。巴菲特这么强调这一点是有原因的，就是永久的竞争优势其实并不存在。一条相当好的护城河可能会持续30来年，一条非常好的护城河可能会持续上百年。百年老店极其罕见。但是，没有一条护城河能够永久持续。这就是市场经济负责做的事，鼓励竞争，消灭弱者，鼓励创新，消灭老者，鼓励变革，消灭落后者。快马快信（The Pony Express）一度是美国西部地区最快的邮政服务公司，但后来电报出现了，然后可以穿越整个美国大陆的火车出现了，再然后航空邮件出现了。在20世纪七八十年代，联邦快递颠覆了整个快递行业，推出次日达服务，可以保证为客户在次日送达文件。然而，在20世纪90年代，Adobe公司推出了PDF电子文件，一夜之间，次日达变成了一种价格昂贵且速度慢得像蜗牛的文件传送方式。

好的企业会拥抱这种长江后浪推前浪的动态发展机制，而不是拒绝。西尔斯百货公司可以说是那个年代的亚马逊。西尔斯百货公司在19世纪后期大胆创新，推出邮购目录，向美国广大乡村地区推销商品，然后又在20世纪初期再一次大胆创新，打造百货公司连锁网络。西尔斯百货是如此灵活，如此与时俱进，生命力持续长达130年。然而，由于无法适应电子商务的冲击，西尔斯百货于2018年按照美国《破产法》第11章申请了破产保护。

亚马逊就是我们现在这个时代的西尔斯百货。亚马逊总是快速向前行动，以确保自己在电子商务领域始终占据市场领导地位，然后再回过头来收拾那些在数字技术方面大大落后的传统零售企业，迅速抢夺市场地盘。在创立十几年之后，亚马逊公司发力云计算，在这一全新领域也成为市场领导者。亚马逊在这两个市场都拥有强大的竞争优势，而且又只占有很低的市场份额，因此我预测亚马逊公司的业务会持续高增长，至少还会继续繁荣发展10年。然而，在某种程度上，亚马逊公司的这艘巨轮将来也会被快速发展的数字技术浪潮掀翻。数字技术浪潮一浪接一浪，一浪大过一浪，没有哪艘船能坚固到永远抵挡得住巨浪的冲击，也没有哪艘船的船长能聪明到永远知道如何击退巨浪。滚滚长江东逝水，浪花淘尽英雄，是非成败转头空。没有想到，数字时代的浪潮更大，企业淘汰的频率更快。

将来总有那么一天，股票投资者谈起亚马逊，谈起谷歌，谈起其他今天的数字技术平台企业巨头，也会像我在写作本书引言时说起昔日龙头企业玩具反斗城、斯巴鲁汽车、Stop & Shop 一样，完全不屑一顾。这些昔日龙头企业最辉煌的日子已经成为如烟往事，总有一天，亚马逊、谷歌以及其他现在称王称霸的数字技术龙头企业无比辉煌的日子也会变成如烟往事。一壶浊酒喜相逢，古今多少事，都付笑谈中。

杰夫·贝佐斯已经意识到了这一点。他最近在一次员工会议上说："我可以预测，亚马逊也将会失败，亚马逊也将会走向破产。"贝佐斯说，为了防止企业破产这一时刻的到来，亚马逊全体员工唯一能做的事情就是：持续痴迷地关注客户，把客户放在第一位。

世界已经变了，但是世界还会再变。到未来那个更新的新时代，价值投资 3.0 版本将会过时，我们将需要打造新的选股分析框架，来捕捉未来那个新时代新型数字科技企业的动态发展机制。虽然价值投资 3.0 版本现在能告诉我们股票市场上钱在哪里，但是将来总有一天，钱会从在这里变成在那里，从你能找到的这里，变成你找不到的那里。那时就是属于价值投资 4.0 版本的新时代了。投资代有新版本，各领风骚几十年。

致　谢

物以类聚，人以群分。感谢所有帮助过我的人，在此我把那些我生命中最可爱的人分成三类，一一感恩致谢。虽然这样分类致谢可能会显得有点儿太严肃，不够热情，但我还是想这样分类致谢，这样可以保证我做到面面俱到，无一遗漏。所有优秀的投资者都是按照科学的分类方式来思考的，而我写的正好是一本关于投资的书。

诸位不要一看我的这种分类方式，就误认为我不够真诚，感激之情不够深，感恩之心不够真。我发自内心地真诚感谢所有帮助过我的人，你们就是最可爱的人，也当然是最值得我一一表示感谢的人。

第一类我要感谢的人：家人和朋友

我首先要感谢的人，也是我最应该深深感谢的人，是我的妻子赛迪·布里杰和我们的儿子艾萨克·布里杰·西塞尔。在我写作本书的过程中，从构思到完成，我的妻子和儿子一直充满耐心和关爱，一路看着这本书一步一步写成。我永远都不会忘记，在我们家的后院，我拿出写得还很糟糕的初稿，大声读给妻子和儿子听，他们给我温暖的鼓励，告诉我现在这本书已经很好了，将来肯定会更好。

感谢道格·赫希，是他在 25 年前让我进入了股票投资这个行业，从此以后，他一直鼓励我，给我睿智的建议。道格·赫希认识我的时候，我是个穷记者，后来成了自由撰稿人，需要在写作之余兼职卖 Cutco 牌菜刀才能勉强维持生活。

感谢塞斯·斯蒂芬斯-戴维德维茨，这位才华横溢的作家阅读了我这部书稿的早期版本，给了我很好的正面反馈，当时正是我十分需要反馈的时候。

感谢我的好朋友乔治·克拉斯，他总是一见面就给我加油鼓劲，即使在我太忙不能去中央公园和他一起散步的时候，他也会特意打电话或发信息给我鼓励。

感谢约翰·坎宁，我 10 岁时就认识他了。我的这位童年小伙伴阅读了本书的多个修改版本，并且给我提供了"更快、更好、更便宜"的拉丁文译法。

第二类我要感谢的人：在工作中结识的朋友

先说明一下，下面所感谢的大多数人也都是我的朋友，我把这些朋友专门列入这一类，只是因为我是通过工作认识他们的。

首先，感谢我过去的上司：桑福德-伯恩斯坦公司的查克·卡恩和约翰·马赫迪，巴伦资本的罗恩·巴伦，以及戴维斯精选顾问公司的克里斯·戴维斯。正因为有这些前辈的指导和帮助，我才能从一个稚嫩的报社记者逐步成长为一名经验老到的股票分析师。

感谢马克尔公司的联合首席执行官兼首席投资官汤姆·盖纳，他一直是我的信息来源，一直是我的投资决策咨询师，也一直是我的投资导师。他指导我逐步形成价值投资 3.0 版本理论体系。

感谢东海岸资产管理公司的克里斯·贝格，是他与我分享了他自己的价值投资进阶之旅，并帮我想到了如此简洁的投资策略命名方式：价值投资 1.0、价值投资 2.0 和价值投资 3.0。

感谢 TCI 基金管理公司的合伙人索拉夫·乔杜里。这些年来我一直在思考，在如今的新经济环境下，一家优秀的企业必须具备哪些条件，以及如何对这些优秀的企业进行估值。在以上这些方面，索拉夫·乔杜里对我的影响比任何人都大。

感谢三位印第安纳州的朋友吉姆·基南、克林特·莱曼和加里·西伯，他们阅读了本书初稿的部分章节，并在本书成型时为我提出了富有建设性的批评和建议。

感谢马克·迪斯顿，在本书只有一个初步构想的时候，他花大量时间和精力帮助我勾勒出大的框架。马克·迪斯顿在表达观点的时候可不会顾忌太多，而且他的观点总是那么一针见血又完全正确。正是在他给我的压力也是动力之下，我不断思考如何更加清晰地表达出投资者目前面临的最迫切的问题。

感谢蒂姆·斯通，他是亚马逊公司的资深员工。我们俩是在互联网泡沫破裂时期认识的，那时亚马逊公司的股票市值跌到只有 40 亿美元，现在超过 1.4 万亿美元。蒂姆·斯通后来成为福特汽车公司的首席财务官，他对新经济和传统经济都有一套与众不同的看法，而且他很慷慨地与我分享了这些独特的观点。

感谢约翰·史密斯，他是我在讨论加密货币问题时必定会咨询的专家，他要求我在提到他时必须使用化名，以保护他免受加密货币"海盗"的袭击。那些加密货币海盗可能想要劫掠他的比特币、以太坊和其他加密货币。约翰·史密斯是一个非常通情达理的人，如果他认为不得不让我使用他的化名，那么一切都尽在不言中。这件事可以让你更加深刻地体会到，加密货币作为一种资产类型有多么成熟，或者有多么不够成熟。

感谢我以前共事过的两位分析师曼努埃尔·纳瓦斯和米拉兹·马蒙，他们阅读了本书初稿的不同部分，并从各自的专业领域给我提出了宝贵建议。

感谢纽约大学会计学教授巴鲁克·列夫，他给我分享了他的研究论文，以及他关于这个大问题的总体思考：为什么他教授的会计学对企业财务管理来说至关重要，然而现在落后于时代发展，非常需要大修大改。

感谢亨利克·扬可夫斯基，他是才华横溢的会计师、审计师，是他帮助我深入思考各种会计问题，并将这些思考应用于数字时代的价值投资。

感谢标准普尔道琼斯指数公司的克雷格·拉扎拉，他对沃伦·巴菲特的长期业绩进行了深入的研究，非常慷慨地把他这些研究成果分享给我。

感谢洞察真实世界咨询公司创始人兼首席咨询顾问大卫·坎特，他慷慨又耐心的解释帮助我深入理解了摩尔定律和梅特卡夫定律的精髓及其对数字科技时代的重大影响。

第三类我要感谢的人：在本书编辑过程中结识的朋友

感谢我的经纪人，ICM 公司的詹妮弗·乔尔。一是因为，她和我的妻子、儿子一起见证了这本书的诞生；二是因为，她为本书写作方案的形成提供了重大帮助；三是因为，她帮助我编辑修改了本书的各个不同版本；四是因为，她有求必应，在我需要建议，需要鼓励，需要有人推我一把的时候，她都能理解我，支持我，给予我帮助。由于詹妮弗·乔尔的参与，本书的品质更上一层楼。

感谢我的编辑，热心读者出版社的本·洛内和他的助手卡洛琳·凯利。是他们引导我和守护我将这本书改了一稿又一稿，既细心又通融，还很有技巧。不知道本·洛内是如何做到的，他总是知道什么时候该及时介入，提出专业的编辑建议，什么时候又该完全放手，让我自己想办法解决。任何一个在编辑的指导下修改过书稿的作者都知道，这种技能非常罕见，所有作家都高度珍视。

感谢艾里克·布雷尼尔德森，他绘制的图表让本书变得十分生动，在这个过程中他再次验证了那句老话：一图胜千言。也感谢 FactSet 数据库公司的杰夫·斯皮史特，他提供了艾里克·布雷尼尔德森绘图所需的数据。

感谢丹·林，我们认识多年，他在核查事实方面是个高手，他是我见过的眼光最锐利的人。

感谢布莱恩·古兹曼，他是古兹曼咨询合伙公司为我提供长期咨询服务的律师，他在重要的法律和商业事务上为我提供专业建议。一路走来，他经常慷慨地为我加油打气。

感谢加布·阿尔珀特和尼卡·罗森斯坦，他们读了本书的早期版本，给我提出了很好的建议，让我更加清楚地了解了我应该对年轻投资者说些什么，以及如何说效果会更好。

感谢《巴伦周刊》的这些朋友：阿尔马尔·拉图尔、杰克·奥特、劳伦·鲁布林和安德鲁·巴里。特别是杰克·奥特，他在 5 年前让我重新回归我的老本行——写作，并鼓励我努力坚持写下去。

感谢《财富》杂志的艾伦·默里和马特·海默，他们在 2018 年发表了我的一篇长文，标题是《全球伟大投资者面临至暗时刻：要么进化，要么死亡》，这篇长文后来成了一颗种子，长成本书这棵大树。

分类术语表

这份术语表简要解释了一些股票投资相关的重要术语，主要是财务分析术语，可以帮助你理解财务会计的基础知识，还有一些业务分析术语，可以帮助你理解与企业如何创造和保护业务价值相关的抽象概念，还有一些投资术语。聪明睿智的投资在很大程度上在于运用头脑进行分析判断，与财务会计没有什么关系。

一、业务分析术语

竞争优势

竞争优势是在市场经济中获得持续超额利润的关键。市场经济本身就是一个竞争机制，这让大多数企业只能获得平均水平的资本回报，而更多的利润进入了客户手里。因为客户是上帝，企业必须吸引客户、服务客户、留住客户。然而，一家企业如果具有竞争优势，就不必过多分享自己的经济利益。相反，这家企业可以把更多的利润保留下来，回报给投入资本的股东。成为成功投资者的关键就在于识别那些具有突出竞争优势因而能为股东创造超额资本回报的企业。

竞争优势还有一些表达方式，比如"过人之处"和"护城河"。护城河是沃伦·巴菲特提出的形象比喻。护城河环绕着企业的经济城堡，将竞争对手阻挡在城门之外。

在工业时代，公司从规模经济中获得竞争优势：通过扩大制造或分销规模创造更高的效率，使单位生产成本低于竞争对手。

二战后，随着消费经济变得越来越重要，一种不同的竞争优势占据了主导地位，这种竞争优势不是基于有形资产，而是基于公司品牌等无形资产。巴菲特投资了几十家拥有这种竞争优势的企业，因而大获成功。

在数字时代，竞争优势最明显的来源往往不是规模经济，甚至也不是品牌忠诚度，而是网络效应等近几十年才出现的重要因素。

先发优势

先发优势是指，一家公司更早抢占新的市场，从而获得领先竞争对手的优势。这个术语来自国际象棋，执白棋者先行，人们通常认为执白棋者相对于执黑棋者更有优势。同样的道理，最先采取行动，或行动最快速的企业往往会成为市场上的领先者。

网络效应

网络效应这个术语通常用来描述这种现象：越多的人使用一家企业的产品和服务，这家企业就会变得越有价值。股票交易所是一个早期的网络效应典型案例：越多的人决定到这家交易所进行交易，这家交易所的价值增长就会越高。如今，许多软件企业都从网络效应中获益，比如在线房屋出租平台爱彼迎。访问爱彼迎网站订房的客人越多，房东就越有动力把他们想要出租的房子挂到爱彼迎网站上。房源数量的增加会吸引更多想要租房的客人上爱彼迎网站找房子，这反过来又会推动更多的房东把想要出租的房子挂到爱彼迎网站上，如此循环再循环。因此，网络效应也被称为"飞轮效应"或"良性循环"。

网络效应是当今许多数字科技企业竞争优势的关键来源。从历史上看，企业获得竞争优势，主要通过基于大规模生产或配送而形成的规模效应。工厂的生产和配送系统规模越大，单位生产成本越低，越有可能在竞争中胜出。同样的动态机制也适用于今天，但情况截然不同：重要的不是生产力，而是能够吸引到的客户数量。因此，网络效应也被称为"需求侧规模经济"。驱动竞争优势的是客户需求数量的大小，而不是公司生产力的高低。

飞轮效应

参见网络效应。

平台企业

对如此众多的消费者来说，某家企业的平台是至关重要、必不可少的，以至那些第三方企业都觉得不得不在这家企业的平台上做生意才行，当然第三方企业在平台上实现的营业收入要向这家企业交一定比例的提成。苹果公司就是一家典型的平台企业，任何通过苹果应用商店销售产品的企业都必须将营业收入的30%支付给苹果公司，有人称其为苹果税。

赢家通吃

就像网络效应和平台现象一样，赢家通吃的动态机制与数字科技企业紧密相联。由于消费者倾向于一种服务只用某个数字应用，比如社交媒体只用脸书，搜索引擎只用谷歌，这些公司就可以在各自的细分市场中积累巨大的市场份额。因此形成"赢家通吃"或者"赢家拿走大头"的局面。

特权（Franchise）

在投资行业，经济特权企业是从三个方面衡量盈利能力非常突出的企业：盈利能力水平特别高、资本收益率高、未来盈利可以说确定无疑。这些企业在经营赚钱上像是有特权、"高人一等"一样。在百货商店一统天下的年代，西尔斯百货就是一家盈利很高的特权企业。在人们并不认为软饮料危害健康的时代，可口可乐是一家盈利能力非常突出的特权企业。如今，随着数字经济地位牢固，电子商务和在线广告等业务发展迅猛，从投资上看，亚马逊和Alphabet公司已经成为盈利水平鹤立鸡群的特权企业。

二、财务分析术语

资产负债表

企业主要有三种财务报表：资产负债表、利润表、现金流量表。其中，资产负债表相当于在会计期末给整个公司的资产和负债情况拍一张快照，分门别类地反映出公司内有哪些资产、外有哪些负债。从一家公司的资产中减去负债得到的差额数字就是股东权益，也叫净资产、账面价值，是完全属于股东的资产净值，且对股东来说，这只是账面上记录的价值，而非股权的市场价值。

在二战之前，在本杰明·格雷厄姆那个年代，净资产是价值投资的一个关键估值指标，因为资产可以衡量一家上市公司有形资产在破产清算时的价值。但是随着经济的发展，创造价值的核心资产从硬资产转向品牌，进入数字经济时代之后，又从品牌转向数字应用，对这些主要资产为数字产品的数字科技企业来说，资产负债表作为评估公司价值的工具已经变得没那么重要了。

利润表 / 损益表

利润表与资产负债表、现金流量表并称企业三大财务报表。利润表也被称为损益表，用于计算一家公司一个年度赚了多少钱。这个盈利数字用净利润或收益来表示。我们经常说的每股收益中的"收益"指的就是净利润。用净利润除以公司股份总数，就能得出每股收益。

现金流量表

现金流量表是企业三大财务报表之一。现金流量表体现的是，在一个会计期间内公司账上有多少现金的流入和流出。由于现金流量表只看真金白银，与使用各种非现金估计项目和应计项目的利润表相比，现金流量表上的数据要精确得多。

有形资产

顾名思义，有形资产指的是那些有物理形态的资产，看得见，摸得着，其变现价值相当容易估计，因此容易变现或出售。房屋、厂房、存货都是有形资产，现金和应收账款也是有形资产。虽然现金和应收账款不是严格意义上的实物，但它们的资产价值是已知的。与有形资产相比，无形资产虽然也有价值，但其价值的量化难得多。

无形资产

无形资产是与有形资产相对而言的。顾名思义，无形资产是指几乎没有物理形态的资产。客户忠诚度就是一种无形资产，看不见摸不着，无法精确量化，却很有价值。品牌和商标也是如此，比如可口可乐经典的红底白字罐装包装，以及耐克经典的钩型标志等。

随着发达国家经济从以工业为基础转向以服务为基础，无形资产变得越来越重要。数字革命让这个趋势发展得更快,因为软件平台的运行几乎不需要有形资产。美国钢铁公司需要巨型工厂才能生产钢铁产品,即使英特尔也必须花费数十亿美元建立半导体生产制造设施,才能生产出半导体,但谷歌公司运行其搜索引擎、提供搜索服务,所需要的只是一些聪明的工程师,这些工程师只需要用笔记本电脑和中央服务器存储和处理数据就够了。因此,谷歌公司最核心的资产搜索引擎在很大程度上是无形资产。

权益

在金融领域,"权益"有两个含义。当说到证券时,权益指的是公司普通股。"拥有权益"意味着拥有某家企业的一部分股权。股权与债权的区别在于风险暴露,当企业赚钱时,股权投资者享有企业赚到的所有利润,但是如果企业陷入困境,出现亏损,股权投资者也会承担企业发生的所有亏损。企业要是破产了,股权投资者往往会权益归零,血本无归。

当说到企业财务报表时,权益指的是企业的净资产。资产负债表上的权益用于衡量股东拥有的资产净值,用公司对内拥有的全部资产减去公司对外所欠的全部负债,剩下的就是属于股东的净资产。

账面价值

这是一种基于资产的估值指标,计算方法很简单,就是用一家公司拥有的资产减去其所欠的债务。历史上,价值投资者总是会把一家公司的每股账面价值与每股股价进行对比,以了解相对于这家公司的净资产,市场要求他们在购买股票时支付多少钱。这个指标其实就是市净率。详见市净率。

复合增长

复合增长就是我们通常说的复利、指数级增长,可以用于描述利润、算力等。复合增长的特别之处是,它如同滚雪球,基数越滚越大,每一轮增长的相对幅度一样大,但是绝对数值越来越大。如果你在一只股票上投资10美元,后来这只股票的股价涨了1倍,你就赚了10美元。但如果你在同一只股票上投资100万美元,股价涨了1倍,你就赚了100万美元。增长率都是100%,但是增长的绝对数额差别很大。

增长率

增长率是指一家企业的营业收入增长率或利润增长率。在其他条件相同的情况下，增长率越高，公司价值越高。尽管如此，增长的持续稳定性也很重要。增长率只有 10% 但是能持续 50 年，与增长率有 20% 却只持续 5 年相比，价值更高。有两类企业，一类是强调高增长率的成长型企业，另一类是强调高稳定性的成熟型企业。把二者混为一谈是一个常见的股票投资错误。

资本成本／资本性支出

资本成本或资本性支出是指按照会计准则来看那些受益期超过一年的支出。租金和工资的受益期低于一年，被视为经营成本，作为收益性支出，也被称为期间费用，在发生时记入当年费用。资本成本可在多年内分期折旧或摊销。工厂厂房的建设成本是资本成本的典型例子。

然而，请注意，会计准则并没有与时俱进，因而已经跟不上数字时代的经济现实。按照现行会计准则，数字科技公司发生的研发、营销和销售费用必须马上记入当期费用，但这些费用的受益期往往超过一年。

经营成本／经营费用

经营成本是指受益期低于一年的成本。租金、工资等都是经营成本。像工厂、仓库的建设成本这样的长期支出是资本成本。

营业利润

营业利润也被称为息税前利润（earnings before interest and taxes，EBIT），这个指标可以很好地衡量一家企业的业务是否拥有竞争优势。我们经常说的利润率就是由营业利润除以营业收入计算得来的。营业利润率水平高通常代表企业业务具有较强的竞争优势。然而，请注意，最终衡量竞争优势的标准是资本收益率。资本收益率既考虑了产出，也考虑了投入，即产生利润所需投入的资本成本。

利润和利润率

利润是指公司实现的营业收入扣除支付的各项费用之后剩下来的钱。利润可分为净利润和营业利润。净利润的计算方法是用营业收入减去所有费用。营业利润的计算方法是用营业收入扣除所有与业务相关的费用（不包括利息费用和所得税费用）。利润率，即利润与收入之比，是一个关键的财务比率。利润率包括净利润率和营业利润率。通常情况下，利润率越高，代表一家企业每 1 美元营业收入扣除各项费用之后剩下来的利润越多，也代表这家企业的竞争优势越强大。美国上市公司的平均营业利润率在 10% 左右。如果一家公司的营业利润率低于 10% 这个平均水平，那就说明这家公司面临较大的竞争压力，或者产品定价高于成本的溢价空间较小。相反，营业利润率高于 15%，则表示这家公司有很强的竞争优势，或者产品定价高于成本的溢价空间很大。一家已经形成规模效应的成熟型数字科技企业能获得近 50% 的营业利润率，这表明数字科技企业具有超一流的经济效益水平。不过要小心，资本收益率才是最能说明企业经济效益的衡量指标。

净利润

净利润由于通常位于利润表的最后一行，经常被称为"底线"。从公司的营业收入中扣除所有费用得出的金额就是净利润。需要从营业收入中扣除的费用包括：利息费用、所得税费用、工资和租金等经营性支出、折旧费用。折旧费用是指公司用于维持厂房、机器、设备等长期资产的生产力而需要投入的资本成本。由于净利润要扣除利息费用和所得税费用等非经营性支出，可能无法真实反映企业业务的盈利情况，所以许多分析师会用营业利润作为衡量企业真实盈利潜力的指标。

净资产收益率（ROE）

净资产收益率是另一个把利润表与资产负债表综合起来考虑的关键投资指标。净资产收益率和资本收益率这两个指标回答的是同一个关键问题：每产生 1 美元利润需要投入多少资本？产生利润是一回事，用多少资本产生利润则是另一回事。

净资产收益率的分子是利润，分母是净资产，即股东权益。任何低于 10% 的净资产收益率通常都表明，这家企业要么是营业收入创造的利润率低到很糟糕的水平，要么是每一单位利润的产生需要太多资本投入。净资产收益率高于 15%，表明这家企业的竞争优势相当强；净资产收益率高于 20%，往往表明这是一家非常优秀的企业，也就是我们经常说的在经营上就像拥有特权一样的高盈利能力企业。

资本收益率 / 权益资本收益率（ROC）

与净资产收益率类似，资本收益率是一个用来确定企业是否拥有经营特权的指标。计算资本收益率时,只考虑企业使用的股权资本,不考虑企业使用的债权资本,而计算资产收益率时,也要把企业使用债务融资即财务杠杆获得的资本考虑在内。

盈利能力

为了确定是否做成了一笔好买卖,大多数投资者会查看一家企业上个年度或者最近 12 个月的每股收益,并将其与股票的市场价格进行对比。由此得出的比率就是每股股价/每股收益比率,简称市盈率。市盈率可以说是股票分析中最常用的估值指标。然而,在市盈率这个估值指标被提出来的那个时代,大多数上市公司已经发展到非常成熟的阶段,盈利水平很高。这些企业没有太大的增长空间了,也就没有必要再追加投资以追求增长了,所以不需要投入大量资金用于研发、营销和销售。相反,现在大多数数字科技企业仍然像幼小的孩子一样,处于早期发展阶段,增长空间大得很,因此正在投入大量资金用于研发、营销和销售,以快速拓展市场规模。这种支出决策通常是很有智慧的,但陈旧过时的传统会计准则要求这些数字科技企业必须把研发、营销、销售三项费用全部作为收益性支出,只能计入当期利润表,一次全部摊销掉,这就相当于人为压低了当期每股收益,提高了股价对应的市盈率水平,让数字科技股的市盈率看起来特别高。

因此,让一家具有规模效应的成熟企业与一家正在把很多盈利用于再投资以追求高增长的新兴企业进行市盈率对比,相当于拿苹果与橘子比,是不正确的。为了让新兴成长型企业与传统成熟型企业进行公平比较,拿苹果与苹果比,就得估计这些新兴企业创造财富的最大内在能力。为此我们需要超越这些公司目前财务报表体现出的盈利,关注其潜在盈利能力。处于成熟阶段的软件企业每实现 1 美元营业收入,就能有近 0.5 美元的营业利润,但像 Intuit 公司这样快速发展的软件企业,其财务报表上的营业利润率只有成熟软件企业的一半。用潜在盈利能力替代财务报表上显示的盈利,就是为了纠正财报对数字科技企业实际盈利能力的扭曲。

LTV / CAC

LTV / CAC 是英文缩略词,意思是客户终身价值(life time value,LTV)除以客户获取成本(customer acquisition costs,CAC)。这是许多数字企业用来衡量营销支出有效性的指标。客户终身价值是指公司期望从客户身上获取的收益。客户获取成本是指公司为获得这个客户所花费的成本。大多数数字科技企业的 LTV / CAC 目标是 3 美元 /1 美元，也就是说，他们希望花在市场营销推广上的每 1 美元，能够产生 3 美元的客户终身价值。

三、估值分析术语

市盈率（P/E）

市盈率是最简便的估值指标，也是分析师会第一个使用的估值指标。分析师经常使用市盈率来评估一只股票的市场价格是便宜还是昂贵。每只股票都有市场价格，也就是 P/E 中的 P（price）。分母 E（earning）指的是公司的当期每股收益，收益指的是税后利润，也就是我们经常说的净利润。

如果一只股票的市场价格为每股 15 美元，当期每股收益为 1 美元，那么市盈率 =15 美元 /1 美元 =15 倍。如果你觉得市盈率这个指标在现实上不好理解，那么我告诉你一个很有用而且很符合常识的办法，那就是将 P/E 反转成 E/P，从市盈率变成盈利市价收益率。盈利市价收益率和债券收益率的计算公式一模一样，这样你一看就懂了。详见盈利市价收益率。

在其他条件相同的情况下，市盈率倍数越高，股票价格越贵。然而，股票代表投资者对一家企业的一部分所有权，股票的价值取决于企业本身的价值，而企业本身的价值会随着时代的变化而变化。购买低市盈率股票是价值投资工具箱中一个很关键的工具，从长期看，这个工具相当灵验。但是在 2011—2020 年的 10 年里，购买低市盈率股票这一招不灵了。西尔斯百货等传统企业目前的市盈率很低，股价看起来很便宜，但是之所以便宜，是因为这些传统企业在进入数字时代后遭受严重冲击，发展前景十分暗淡。相反，Alphabet 公司和亚马逊等数字企业从其上市后的表现来看，市盈率一直很高，股价看起来一直都很贵。但这些数字科技企业的股票可能值得更高的市盈率，因为这些数字科技企业的未来一片光明。会计数据扭曲了真相，数字科技企业在研发、营销、销售方面进行大量支出以拓展市场，这进一步削弱了市盈率这个一度十分可靠的估值指标在数字时代的有效性。更多详细讨论参见盈利能力。

盈利市价收益率（E/P）

市盈率是一个常见的估值指标，可以马上衡量出我们要得到某家公司 1 美元的年度盈利必须付出几美元的买入价格。市盈率的倒数就是盈利市价收益率。假设一只股票的每股收益为 1 美元、每股股价为 15 美元，其市盈率 =15 美元 /1 美元 =15 倍，盈利市价收益率 =1 美元 /15 美元 ≈7%。如果你现在买入美国政府发行的长期国债，每年可以获得的盈利市价收益率不到 2%，那么相较于美国国债，这只股票是很有吸引力的。

请注意，上市公司每年的盈利并不等同于债券每年定期支付的利息。公司的年度利润会上下波动，不像债券利息那样年年稳定，而且公司并不一定会经常以股息即现金分红的方式给股东分配利润。通常情况下，一家公司会保留大部分利润，用于拓展业务、收购其他企业，或者回购自家公司的股票。会计术语将这部分利润称为留存收益。然而，盈利市价收益率是一个有效的实用指标，可以帮助你直接对比股票与债券的收益率。

市净率（P/B）

市净率，即每股股价与每股净资产之比，是一种常见的价值投资估值指标。每股股价是你买入股票时支付的市场价格，每股净资产是指用净资产来衡量你买入一股股票可以得到的价值。市净率是价值投资 1.0 版本中常用的估值指标，但是如今已经不受重视，因为现代企业对厂房和存货等实物资产的依赖程度越来越低了。净资产也叫账面价值。参见账面价值。

安全边际

安全边际这个概念由价值投资之父本杰明·格雷厄姆提出，在价值投资历史上可以说是开天辟地，目的在于让基金经理关注风险而非收益。重要的不是你能在一笔投资中赚到多少钱，而是你可能会亏损多少钱。如果我花 100 万美元买了一套房子，我知道厨房的柜子里藏着一袋价值 150 万美元的黄金，我就可以说这笔投资是有安全边际的，因为仅仅厨房柜子里的黄金价值就比我买房子的价格高 50 万美元。

均值回归

这是一个金融投资概念，也是一个数学概念，其理论假设是：随着时间的推移，事情会恢复正常。如果一家零售企业的营业收入年增长率在正常情况下是5%，但是最近几年不太正常，那么你押注均值回归，就意味着你押注这家企业的营业收入年增长率将来会回归到正常水平。与市盈率一样，均值回归一直是价值投资者工具箱中的一个关键工具，因为在20世纪的大部分时间里，经济相对稳定。然而，随着互联网的兴起，使用均值回归策略可能是危险的。传统行业，比如实体零售企业和化石燃料企业等，没有显示出回归正常的迹象，而是越来越衰落。数字科技企业也是如此，根本没有显示出回归正常的迹象，而是越来越兴盛。传统经济企业的商业环境正在恶化，但数字科技企业仍处于成长早期，未来前景远大。

四、股票分析术语

证券分析师

证券分析师专门研究市场公开交易的金融工具，通常以股票和债券为主，以提供研究分析报告为职业。证券分析师一般有两大类：基本面分析师和量化分析师。基本面分析师关注的是那些驱动一家企业业务增长和盈利能力的定性因素，比如业务质量、管理质量等。量化分析师关心的是"数据本身"，很多是公司财务报表和证券交易市场的统计数据。

基本面分析

基本面分析关注的是企业的质量及其在行业生态系统中所占的领地。基本面分析师关注那些可以衡量企业质量的数据指标，比如利润率、资本收益率等，但正如其名称所示，基本面分析追求的是确定一家公司在基本面上的优势。沃伦·巴菲特是最著名也最成功的基本面分析师。

量化分析

量化分析师或现在更常见的量化分析计算机程序在决定何时投资以及如何投资时只关注数据。AQR资本公司和文艺复兴科技投资公司等现代量化投资管理企业利用强大的计算能力识别和利用数以千计的资产类别之间幅度很小的日内交易价格波动。量化分析有多种形式。现代证券分析之父、价值投资之父本杰明·格雷厄姆本质上是一名量化分析师。

五、投资策略术语

价值投资

价值投资是最古老的投资方式之一，也是最成功的投资方式之一。一般公认的价值投资风格具有以下特点：严谨、纪律、耐心、坚持。价值投资者最重要的一点是始终坚持价格导向：基于客观的估值指标，投资者支付的股票买入价格要相当便宜，至少是公平合理的才行。价值投资者在不同程度上运用定量分析指标和定性分析指标，这取决于投资者具体属于价值投资的哪个细分流派。

价值投资始创于100多年前。本杰明·格雷厄姆对美国上市公司的资产负债表进行系统分析。格雷厄姆把自己的价值投资方法教授给了自己的学生沃伦·巴菲特。巴菲特更关注企业的可持续竞争优势和长期盈利能力，巴菲特又把这些技巧传给了下一代价值投资者。然而，时代在发展，技术在进步，市场在变化，价格便宜或价格公允的定义已经发生了很大的变化。格雷厄姆认为，股票价格是否便宜主要与公司的资产清算价值有关。巴菲特历来青睐那些在经营上像拥有特权一样的高质量企业，其股价基于市盈率指标来看处于合理水平，值得长期投资。如今，数字科技企业主宰全球，这是前两代价值投资大师格雷厄姆和巴菲特都未能预见到的全新情况，这让价值投资再次经历转型期。我们需要重新审视的是，在数字经济时代，对于主导全球经济、生活、市场的数字科技企业，我们应该如何进行价值投资。

成长投资

一种股票投资风格，简单地说，成长第一，价格第二。把企业的成长前景放在第一位，而把买入股票时必须支付的价格放在第二位。

动量投资

俗称"博傻理论"，是一种既不关心基本面分析，也不关心量化分析的投资风格。动量投资者只关心一件事：股价会涨还是会跌。顾名思义，动量投资者追求的是利用价格的波动。因此，动量投资本质上是短线投资，动量投资者也可以说就是投机者。

六、市场术语

资本市场

美国人经常说的"华尔街"其实就是资本市场的俗称。顾名思义，资本市场是企业在需要资本时筹集资本的场所。在投资银行的协助下，企业进入资本市场筹资，努力争取用最合算的价格发行证券以筹集资本，要么发行股票，要么发行债券。股票就是我们经常说的普通股，也是大多数个人投资者投资的证券。债券市场比股票市场庞大得多，但债券市场的交易者通常多为专业投资机构。

市场价值

通常简称为"市值"，指上市公司所有流通股的市场价值总额。市值的计算方法是用每股股价乘以流通股数量。美国上市公司的股权结构较为复杂。可转换优先股、可转换债券、认股权证的持有人行权，会导致普通股数量增加，现有普通股股东持有股权的比例降低，每股收益也就会降低。这种情况被称为股权稀释。在计算时，要使用股权完全稀释后的普通股数量。

投资者用公司的市值作为衡量公司价值的指标。市值越大，公司价值越高。当然，股票价格经常波动，也经常偏离公允价值，这导致市值未必符合公司的公允价值。这就是股票投资者赚钱的方式：通过发现市场价格与公允价值之间的差异赚取差价。价值投资者就是这样做的，不过价值投资者多把公允价值称为内在价值。

标准普尔 500 指数（S&P 500）

由标准普尔公司编制的股票指数，其成分股包含 500 只美国上市股票。其中的很多公司都是大型跨国公司。标准普尔 500 指数的管理者每个季度开一次会，决定调整哪些成分股，以确保该指数成分股中纳入的科技、金融等各行业板块占有合理的权重，从而准确反映美国股市和美国经济的整体发展情况。

"标准普尔指数",或者更简单地说"指数",是投资者评价基金经理业绩的基准。所有投资者都面临一个关系到自己生死存亡的问题:寻找优秀基金经理以追求战胜市场,还是投资指数基金,只求追平市场?追平市场很简单,只需购买复制标准普尔 500 指数的指数基金,几乎不用支付任何管理费,就能轻松达到市场平均业绩水平。

世界各地的股市都有许多类似的市场指数,以反映股票市场的价格水平变动情况。英国有富时 100 指数,法国有 CAC 40 指数。还有追踪全球股市的指数,如 MSCI 全球指数。然而,如果你接受美国股市从长期来看一直是全球表现最好的股市这个前提,那么标准普尔 500 指数就是每个投资人都应该用来衡量自己投资业绩的基准指数。

杠杆投资

一个资本市场上的术语,指的是融资,即借钱投资。之所以将融资称为杠杆,是因为融资放大了投资回报,让你可以用少量的本金做规模大得多的投资,如同用杠杆放大你的力量,让你能够撬动用双手搬不动的东西。贷款买房就是最典型的杠杆投资。如果你买了一套价值 40 万美元的房子,首付 50%,那么首付的 20 万美元就是你的权益投资。贷款的 20 万美元就是你的融资,也就是你的杠杆。如果你买的这套房子市场价格上涨到 50 万美元,增值 10 万美元,那么由于你使用了权益加杠杆,承担了所有出资,这些增值就能全部落到你手里。如果你不用杠杆,你就买不了这套房子,就赚不到这些增值。或者你和别人合伙买房,别人出了一部分钱,就要把赚到的钱分走一些,你赚到的钱也就少了一些。然而,杠杆是双刃剑,如果市场价格下跌,这套房子贬值到 30 万美元,你用权益加杠杆投资,就要承担所有出资,也就要承受所有亏损。

免责声明

本书引用的一些数据和信息是由 ICE Data 提供的。ICE Data 不能保证这些数据和信息的准确性或完整性,也不对任何相关后果承担责任。

本书内容不构成买卖任何投资产品或做出任何投资行为的建议。本书不构成买卖任何证券的要约邀请。只有在符合条件的受要约人收到保密的私人要约备忘录或其他正式授权文件时,方可进行要约。本书所提供的任何与基金相关的信息都可能会发生变化。

本书所提供的所有信息都可能会在本书的后续版本中进行修正或者补充。

本书所反映的投资主题只是为了说明作者代表其管理的基金或客户可能进行的投资。这并不能保证任何基金或者任何客户将来会或不会投资这类证券。因此,不能假定本书中讨论的任何投资主题和投资想法已有盈利,或者将来会有盈利,也不能假定这些投资主题或投资想法将来能够获得的业绩表现与本书中所讨论的历史业绩表现相同。

本书涉及的任何业绩表现数据、业绩展望、市场预测、业绩估算都是对未来的展望性陈述,而且都基于某些假设。任何预测和假设都不可被理解为将会发生或者已经发生的实际事件。过去的业绩表现不代表未来的业绩表现。作者在本书中提供的所有信息都是作者认为准确的，但是作者不保证本书所述信息的完整性或准确性，也不对本书所述信息出现的错误承担责任。